·投资与估值丛书·

股权估值综合实践

产业投资、私募股权、上市公司估值
实践综合指南

|原书第3版|

［美］ Z. 克里斯托弗·默瑟　　特拉维斯·W. 哈姆斯　著　刘寅龙　周国康　夏洪岩　译
（Z. Christopher Mercer）　　（Travis W. Harms）

BUSINESS VALUATION
An Integrated Theory, 3rd Edition

机械工业出版社
China Machine Press

图书在版编目（CIP）数据

股权估值综合实践：产业投资、私募股权、上市公司估值实践综合指南：原书第3版/（美）Z.克里斯托弗·默瑟（Z. Christopher Mercer），（美）特拉维斯·W.哈姆斯（Travis W. Harms）著；刘寅龙，周国康，夏洪岩译. -- 北京：机械工业出版社，2022.1

（投资与估值丛书）

书名原文：Business Valuation: An Integrated Theory, 3rd

ISBN 978-7-111-38616-2

Ⅰ. ①股… Ⅱ. ①克… ②刘… ③周… ④夏… Ⅲ. ①股权管理-研究 Ⅳ. ①F271.2

中国版本图书馆CIP数据核字（2022）第028759号

北京市版权局著作权合同登记　图字：01-2021-2539号。

Z.Christopher Mercer, Travis W. Harms . Business Valuation: An Integrated Theory,3rd Edition.

ISBN 978-1-119-58309-7

Copyright © 2021 by Z. Christopher Mercer and Travis W. Harms. All rights reserved.

This translation published under license. Authorized translation from the English language edition, Published by John Wiley & Sons. Simplified Chinese translation copyright © 2021 by China Machine Press.

No part of this book may be reproduced or transmitted in any form or by any means, electronic or mechanical, including photocopying, recording or any information storage and retrieval system, without permission, in writing, from the publisher. Copies of this book sold without a Wiley sticker on the cover are unauthorized and illegal.

All rights reserved.

本书中文简体字版由John Wiley & Sons公司授权机械工业出版社在全球独家出版发行。

未经出版者书面许可，不得以任何方式抄袭、复制或节录本书中的任何部分。

本书封底贴有John Wiley & Sons公司防伪标签，无标签者不得销售。

股权估值综合实践

产业投资、私募股权、上市公司估值实践综合指南（原书第3版）

出版发行：机械工业出版社（北京市西城区百万庄大街22号　邮政编码：100037）	
责任编辑：沈　悦	责任校对：殷　虹
印　　刷：保定市中画美凯印刷有限公司	版　次：2022年6月第1版第1次印刷
开　　本：170mm×230mm　1/16	印　张：22.25
书　　号：ISBN 978-7-111-38616-2	定　价：99.00元

客服电话：（010）88361066　88379833　68326294　　投稿热线：（010）88379007

华章网站：www.hzbook.com　　　　　　　　　　　　　读者信箱：hzjg@hzbook.com

版权所有·侵权必究

封底无防伪标均为盗版

| 推荐序 |

坚守价值分析，不惧暗礁险滩

2020年新冠肺炎疫情这只"黑天鹅"的到来，给全球经济带来了巨大冲击，改变了很多行业的竞争格局。企业需要评估并调整战略和业务组合，以迎接后疫情时代的机遇与挑战，投资并购将成为很多国内外领先企业的主要战略考量。

一方面，经济下行周期，大量企业经营状况变差，估值下滑，积极投资并购往往能给有慧眼的企业带来极高回报；另一方面，疫情给企业带来了更多的不确定性，对市场缺乏准确评价、资产评估方法选择不当、报价策略失误等，都可能导致投资并购失败或面临商誉减值风险。

只有基于对标的公允价值和投资价值的准确评估，企业才能制定有效的报价策略，增加投资并购成功的概率，并最大化预期收益。近几年来，一些上市公司因投资并购项目失败而大幅计提商誉减值，甚至一次就抵得上过去十几年利润之和，不仅成为自身甩不掉的包袱，更严重损害了股东和二级市场投资者的利益。

估值最困难的地方，在于对未来市场的预测和协同效应的评估。所有投资决策，本质上都基于投资人对未来收益或损失的预期。然而，没有人能够精准预测未来，历史业绩也未必代表未来。另外，并购完成之后，投资人所希望的协同效应,不管是成本协同效应还是收入协同效应,是否能够实现及实现到多大程度,要做到准确预估,对经验和专业的要求都非常高。

今天,企业中负责投资并购的中高层管理者已经越来越意识到估值的重要性,进而积极搭建企业内部估值团队,强化估值实战能力的培训。

本书对于从事投资并购相关工作的人来说,非常值得推荐。

相比其他估值理论与方法,本书特点在于"综合",用作者的话来说,估值分析师经常会过于关注影响估值的个别要素,而忽视以更全面的综合视角去认识目标企业或目标股权。当投资并购项目涉及金额巨大,市场前景复杂时,估值如果"只见树木,不见森林",就会让投资暴露于巨大的风险之下。本书恰恰为严谨估值提供了基本理论框架和坚实可信的模型。

贯穿于本书的核心主张是:任何企业或企业所有权的价值,都取决于归属于企业或企业所有权的预期现金流、该现金流在所有权持有期间内的预期增长,以及与实现这些预期现金流相关的风险。从这样的主张出发,估值实践就可以轻松将分析重点从企业净资产扩展到企业价值,把很多貌似孤立的估值概念联系起来,进而得出更科学准确的估值结论和相应的折价或溢价。将核心视角放在"企业价值",亦让理论有了更广泛的适用性,不管是对产业投资、上市公司估值,还是对缺乏理论分析框架的限制性股票和拟上市发行企业股权,本书都进行了探讨和阐述。

企业投资并购的世界里,满是暗礁险滩,但本书足可以为你的航船增加一块压舱的基石,伴你乘风破浪,行稳致远。诚意推荐本书给广大分析师、会计师和学生读者,希望你能从本书中有所收获。

注册估值分析师协会
CVA Institute
2021 年 6 月

序言

我们在此讨论的企业估值综合理论到底有什么含义？之所以用综合理论这个词，无非是因为我们始终坚持在解决棘手的企业估值问题时，应该把全部注意力集中于现金流、风险和增长。简而言之，我们认为，通过对预期现金流、风险或增长进行综合分析，任何估值问题（至于具体是问题还是争议，完全取决于当事人的立场）最终都可以解答。

在本书中，我们将为读者介绍综合理论的理论基础和实践运用。我们可以简单地将该理论总结如下：

> 任何企业或企业所有权的价值，都取决于归属于企业或企业所有权的预期现金流和该现金流在一定期限内的预期增长，以及与实现这些预期现金流相关的风险。

综合理论为估值提供了一个基本理论框架。估值分析师经常会片面地关注影响估值的个别要素。坚持综合理论显然更有助于估值分析师得出基本估值结论及相应的折价或溢价。归根结底，综合理论有助于我们以更全面的视角认识目标企业或目标股权。

综合理论的运用，就是开发价值层级理论的概念基础。

- 对同一家企业来说，为什么控制性股权价值往往高于少数股权价值？在随后的章节中，我们提出的观点或许略显得有悖常理：实际情况并非如此，除非控制性股权持有者比少数股权持有者的预期现金流更多，承担的风险更小或收益增长速度更快，否则两者持有的单位股权价值应该是相同的。
- 为什么非流动性少数股权价值往往低于相同可交易（流动性）少数股权价值？对此，我们同样要提醒各位：与持有可交易少数股权的所有者相比，非流动性少数股权的所有者往往预期现金流更少，承担的风险更大或收益增长速度更慢。

正如我们将在本书中揭示的那样，作为价值层级理论概念层面的呈现，综合理论将为解答诸多潜在估值问题提供一个可信的模型。

第 3 版的新内容

在本书第 2 版面世以来的大约 10 年中，估值分析师越来越深刻地认识到从整体企业角度（股权加债务净额）对非上市私人企业进行估值的重要性。因此，将分析重点局限于企业净资产显然已不再符合现实。利用综合理论，我们可以轻而易举地进行拓展。在本书第 3 版中，我们将着重阐述这种延伸与拓展。

此外，为使用综合理论进行企业估值提供更多的实践指南，我们补充了新的章节，专门探讨评估企业现金流和确定企业折现率的问题。此外，第 3 版还包含有关市场法和收益法的新章节，并利用综合理论阐述这两种方法的共同理论基础。最后，我们还通过一个全新的章节，以综合理论为分析工具，对人们经常提及但鲜少理解的限制性股票和拟首次公开募股（IPO）企业股票进行了研究。

本书第 3 版共 12 章，分为 3 个部分。

第一部分：综合理论的基本概念

- 第 1 章"价值世界"。作为本书的起点，本章阐述了综合理论依据的部分基本原则。预期、增长、风险、报酬、现值、可替代投资和理性原则共同为综合理论奠定了不可或缺的概念和理论基础。

▶ 第 2 章 "基于股权的综合理论"。在本章中，我们以股权为基础对综合理论展开探讨，着重阐述综合理论为讨论价值水平及相应折价和溢价提供的概念工具。

▶ 第 3 章 "基于企业的综合理论"。作为第 3 版新增内容，本章将第 2 章介绍的综合理论概念基础拓展到企业估值层面。

第二部分：企业现金流的估算

第二部分均为第 3 版的新增内容。

▶ 第 4 章 "基于现金流的收益法"。我们在第一部分对综合理论的阐述完全依赖所谓的单期资本化法。在本章中，我们将会看到无论是采用单期资本化法还是多期现金流折现法，估值分析师都可以使用综合理论预测现金流。此外，我们还将探讨再投资与增长的关系，并在可交易少数股权的基础上，通过常规化调整估算适用于股权估值的现金流。最后，我们讨论可能需要根据控制权对现金流进行的调整，并为评价现金流预测的总体合理性提供基本原则。

▶ 第 5 章 "基于折现率的收益法"。我们有一种感觉，每年针对折现率问题发表的文章、出版的书籍远远超过针对其他估值问题的资料。在本章中，我们将以怀疑的态度重新审视折现率这一指标。在我们看来，估值专业人士投入了太多时间和精力来寻找先进的技术，试图从海量的历史收益数据中找出有价值的线索，但很少愿意花时间和精力去开发适合估值对象的合理折现率——尽管这个折现率本身注定不可能是精确无误的。此外，我们还将考虑折现率与价值水平的关系。

▶ 第 6 章 "基于基准上市企业的市场法"。尽管我们在建立综合理论时采用了收益法的表述方式，但是该理论同样适用于市场法。在本章中，我们将阐述一般的估值倍数的基本理论，并展示如何使用综合理论对作为参照的基准上市企业进行合理调整，从而获得适用于非上市企业的估值倍数。

- 第 7 章"基于基准交易的市场法"。我们将在本章着重分析，在利用可比基准交易获得适用于整体企业估值倍数时面对的特殊挑战。在本章附录中，我们介绍了有关控制权溢价和少数股权折价的概念，并利用综合理论对这些基本概念在实践中的运用和发展情况进行了跟踪研究。

第三部分：股东现金流的估算

- 第 8 章"限制性股票折价和拟上市企业研究"。在这个新增的章节中，我们将根据综合理论的基本逻辑，分析限制性股票折价和拟上市企业的股票。限制性股票折价偶尔也可以参照非上市企业股权的流动性折价（MD），但在本章中，我们将会看到限制性股票的市场数据表明，在限制性股票交易中，也存在着潜在的持有期，以及适用于非流动性股权的持有期溢价。通过进一步引申，我们认为这一逻辑同样适用于所有非上市企业。此外，我们还得出如下结论，拟 IPO 的股权价值折价实际上反映了两种截然不同的现象：适用于 IPO 之前企业的非流动性折价，以及 IPO 本身带来的价值"提升"。

- 第 9 章"QMDM 简介"。流动性折价定量模型（QMDM）是指股东层级的现金流折现（DCF）模型。在本章中，我们将介绍 QMDM。该模型显示，非流动性折价最终可归因为非上市企业少数股东在现金流、风险和增长率预期上的差异。

- 第 10 章"针对 QMDM 假设的深入讨论"。在本章中，我们将对 QMDM 的输入变量进行更详细的分析：如预期持有期、股息收益率、价值增长率，以及持有期的必要收益率。

- 第 11 章"QMDM 的实践运用"。QMDM 可按流动少数股权的属性进行调整。在本章中，我们将 QMDM 应用于各种现实情境，以说明如何使用该模型确定与估值目标股权相关的现金流、风险及增长特征。

- 第 12 章"基于税收转移实体的综合理论运用"。在本书的最后一章，我们将使用综合理论的规范性理论框架，对中小企业及其他税收可转嫁实体的股东股权进行估值。

本书适用的读者群体

本书不仅适用于企业估值、法律及会计等专业人士，也是相关专业学生的必备教材。

估值分析师（企业价值评估师）

综合理论为深入了解企业估值理论提供了坚实的基础。这些洞见不仅是初学者的"良师益友"，也会对经验丰富的评估师有所裨益。在本书中，我们将估值分析师一词用作企业价值评估师标准定义的同义词。

此外，综合理论还针对很多评估人员所采用的"标准"估值实践提出了诸多问题，并一一做了解答，其中包括控制权溢价、少数股权折价，以及非流动性折价等。

需要考虑公允价值计量的审计师及财务报表使用者

公允价值计量在一般公认会计原则中的突出地位表明，审计师必须精通基本估值理论。尽管综合理论并未涉及公允价值计量的具体使用，但是它确实为注册会计师和估值分析师提供了有价值的参考，因为两者都试图把财务会计准则委员会（FASB）、美国证券交易委员会（SEC）及其他机构对这一概念的解释转化为可靠的估值技术。

此外，熟悉基本估值理论和估值技术，同样有益于审计师及其他需要定期查阅财务报表的人员。要成为一名精通财务报表的读者，最重要的前提就是不仅能评估公允价值计量的"内容"，还能判断它背后的"根源"。综合理论对这些问题进行了独到的解析。

企业估值报告的使用者

综合理论同样会对企业估值报告的使用者（包括会计师、财务规划师和律师）有所帮助。综合理论的基本概念通俗易懂，而且很少涉及数学公式，易于掌握和运用。多年来，我们一直建议客户："如果你不理解一个事物，那就不要去支持它。"综合理论在针对具体问题进行讨论时，可以帮助读者更好地理解企业估值报告。

会计、金融和经济学专业的学生

最后，我们认为，综合理论是会计、金融和经济学专业学生的理想教学工具。估值课程在本科生和研究生的商务和经济学教学中越来越普遍。综合理论将为学生学习估值理论和实践提供一种简洁、完整，并在逻辑上保持充分一致的理论框架。此外，本书的宽度和广度也使其非常适合本科生和研究生学习。

本书在估值文献中的地位

目前，很多估值类书籍涉猎的目标和问题过于泛泛，以至于无法为大部分读者提供坚实可信的理论基础。它们确实是"大书"（往往有几公斤的重量），页数更是多达数百甚至上千页。

本书是一本"小书"，但足以让估值分析师、会计师和学生掌握估值的基本要素，并利用它们解答那些"大书"提出的诸多估值问题。

本书的目的是为估值分析师、会计师和学生提供理论基础，帮助他们对企业或与企业所有权相关的现金流、风险和增长进行一致性分析，从而把很多貌似孤立的估值概念联系起来。

尽管"体形"不大，但我们认为本书绝对是一部融会贯通的"大手笔"。希望各位会有同样的感受。

目 录

推荐序 坚守价值分析，不惧暗礁险滩
序言

第一部分 综合理论的基本概念

第1章 价值世界 / 3
本章简介 / 3
常见问题 / 3
价值世界的内涵 / 4
组织原则 / 5
本章小结 / 13

第2章 基于股权的综合理论 / 14
本章简介 / 14
常见问题 / 15
基本估值模型 / 15
价值的理论层级 / 17
综合估值理论的符号表示方式 / 19
流动性少数股权价值 / 21
控制性股权价值层级 / 24

战略性控制权价值 / 36
企业与股东层级的价值 / 39
非流动性少数股权价值 / 41
基于股权的企业估值综合理论 / 45
本章小结 / 46

第 3 章　基于企业的综合理论 / 47

本章简介 / 47
价值水平的比较：股权与企业综合理论 / 48
基于股权与企业综合理论的全面比较 / 51
本章小结 / 52

第二部分　企业现金流的估算

第 4 章　基于现金流的收益法 / 55

本章简介 / 55
单期资本化法与现金流折现法的转换 / 56
企业现金流的定义 / 60
股权现金流的定义 / 64
再投资率和期中增长率 / 66
永续增长率 / 70
预期现金流与综合理论 / 73
流动性少数股权价值：视同上市企业的观点 / 77
财务性控制权价值层级：私募股权现金流 / 83
战略性控制权价值层级：战略投资者现金流 / 86
企业现金流的合理性评估 / 91
本章小结 / 94

第 5 章　基于折现率的收益法 / 95

本章简介 / 95
收益率的基础：已实现收益率与必要收益率 / 96
WACC 的构成要素 / 100

市场参与者和 WACC / 113
价值层级与 WACC / 116
整体合理性评估 / 120

第 6 章　基于基准上市企业的市场法 / 122

本章简介 / 122
市场法和收益法之间的相互关系 / 123
上市企业估值倍数的含义是什么 / 124
根据风险与增长差异对估值倍数进行调整 / 137
基准上市企业估值倍数与价值层级的关系 / 147
整体合理性评估 / 150

第 7 章　基于基准交易的市场法 / 152

本章简介 / 152
基准交易数据的属性 / 153
由基准交易数据得到的估值结论 / 154
根据交易观察到的控制权溢价推导少数股权折价 / 164
基准交易倍数与各价值层级的对应性 / 165
整体合理性评估 / 166
附录 7A　控制权溢价和少数股权折价的历史回顾 / 168

第三部分　股东现金流的估算

第 8 章　限制性股票折价和拟上市企业研究 / 187

本章简介 / 187
有关限制性股票折价的概述 / 190
对 FMV 数据库及 STOUT 限制性股票研究数据库的
　回顾 / 211
拟 IPO 折价 / 220
本章小结 / 226

第 9 章　QMDM 简介 / 227

本章简介 / 227

适用于股东层级的估值方法 / 228
股东层级的 DCF 模型 / 230
造成流动性折价的经济因素 / 235
本章小结 / 242
附录 9A　流通性与流动性 / 243

第 10 章　针对 QMDM 假设的深入讨论 / 250

本章简介 / 250
假设 1：预期持有期 / 251
假设 2A：预期股息收益率 / 257
假设 2B：预期股息增长率 / 263
假设 2C：收到股息的时间点 / 264
假设 3A：预期持有期价值增长率 / 264
假设 3B：对终值的调整 / 269
假设 4：预期持有期必要收益率 / 269
本章小结 / 279

第 11 章　QMDM 的实践运用 / 281

本章简介 / 281
使用 QMDM 的综合示例 / 281
QMDM 的简化示例 / 291
USPAP 与 QMDM / 302

第 12 章　基于税收转移实体的综合理论运用 / 308

本章简介 / 308
S 类企业的优势 / 309
S 类企业的企业层级价值 / 311
针对企业层级价值的其他观点 / 313
S 类企业的股东价值 / 315
S 类企业与 2017 年《减税和就业法案》/ 324
本章小结 / 332

作者简介 / 334

| 第一部分 |

BUSINESS VALUATION

综合理论的基本概念

本书第一部分的重点是综合理论的基本概念。在进入第二部分和第三部分讨论综合理论的实务运用之前，我们将首先介绍综合理论的基本概念，可以说该理论的根基在于企业，以及企业所有权的预期现金流、风险和增长。

- ▶ 第1章对价值世界的组织原则进行了总体概述，从而为我们对综合理论概念的讨论奠定了基础。这些组织原则为解释现实世界中市场参与者的行为提供了统一的分析框架。
- ▶ 第2章通过对基本估值模型的分析，把价值世界的组织原则转化为概念上的关键点。我们以基本估值模型为理论框架，建立了综合理论，并从企业所有者角度出发，针对预期现金流、风险和增长等方面的差异揭示了各种价值层级之间的关系。
- ▶ 私人企业的市场价值计量单位通常是企业价值，而不是股权价值。换句话说，私人企业的买卖双方通常按股权和净债务的价值总和来考量价值，他们并不只关注股权价值。因此，在第3章中，我们将以企业价值为基础介绍综合理论。

| 第 1 章 |

价值世界

本章简介

实际上,有些基本的财务、经济、逻辑和心理原则早已被我们验证,这些原则为我们研究所谓的价值世界奠定了坚实的理论基础。我们把这些原则姑且称为企业估值的组织原则,它们综合到一起为我们审视企业估值中的问题和难点提供了一个符合逻辑、相互一致的理论框架。此外,这些原则也为我们讨论"企业估值综合理论"提供了一种定性化的模型。

常见问题

本章通过讨论价值世界,将帮助读者回答如下问题。

- ▶ 哪些组织原则有助于估值分析师和市场参与者得出合理的估值结论?
- ▶ 市场行为与估值结论之间有什么关系?
- ▶ 预测是不是得到估值结论的必要条件?
- ▶ 决定投资者预期收益率水平的因素是什么?
- ▶ 现值概念在估值分析中有什么意义?

价值世界的内涵

价值世界涵盖了形形色色的市场,在这些市场中,投资者(个人、企业、机构和政府投资者)都在进行估值和投资决策。这个世界包括(但不限于)公开股票市场、债券市场、针对债务和股票的私募市场,以及私募股权市场。

价值世界首先是一个真实的世界。如果估值分析师对价值世界有深入的了解,那么在面对具体的估值任务时,就更有可能根据相应的价值标准得出合理的估值结论,包括公允市场价值、公允价值和投资价值等。因此,我们首先对价值世界进行总体介绍。

价值世界的目标就是了解价值。基于本书讨论的对象,即企业、企业所有权、有价证券及无形资产的价值,以下这些原则共同为综合理论奠定了理论基础。

价值世界起源于现金流。商业价值的基础是在若干原则背景下对未来现金流做出的预期,这些原则如下。

- **预期原则**:价值在本质上是对未来的预期(不是对历史的回顾)。
- **增长原则**:今天的价值受预期或未来增长的影响。
- **风险收益原则**:价值受风险和收益关系的影响。
- **现值原则**:企业价值依赖于预期的未来现金流的现值,它是使用能反映这些现金流取得风险的折现率对预期现金流折现后得到的结果。
- **可替代投资原则**:企业和企业投资的价值依赖于合理的替代性及竞争性投资的价值。
- **合理性原则**:价值世界具有内在的合理性、正常性和一贯性。

价值世界神奇诡秘,奥妙无穷。这些组织原则不仅是综合理论的前提,也是我们解决大多数企业估值问题的基础,它们描述了公开及私人证券市场的基本行为模式,这些基本行为模式共同为我们估值的大多数企业和企业股权创造了(直接或间接)的参照点。

此外,这些原则也为我们检验估值分析师采取的价值主张的合理性提供了框架。多年来,我们始终致力于运用这些原则,因为它们既是我们认识估值的组织性工具,又是美世投资和其他企业对项目的检验标准。

组织原则

当然，很多人肯定已经讨论过组织原则的内涵和意义。在此，我们无意探讨这些原则的出处，只是把它们作为描绘和认识价值世界的一种手段。在本章随后的部分中，我们将详细阐述每个组织原则。在本章结尾处，我们将会认识到尽管每个组织原则都是独立存在的，但如果把它们融合到一起，我们就可以对价值和企业估值有更好的理解。

预期原则

在价值世界中，第一个组织原则就是价值的基础在于我们对未来的预期。因此，我们将企业估值的这个首要原则称为预期原则。通常，估值分析师会定期审查企业的历史业绩，并据此估计目标企业的盈利能力。需要资本化的收益既可以是最近几年收益的简单平均值，也可以是加权平均值。

另外，估值分析师需要资本化的收益既可以是本年度的全年收益，也可以是部分年度收益的年化收益。估值分析师可能还需要对次年的预期收益做出具体预测，但是所有历史分析的目的，无非是对企业未来发展做出合理预期。

历史是估值分析师展望未来的一扇窗户。但我们不应忘记的是，并非通过所有窗口都能看到相同的景色。有些窗户刚刚被擦拭得一尘不染，透过它，我们能看到一幅清晰完整的图景；有些窗户可能刚刚被涂色或是被弄脏，因此，我们看不到这扇窗子外面的世界，或是只能看到模糊不清的景象。因此，估值分析师必须对目标企业的预期收益做出合理判断，并依据企业近期历史业绩检验或评价这些判断。

尽管这看起来似乎是显而易见的事实，但预期原则却是入门级估值分析师甚至业内老手在实务中最难遵照的估值原则之一。

有效市场假说指出，任何时点关于企业的所有已知市场信息（企业未来业绩预期的基础）均反映在其股价中。当然，考虑这些信息的前提必须是对企业所属行业及整体经济状况有所预期。换句话说，市场根据对股票的风险评价的共识，对其预期未来表现做出评价，并确保最终股价达到预期业绩和预期风险相互平衡的水平。

按照预期原则的含义，在价值世界中，所有参与者都必须面对形形色色的不确定性。毕竟，只有在未来成为现实时，我们才知道未来到底是怎样的。因此，未来永远是不确定的。

有时我们的预期会呈现二元特征。也就是说，要么出现 A，要么出现 B。如果出现 A，我们就会对企业给出某个水平的定价。如果出现 B，我们就会对企业给出完全不同的另一个水平的定价。投资者会采用各种形式的概率分析处理二元（或多元）性结果的可能性。在适当的条件下，估值分析师可能还需要进行概率分析。历史是估值分析师观察未来的窗口。

不妨考虑下面这个例子：在现实世界中，投资者计划投资一家预期在 1 年后 IPO 的企业。这家企业的股份目前缺乏流动性，而且转让会受到股东及企业优先购买权的限制（如某个股东计划转让股份，其他股东有权按同等条件优先购买）。如果 IPO 如期而至，那么企业和其股份的整体价值就有可能大幅提高。

但如果最终也没有等到 IPO 的到来，企业的成长前景就会大打折扣（因为没有发生预期的资本注入）。投资者都知道，企业没有 IPO 的一个重要原因，就是它们的最新业绩表现没有达到预期。如果确实没有进行 IPO，那么投资者很可能要熬过漫长的持有期，才能等来其他流动资金接手股份。在这种情况下，标的股份的价值注定会大大低于 IPO 时的情况。

在我们生存的这个价值世界中，投资者会怎么做？他们会在权衡有利结果和不利结果发生概率的基础上做出理性判断。他们接受的价格应高于 IPO 预期情景对应的水平，但低于 IPO 情景的价格。

为什么会这样？因为投资者倾向于规避风险，并根据风险收益比较原则，对不确定性收取相对较高的补偿金。

在我们假设的这个例子中，投资者会根据按概率调整后的预期收益做出决策，然后据此拿出资金进行投资，并根据后期情况决定是持有还是退出。无论企业完成 IPO，还是 IPO 受阻，最终的投资收益都因时间而定。

不同于上述根据价格比较即可尝试投资或是盘算收益的投资者，估值分析师必须将他们的分析过程和结论撰写成报告。在这种情况下，几乎可以肯定的是，随着预期逐渐转化为事实，估值结论终会在未来某个时刻被证伪。如果企业进行了 IPO，那么估值结论就有可能相对低于最终价格。如果企业 IPO 失败，那么由于估值分析师在估值过程中曾经考虑到这种可能性，估值结论似乎就有可能显得过高。

在面临类似的估值环境时，估值分析师必须尽可能反映投资者在价值方面的种种考量，据此得出结论，并把这个思维过程和结论形成文字。要让结论可信，就必须以适当的组织原则理解并解决估值中出现的问题。无论出现的结果是 A 还是 B，估值结论都需要经得起检验。

如何理解预期

关于预期在估值中扮演的角色，人们经常遭遇的陷阱就是预期不切实际。在当下形形色色的估值报告中，一个常见的问题就是采用的预期收益与历史收益缺乏相关性，有的甚至毫不相干。对于基于企业现实做出的对企业未来的预期，这些预期往往无法给出任何解释。上面提到的这种现象屡见不鲜，因而也被人们称为曲棍球棒效应⊖（hockey-stick）。

在几年前的一次出庭作证中，美世投资曾被问道，对一家目前收益较低的银行，银行管理层在其未来五年资本规划中做出的预测怎样才能实现呢？代理律师指控美世投资对资本计划的依赖缺乏依据，这份计划是企业客户在正常业务过程中为应对监管要求编写的。银行怎么能实现这种曲棍球棒式的预测结果呢？

美世投资向律师出示了我们在报告引用的图表，该图表对过去五年的业绩与资本计划预期的收益进行了比较。显而易见，预期（资产和股权）收益率确实是这家银行在过去几年曾经达到的水平，而且低于同业其他企业目前的水平。今天的价值是未来预期业绩的函数——而且我们采用的预期与企业过去的业绩、管理层陈述的计划、企业现有的业务计划及类似银行的业绩相吻合。

估值分析师应当铭记，每个在持续经营前提下进行的估值都会或明或暗地反映出对未来预期业绩的预测。如果估值中采纳的预期不切实际，那么得出的结论肯定站不住脚。

增长原则

我们生活在一个不断增长的世界。变化和增长是自然、经济和商业世界中不可或缺的组成部分。投资者必须以增长的视角看待世界、经济、个别企业和具体投资。当然，整体经济、行业或企业的增长可能会受到负面影响，但是我们生活

⊖ 在期初产出很低，但在期末会出现一个突发性增长。在连续周期中，这种现象会周而复始，产量曲线的形状类似曲棍球棒。——译者注

的这个世界总体的趋势还是向好的、增长的。

数百年来，各国和世界经济都曾出现过失衡现象，但是从长期而言，稳定和增长依旧是主旋律。所有企业估值都应考虑到人口、生产率及通货膨胀等宏观要素的影响。购买股票类证券的根本目的是分享增长带来的收益。在其他条件相同的情况下，增长型企业比没有增长潜力的类似企业更有价值。为什么？因为与已经陷入停滞的企业相比，处于增长中的企业会创造出更多的未来现金流。假设其他条件保持不变，更多的未来现金流意味着企业在今天有更高的价值。

如果使用非数学语言表述，增长原则的含义在于增长与价值之间存在着长期的内在联系。这种关系可以间接地体现在图1-1中——该图追踪了截至2019年12月的50年期间标普500指数。可以看到，标普500指数在此期间的年复合增长率为7.3%，其中既有来自成分股企业基础收益的增长，也有来自市场总体估值倍数的增长。

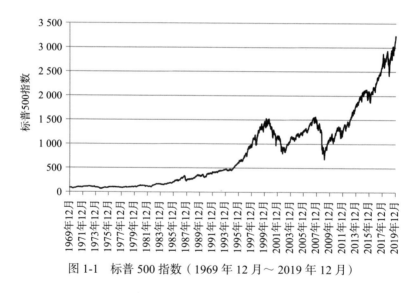

图1-1 标普500指数（1969年12月～2019年12月）

在处理估值问题时，估值分析师需要关注与增长相关的各个方面，从全球经济、国家经济、区域经济和地方经济，到特定行业和特定企业，再到影响特定企业所有权的事件和情况，形形色色，无所不包。如图1-1所示，尽管资产价值在长期内呈上升趋势，但是上升趋势中经常夹杂着估值的逆转或下降。毕竟，在对企业进行估值时，我们的估值对象是处于特定时间点的企业。因此，在任何时点，相关市场变动的水平和方向都会影响我们的估值结论。

正如我们将看到的那样，增长原则往往与预期原则和现值原则相互联系，但它们的确是不同的估值原则。

风险收益原则

在价值世界中，风险和收益之间的关系是可预测的。风险收益原则可以归结为一句流传已久的话："没有风险，就没有蓝筹股！"

通过所谓的折现率或者说必要收益率这个要素，风险收益原则与现值原则可以结合到一起。此外，可替代投资原则也能直接或间接地体现出这一点。

按照风险收益原则，在考虑两笔风险水平明显不同的投资时，投资者将对风险较高的投资要求更高的预期收益率。否则，投资者永远不会进行高风险投资。

预期收益或收益要求反映在不同的折现率或必要收益率中。相对较高风险的投资需要相对较高的预期收益率。图 1-2 就是一个体现风险收益原则的示例，体现了必要收益率（即折现率）与风险之间的关系。

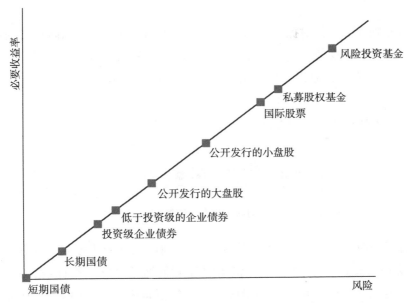

图 1-2　必要收益率与风险之间的关系

预期收益通过现值原则影响价值，这也是随后将要讨论的话题。

现值原则

按照最简单的方式表述，现值原则的含义就是今天的 1 美元比明天的 1 美元更有价值，即明天的 1 美元的价值要低于今天的 1 美元的价值。现值确实是一个连孩子都能理解的直观概念。不信你随便问任何一个孩子：他们是愿意今天就把玩具买到手，还是等到下周再买。

现值原则涉及投资的四个方面。

- **股权投资预期将带来价值增长**。不妨想想前面提到的增长原则。
- **投资具有现金流属性**。估值分析师必须了解企业现金流的长期本质，以及企业现金流可能完全不同于少数股东所得现金流这一事实。
- **投资是有期限的**。投资会持续较长时期。投资者之所以甘愿放弃眼前的消费（或选择竞争对手的可替代产品），是为了在较长时期内取得投资收益。
- **投资有不同的风险特征**。风险通过投资者要求的收益率或折现率成为撬动现值的强大杠杆。

现值原则要求我们对拥有不同期限、增长预期、现金流和风险特征的投资进行比较。通过计算现值，我们可以用今天的美元金额来表示不同投资的价值，从而为投资或估值决策提供佐证。另外，我们有时也会根据未来的预期价值比较投资。

图 1-3 对基本估值模型进行了总结。

$$价值_0 = \frac{现金流_1}{r-g} = 现金流_1 \times 估值倍数$$

图 1-3 基本估值模型

在这个一般意义上的模型中，我们可以看到估值分析师通常采用的单期资本化法。假定一家企业的股权现金流净值（净利润通常是这个指标最合适的代替）为每股 1 美元。随后，我们进一步假设适当的折现率（r）为 13%，预期增长率（g，无限期未来的恒定增长率）为 3%。

在这个表达式中，通过 $1/(r-g)$ 可以得到估值倍数为 10，即 $1/(13\%-3\%)$

因此，今天的价值为每股 10 美元，或者说每股 1 美元 ×10。按照相同的假设，采用现金流折现法得到的估值结果是相同的。

如上所述，单期资本化法和现金流折现法（我们将在第 4 章中详细讨论这两种方法）都是现值原则在实务中的运用。两种方法都是按适当的折现率或必要收益率将预期的未来现金流折算为现值，从而得到投资的当前价值。

通常，我们可以采用基本估值模型来确定企业价值，但现值原则也可用于对可替代投资进行比较。如果可以估算任何企业（一项业务战略或一笔投资）创造的未来现金流，而且知道这个企业、这项业务战略或这笔投资目前的成本，我们就可以得到内部收益率（IRR）。如果能计算出类似投资的 IRR，并假设其他风险要素保持恒定，我们就应该优先选择较高的投资。

不管是估值分析师希望使用 DCF 模型得到估值结论，还是企业 CFO 想基于 IRR 进行投资项目的比较，两者采用的现值原则都是相同的。

估值分析师和市场参与者都需要深刻了解现值概念，并在现值的基础上阐明估值事实及其环境。

可替代投资原则

我们生活在一个充满可替代投资的世界中。按照可替代原则，应该在各互斥性备选方案之间选择投资项目。

可替代投资原则是企业估值理论与实务的核心。按照《收入规范 59-60》（Revenue Ruling 59-60）的要求，估值分析师需要将目标企业股票与活跃公开股票市场上类似企业发行的股票进行比较，这就是可替代投资原则在实践中的运用。公开股票市场规模庞大，而且交投活跃，为很多私人企业的投资提供了更有流动性的替代投资选择。估值分析师必须对这些市场有深入的专业性认识，从而对非上市企业股权价值进行合理评估。

将这些组织原则结合起来，我们即可描述价值世界的运行方式。比如，通过结合风险收益原则和可替代投资原则，投资者可以为他们的投资制定相应的资产配置方案。在公开股票市场，投资者会问："我们到底应该买亚马逊，还是Alphabet 的股票？我们应该买大盘股还是小盘股？我们应该购买股票、债券还是房地产？"

可替代投资原则表明，我们面对着很多互斥的可替代投资。按照同样的逻辑，很多投资者会用不同方式对可替代投资进行估值。这个现实促使估值分析师必须更经常性地关注具体资产的典型收购者。譬如，当下的估值分析师通常知道企业的买方有不同类型，包括财务投资者和战略投资者，后者也被称为协同投资者。与财务投资者相比，战略投资者通常会向卖方支付更高的价格，而财务投资者可能在很大程度上会依赖企业现有现金流来获取收益。因此，估值分析师对资产买方类型的认定会给他们的估值结论带来重大影响。

此外，可替代投资原则还体现了机会成本的概念。在配置资源用来购买某项资产时，就无法再使用这些资源购置其他资产。当企业资产丢失、损毁或贬值时，估值分析师和经济专家会利用组织原则估算损失金额。

可替代投资原则表明：估值分析师必须熟悉公开股票市场，并能将其和私人市场进行客观比较，从而得到合理的估值参照点。

合理性原则

合理性原则假设市场在很大程度上是理性且一致的。在我们与估值分析师讨论公开股票市场的本质时，很多人会马上指出与冷静、理性或一致性投资行为相悖的诸多（显而易见或真实的）例外。不过，尽管例外永远都是有趣的，但是我们讨论的依旧是整体市场运行的基本理性。

很多"好得令人难以置信"并最终成为事实的投资建议，确实曾经让很多不喜欢思考的投资者如醉如痴。其实，这些投资建议只是对冷静、理性或一致性的可替代投资与正常预期进行间接比较。

有些估值分析师马上指出，市场有时也会表现异常，或是看似处于非理性状态。按估值分析师的观点，我们发现太多人执迷于例外，忽略了公开股票市场展现出的整体局面。如果能接受市场的整体理性或理性化，我们就拥有了解释或试图理解这些明显例外的基础。

合理性原则不仅适用于公开股票市场，也适用于估值分析师。《收入规范59-60》列举了所有估值报告几乎都需要包含的八个要素，还推荐了估值分析师应采纳的其他三个附加要素：常识、理性判断及合理性。我们将这八个要素称为估值的八大基本要素，我们将《收入规范59-60》中鲜为人知的三个附加要素称为三大关键要素。

合理性原则建议，估值分析师应对他们用作估值参照点（可比对象或基准）

的整体市场进行研究。此外，他们得出的估值结论应是清晰、合理、一致且有依据的。

在美世投资，我们对估值报告专门进行合理性检验，以比较结论与相应的可替代投资，或是对我们认为估值结论合理的原因进行解释。对于估值报告的使用者来说，不仅要关注得出重要估值结论的关键步骤，还要关注这些报告提供的证据。

本章小结

组织原则为我们观察价值世界提供了一个绝佳的窗口。企业价值是由窗外那些已经掌握或是正在寻找潜在投资信息的投资者确定的。星星点点、零零散散的信息汇聚在一起，共同绘制出了一个五彩斑斓的价值世界。当我们把这些细节有条不紊地组合到一起时，我们就获得了在不确定性条件下对投资及其未来业绩得出估值结论所需的知识。

从估值分析师和市场参与者的角度来看，组织原则勾勒出了若干路径，循着这些路径，他们可以寻找并获得建立、完善并最终捍卫其估值结论所需的知识。

掌握了企业估值的组织原则，估值分析师和市场参与者就可以对估值过程驾轻就熟，对得出的估值结论更有自信。使用这些原则作为讨论估值问题的基本框架，企业所有者的律师或顾问就可以更快速、更有效地为企业解决问题。

随着本书内容的逐渐深入，我们会愈加清晰地看到理解企业估值的组织原则和把它们用于估值或投资决策的重要性。我们将在下一章中讨论的综合理论，在很大程度上也依赖于这些原则。

| 第 2 章 |

基于股权的综合理论

本章简介

在本书的前两个版本中,我们以股权为基础建立了企业估值综合理论。因此,该理论对应的价值是企业股权的价值。在第 3 章中,我们将把综合理论的基础延伸到企业或总资本。因此,在本章中,价值的内涵是指整个企业的总体价值,也就是股权价值加债务价值,减去现金后的余额(基于债务净额)。

在本章中,我们将介绍企业估值的综合理论。简而言之,综合理论可以让估值分析师考虑企业的所有现金流——既包括会计口径的现金流,又包括特定所有者股权对应的现金流。因此,我们只需要把基本估值模型与价值概念体系中的对应价值层级联系起来。

具体而言,综合理论以基本估值模型对价值层级的各个水平做出定义,并对既定企业在各个价值层级上的价值为何不同做出解释。此外,综合理论从基本估值模型出发,对各个价值层级(控制权溢价、少数股权折价和流动性折价)在概念上的差异和调整关系做出了定义。最后,综合理论对造成现实世界中出现估值溢价或折价的经济因素进行了描述。

常见问题

本章的目的并不是回答或解决下面提出的所有问题，而是提出一种解决这些问题及其他相关问题的思维框架。

- ▶ 企业股权的价值来源是什么？
- ▶ 存在控制权溢价的理论原因是什么？
- ▶ 在确定公允市场价值的情况下，控制权溢价是否应自动适用针对控制性股权价值指标？
- ▶ 哪些因素会带来财务性控制权溢价？
- ▶ 哪些因素会带来战略性控制权溢价？
- ▶ 在采用折现现金流法估值时，估值分析师在确定控制性股权价值时是否应考虑控制权溢价？
- ▶ 在考虑上市企业股权价值和私人企业估值时，流动性少数股权价值的含义是什么？
- ▶ 当使用上市企业的基准估值倍数时，估值分析师是否应在最终的价值指标中考虑控制权溢价？
- ▶ 流动性折价是适用于100%的控制性股权，还是适用于51%的控制性股权？
- ▶ 哪些经济因素会带来流动性折价？
- ▶ 公允市场价值指标与战略性控制权价值之间有什么关系？
- ▶ 在对私人企业非流动性股权进行估值时，估值分析师为什么通常先对流动性少数股权价值进行估值？

基本估值模型

在这里，我们以单期资本化法为基础，对股票在公开交易市场上的估值方式进行了简化的理论分析。⊖基本估值模型体现为图2-1中的公式，它也是我们讨论综合理论的起点。

⊖ 单期资本化法最早由迈伦·戈登提出，因而通常被称为戈登模型。参见 *The Investment, Financing, and Valuation of the Corporation* (Homewood, IL: Richard D. Irwin, 1962)。

$$价值_0 = \frac{CF_1}{r-g} = CF_1 \times 估值倍数$$

图 2-1　基本估值模型

在基本估值模型中，企业或企业所有者股权的价值是下一期预期现金流（CF_1）除以适当的资本化率——折现率（r）减去特定现金流的预期增长率（g）。正如我们将在第 4 章中看到的，该公式体现了预期股权现金流按固定比率（g）增长条件下的现金流折现法。基本估值模型为我们建立企业综合估值理论提供了理想的出发点。

在实践中，CF_1 通常指下一期的预期收益，因此我们可以用收益来概括和替代现金流指标。($r-g$)，是把单期预期收益转换为价值的转换比率。[一]在以收益替代 CF_1 时，该模型还需要假设所有收益要么在当期分配完毕，要么用于再投资，从而按 r 实现增值。

在基本估值模型中，分母是表达式（$r-g$）。在这里，我们不妨假设 r 为 15%，g 为 5%。因此，($r-g$) 为 10%，通过这个分母即可把收益转换为价值。假设每股收益为 1 美元，那么按照 10% 的转换比率，即可得出股票价值为每股 10 美元。

其中，表达式 $1/(r-g)$ 是收益的估值倍数。在这个示例中，1 除以 10% 的结果，表示估值倍数为收益的 10 倍。如果假设每股收益为 1 美元，那么我们可以得到相同的价值，即每股 10 美元（1×10）。

如图 2-1 所示，基本估值模型也可以表示为现金流和估值倍数。这些要素估值分析师确实非常熟悉，以至于有时甚至会忘记它们的来源。但估值分析师必须明确限定广义估值模型中的收益，且相应的估值倍数应该与选择的收益相匹配。

基于综合理论的目的，我们开发了两个版本的基本估值模型：一个是基于股权的基本估值模型，另一个是基于企业或总资本的基本估值模型。图 2-2 描述了基于股权的基本估值模型。

$$股权价值 = \frac{CF_{股权}}{R_{股权} - G_{股权CF}}$$

图 2-2　基于股权的基本估值模型

[一] *ASA Business Valuation Standards*, "Glossary" (American Society of Appraisers, 2009), p. 26.

在图 2-2 中，下标股权表示我们使用该基本估值模型得到的结果是股权价值。股权持有者的预期现金流（$CF_{股权}$）按股权折现率（$R_{股权}$）与股权现金流预期增长率（$G_{股权CF}$）的差额进行资本化。在本章中，我们讨论的对象即为基于股权的基本估值模型。

我们之所以选择从基于股权的基本估值模型出发，是因为估值溢价和折价通常是以股权价值为基础形成的。在本章中，我们将探讨综合理论，从而在估值分析师所说的价值层级基础上，为考虑控制权溢价（无论是财务性控制权溢价还是战略性控制权溢价）、少数股权折价及流动性折价提供财务依据。

图 2-3 描述的是基于企业或总资本的基本估值模型。

$$企业价值 = \frac{CF_{企业}}{R_{企业} - G_{企业CF}}$$

图 2-3　基于企业或总资本的基本估值模型

其中，下标企业表示我们考量的价值对象是整个企业，不只是股权。企业现金流包括从所有出资者（贷款者和股东）处取得的净现金流。在图 2-3 中，相关的现金流是指扣除债务后的净利润，或者说税后净营业利润（NOPAT）。$CF_{企业}$ 按企业折现率（$R_{企业}$）与企业现金流预期增长率（$G_{企业CF}$）之差进行资本化。在这里，$R_{企业}$ 是加权平均资本成本（WACC），我们将在第 5 章中讨论这个概念。这也是基本估值模型针对企业价值的版本。在第 3 章中，我们将在价值框架内探讨企业价值。

价值的理论层级

在企业估值中，价值层级是各价值层级在理论上的相互关系。这一概念最早出现于 1990 年。价值层级图揭示了市场及企业估值分析师长期以来对企业价值层级的认识。

- ▶ 上市企业的股票交易价格被称为流动性少数股权价值，这个价值层级为分析其他层级的价值提供了基础。
- ▶ 上市企业控制性股权的成交价格往往高于之前未受交易影响的市场价格。

▶ 上市企业限制性股票的成交价格往往低于其他相同非限制性股票的成交价格。

虽然价值层级图在 20 世纪 90 年代的时候还是新概念，但是该图体现的基本概念早在人们根据该图得出上述观点之前，就已经得到估值分析师（和法院）的普遍接受。

如图 2-4 所示，早期的价值层级图包含三个价值层级。⊖

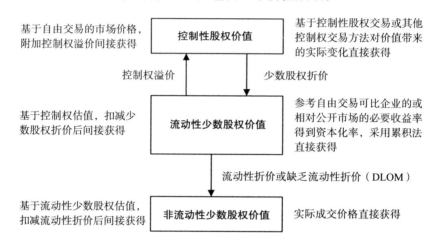

图 2-4　早期的价值层级图（1990 年）

价值层级图对应的价值层级对理解估值概念非常重要，以至于从 1992 年以来，美世投资的估值分析师几乎在每份估值报告中都会采用价值层级图。与大多数估值分析师一样，我们最初也假设针对控制权溢价、少数股权折价和流动性折价存在着所谓的概念性调整，如图 2-4 所示。

▶ 借助控制权溢价研究的证据，我们可以确定控制权溢价的幅度（我们认为这同样适用于相关的少数股权折价）。

⊖ Christopher Mercer, " Do Public Company (Minority) Transactions Yield Controlling Interest or Minority Interest Pricing Data?" *Business Valuation Review* Vol. 9, No. 4 (1990). 这篇文章是针对埃里克·纳森当年早些时候发表的一篇开创性论文撰写的评论。参见 Eric W. Nath, " Control Premiums and Minority Interest Discounts in Private Companies," *Business Valuation Review*, Vol. 9, No. 2 (1990). 另请参见 James H. Zukin, *Financial Valuation: Business and Business Interests* (New York: Maxwell MacMillan, 1990), pp. 2-3. 尽管价值层级的概念在 1990 年之前已经存在，但是据我们掌握的信息，价值层级图真正诞生的标志是 Mercer 和 Zukin 分别于 1990 年发表的文章。

▶ 我们以某些基准研究、各种拟 IPO 溢价限制性股票研究为基础，对流动性折价进行估计。与大多数估值分析师一样，在 20 世纪 90 年代初，我们也没有意识到图 2-4 只是一种描述性方式。换句话说，图 2-4 中的折价和溢价不能为确定现有价值层级提供任何指导，它只是描述了估值分析师和市场参与者在特定时点观察到的事实。

20 世纪 90 年代初，确定流动性折价的主流方法已开始让我们感到越来越难以接受。根据我们之前提出的综合理论，我们在始于 1994 年的一系列学术演讲及 1997 年出版的专著⊖中提出了可量化流动性折价模型（Quantitative Marketability Discount Model，QMDM）。

本章的目标就是在对图 2-4 所示估值关系进行概念描述的基础上，把基本估值模型与市场对企业的估值方式结合起来。本章介绍的综合理论旨在达到如下目标。

▶ 在基本估值模型的框架下，对各价值层级进行概念性描述。
▶ 使用基本估值模型的不同要素，对存在于各价值层级之间的差异进行概念性调整。从各市场参与者的角度出发，这些调整反映了他们对预期现金流、风险和增长的不同观念。为此，我们从基本估值模型的各个要素出发，对控制权溢价、少数股权折价和流动性折价进行定义。
▶ 调整由此所得的综合估值模型，使其结论与公开股票市场（流动性少数股权价值层级）、企业市场（控制性股权价值层级）及私人企业流动少数股权市场（非流动性少数股权价值层级）实际成交价格一致。

基于这些目标，我们将在股权基础上建立综合理论。

综合估值理论的符号表示方式

我们首先介绍基本估值模型（包括股权模型和企业模型）各构成要素的符号表达方式，以便于为我们进一步的讨论和读者理解提供基本路线图。

⊖ Z. Christopher Mercer, Quantifying Marketability Discounts (Memphis: Peabody Publishing, LP, 1997).

针对股权，我们将详细探讨综合理论涉及的四个概念性价值层级：战略性控制权、财务性控制权、流动性少数股权和非流动性少数股权。

前三个价值层级针对的是企业层级，它们依赖企业的股权现金流。第四个层级针对的是股权层级，在这个层级，决定价值的不是整个企业的股权现金流，而是属于非流动性少数股东的股权现金流。

基于股权层级的基本估值模型符号表示方式

基于股权层级的基本估值模型符号表示方式如表 2-1 所示。

表 2-1 基于股权层级的基本估值模型符号表示方式

概念性价值层级	价值	现金流	增长率	折现率
企业层级				
战略性控制权	$V_{股权（战略）}$	$CF_{股权（战略）}$	$G_{CF股权（战略）}$	$R_{股权（战略）}$
财务性控制权	$V_{股权（财务）}$	$CF_{股权（财务）}$	$G_{CF股权（财务）}$	$R_{股权（财务）}$
流动性少数股权	$V_{股权（mm）}$	$CF_{股权（mm）}$	$G_{CF股权（mm）}$	$R_{股权（mm）}$
股权层级				
非流动性少数股权	$V_{股权}$	$CF_{股权}$	G_V	$R_{持有期}$

基于企业层级的基本估值模型符号表示方式

企业层级的综合理论不涉及股权层级。涉及企业层级的三个价值层级均对应股权，但其现金流为包括贷款人和股权持有者在内的所有出资者获得的现金流。表 2-2 显示了综合理论基于企业层级的基本价值模型符号表示方式。

掌握了这种符号表示方式之后，我们将在本章的其余部分中以股权为基础，在第 3 章中以企业为基础来构建并完善综合理论。

表 2-2 基于企业层级的基本估值模型符号表示方式

概念性价值层级	价值	现金流	增长率	折现率
企业层级				
战略性控制权	$V_{企业（战略）}$	$CF_{企业（战略）}$	$G_{CF企业（战略）}$	$WACC_{（战略）}$
财务性控制权	$V_{企业（财务）}$	$CF_{企业（财务）}$	$G_{CF企业（财务）}$	$WACC_{（财务）}$
流动性少数股权	$V_{企业（mm）}$	$CF_{企业（mm）}$	$G_{CF企业（mm）}$	$WACC_{（mm）}$

流动性少数股权价值

基本估值模型为流动性少数股权价值提供了简单的可参照市场价格。对私人企业来说，它们属于相同的价值层级，统称为视同自由交易价值。在建立综合理论时，我们采用基本估值模型分析各价值层级的相互关系。为此，我们提出一种符号表示方式，代表模型中与每个价值层级相关的要素。图2-5即为计算流动性少数股权价值的公式。

$$V_{股权(mm)} = \frac{CF_{股权(mm)}}{R_{股权(mm)} - G_{CF股权(mm)}}$$

图2-5 流动性少数股权价值

作为出发点，流动性少数股权价值叠加控制权溢价即可得到控制性股权价值。从流动性少数股权价值中扣减流动性折价，则会得到非流动性少数股权价值。

图2-5所示公式中的术语定义如下。

$V_{股权(mm)}$ 对应公开上市或非上市企业的流动性少数股权价值。作为价值基准，它的交易价格是在公开交易股票上可观察到的。但对非上市企业而言，视同自由交易价值则是一种假设价值。根据定义，由于非上市企业的股权不存在活跃、公开的交易市场，非上市企业流动性少数股权的交易价格是观察不到的。因此，在确定非上市企业流动性少数股权价值时，要么参照公开股票市场的价格（使用拟上市企业法），要么使用收益法。⊖

$CF_{股权(mm)}$ 是股权持有者可以得到的预期现金流。这个价值层级的现金流反映了整个企业的净现金流，也就是扣除利息、税金及向其他出资者付款后的余额。该指标需要对异常或非经常性事件进行调整使其正常化。其他需要正常化的事项还包括按市场正常水平调整股东或主要股东的薪酬。⊜

上市企业会努力让投资者关注它们的正常化收益。比如，很多上市企业会提供备考收益或调整异常或非经常性（有时也未必非经常性）项目后的收益指标。

⊖ 针对折现率的深入讨论，见第5章。
⊜ 有关计算折扣率的详细讨论，见第5章。

$R_{股权(mm)}$是针对流动性少数股权价值的股权折现率。尽管它不是可以直接得到的数值，但是可以由公开股票市场定价推导得出，也可以使用资产定价模型或其他模型计算得出。对于非上市企业，估计$R_{股权(mm)}$最常用的方法就是累积法。[⊖]

$G_{CF股权(mm)}$是整个企业股权现金流的预期增长率。正如我们将在第5章中看到的那样，在使用收益的单期资本化法时，估值分析师必须对预期增长率做出合理估计。但是在本章中，我们只需要认识到$G_{CF股权(mm)}$是流动性少数股权现金流的长期预期增长率。

至此，我们可以把基本估值模型与价值层级图中的各层级价值联系起来。流动性少数股权价值是得出其他价值层级的基本价值层级。图2-5为流动性少数股权价值计算过程的符号表示方式。

我们之所以把流动性少数股权价值视为企业层级的价值层级，就是因为$CF_{股权(mm)}$定义的是流向企业整体股东的现金流。

在本章对综合理论的讨论中，我们会反复探讨企业股权的市场价值。在本书的上一版中，我们使用企业价值一词指代战略控制性股权、财务控制性股权，以及流动性少数股权价值。但如今，估值分析师在使用企业价值这个词的时候，更多的是用来描述企业总资本的市场价值，也就是说，包括股权和净债务在内的市场价值。下一章，我们将把综合理论拓展到企业价值层级。为避免不必要的混淆，在本书中，我们将以企业整体价值代替此前版本使用的企业价值概念。在本章中，我们将继续关注各价值层级股权的市场价值，这些价值也是企业股权现金流的函数。下一章，我们将在企业价值（通常表述为股权与债务价值之和减去现金后的余额）的背景下，讨论价值层级的概念。

这个价值层级被称为流动性少数股权价值。这并不矛盾，因为有了流动性或者说流通性，少数股权就可以通过公开股票市场体现出企业股权现金流的市场价值。

公开股票市场固有的流动性带来的经济影响在于公开股票市场定价中不存在的（或是如我们所见，只有极少的）少数股权折价。我们在图2-6所展示的内容

⊖ Christopher Mercer, "The Adjusted Capital Asset Pricing Model for Developing Capitalization Rates: An Extension of Previous 'Build-Up' Methodologies Based Upon the Capital Asset Pricing Model," *Business Valuation Review*, Vol. 8, No. 4 (1989): pp. 147-156. 有关折扣率的详细讨论，见第5章。

的基础上构建综合理论。在本章后续的讨论中，我们将介绍计算其他价值层级的公式。

	公式	相互关系	价值含义
流动性少数股权价值	$\dfrac{CF_{股权(mm)}}{R_{股权(mm)} - G_{CF股权(mm)}}$	$G_{CF股权(mm)} = R_{股权(mm)} - \dfrac{CF_{股权(mm)}}{V_{股权(mm)}}$	$V_{股权(mm)}$是确定其他股权价值的基准（视同自由交易价值）

图 2-6 价值基准——流动性少数股权价值

中间一栏为相互关系。价值的预期增长率 $G_{CF股权(mm)}$ 等于折现率 $R_{股权(mm)}$ 减去股息收益率。在确定其他价值层级时，我们同样需要关注预期现金流、风险和增长率之间关系的演变。

图 2-6 最右一栏为价值含义。按图中的公式，可以得到作为计算其他价值层级的基准的流动性少数股权价值 $V_{股权(mm)}$。在随后的讨论中，我们将陆续探讨与 $V_{股权(mm)}$ 相关的其他价值层级的含义。

估值分析师通常将流动性少数股权价值与控制权溢价之和作为控制性股权价值。

此外，从流动性少数股权价值中扣减流动性折价，可以得到非流动性少数股权价值。在建立综合理论时，我们会认识到实务中出现溢价和折价的原因，并理解为什么市场参与者倾向于为控制权支付更高的价格（相对于流动性少数股权），而对非流动性少数股权只愿意支付较少的费用（同样相对于流动性少数股权）。只有了解背后的原因，我们才能对不同价值层级的股权进行合理估值。

再回顾一下价值层级图（见图 2-4）。通过控制权溢价，估值分析师可以将流动性少数股权价值与控制性股权价值结合起来，而流动性折价是连接流动性少数股权价值与非流动性少数股权价值的桥梁。少数股权折价则是控制性股权与流动性少数股权的纽带。我们将会看到，这些理论调整完全基于市场参与者在市场上表现出来的行为。

价值层级基准、溢价和折价对企业估值至关重要，这一点在美国评估师协会（FASA）《企业价值评估准则》第 7 章评估溢价和折价第二条中得到了验证。㊀

㊀ *ASA Business Valuation Standards*, "BVS-VII Valuation Premiums and Discounts," ASA, 2009 年 11 月。

第二条　折价和溢价的概念

▶ 只有明确折价依据的基准价值层级，折价才有意义。
▶ 只有明确溢价依据的基准价值层级，溢价才有意义。
▶ 只有在影响标的股权价值的特征与折价或溢价适用基准价值层级的固有特征存在明显差异时，折价或溢价才合理。
▶ 折价或溢价体现了上述标的股权价值的特征与其适用基准价值层级的特征之间的差异，并量化了消除这种差异所需的调整。

上述规范非常清晰。在明确估值溢价和折价适用的基准价值层级之前，溢价或折价本身没有任何意义。

为什么会存在溢价和折价？上述《企业价值评估准则》指出，只有在影响标的股权价值的特征与折价或溢价适用基准价值层级的固有特征存在明显差异时，溢价和折价才合理。在综合理论中，这些特征体现了企业相对基准价值层级特征的预期现金流、风险和增长率。

流动性少数股权价值是综合理论中的基准价值层级。它是一个基准，溢价和折价都附属于它的调整值。

回顾20世纪90年代末之前有关估值的文献，很少有涉及适用溢价和折价理论基础的，更不用说众所周知并广泛被人们接受的理论。当时，估值分析师计算控制权溢价几乎完全靠主观判断，毕竟，在上市企业的控制权发生变化时，控制权溢价确实是不可否认的现实。估值分析师发现，上市企业限制性股票的成交价格低于普通股，因此他们采用的是判断性流动性折价。

但之后，估值分析师逐渐开始理解并阐述控制权溢价和限制性股票折价的存在原因，并相应地认识到溢价和折价存在的理论基础。综合理论对估值溢价和折价为什么普遍被接受做出了解释。

控制性股权价值层级

目前，业界已基本达成共识：在流动性少数股权的基础上，存在着两个价值层级。

- ▶ 财务性控制权价值。第一个价值层级描述了财务投资者为获得目标企业控制权愿意支付的价格。财务投资者通常按赚取合理收益率的能力收购目标企业股份，而且一般会采取杠杆收购方式。
- ▶ 战略性控制权价值。第二个价值层级被称为战略性或协同性控制权价值。战略投资者与财务投资者相比，可能有意为收购目标企业支付更高的价格，因为他们希望通过收购实现协同效应（通过消除重复性费用或实现交叉销售带来的收益）或获得其他战略性收益，从而从目标企业获得预期现金流。⊖

根据控制权变更交易数据，我们逐步得出如下结论：价值层级图中应有四个价值层级，而不是三个（见图 2-7）。⊖

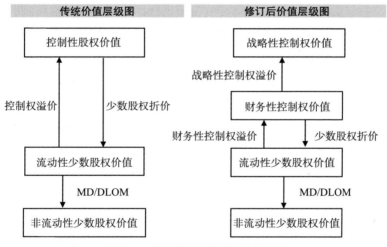

图 2-7 传统和修订后价值层级图

⊖ Steven D. Garber, " Control vs. Acquisition Premiums: Is There a Difference? " Presentation at the American Society of Appraisers International Appraisal Conference, Maui, HI, June 23, 1998.Z. Christopher Mercer, " A Brief Review of Control Premiums and Minority Interest Discounts," *Journal of Business Valuation* (Toronto: Carswell Thomas, 1997), pp. 365-387. Mark Lee, " Premiums and Discounts for the Valuation of Closely Held Companies: The Need for Specific Economic Analysis," *Shannon Pratt's Business Valuation Update*, August 2001.

⊖ 在我们创建的这个价值层级图中，显示了传统价值层级图（见图 2-4）及随后扩展得到的修订后价值层级图。美世投资在 20 世纪 90 年代后期的一系列论文和演讲中开始使用该图。此后，修订后价值层级图引起业界的广泛关注和讨论。比如，在《企业估值》（第 4 版）中，香农·普拉特再现了这个概念。此外，该书中的图 15-1 在原理上也类似修订后价值层级图。

图 2-7 左侧是传统价值层级图，包括将这三个价值层级相互联系起来的溢价和折价。图 2-7 右侧则是修订后的价值层级图。

- ▶ 图 2-7 左侧的控制权溢价等于右侧财务性控制权溢价和战略性控制权溢价的总和。
- ▶ 右侧财务性控制权溢价和左侧控制权溢价是等价的理论性溢价。
- ▶ 图 2-7 左侧和右侧的少数股权折价是相同的理论性折价。
- ▶ 我们把联系财务性控制权价值和战略性控制权价值的理论性溢价统称为战略性控制权溢价。

图 2-7 右侧修订后的价值层级图体现出了财务性并购交易与战略性并购交易之间存在的价格差异，但也给我们提出了一些难以解答的问题。

例如，修订后的价值层级图将传统价值层级图中的控制权溢价划分为两个部分，即财务性控制权溢价和战略性控制权溢价，却没有明确提出理论性折价，就把战略性控制权价值减少为财务性控制权价值。而且这种理论性折价也不是把财务性控制权价值与流动性少数股权价值联系起来的少数股权折价。

这促使估值分析师开始思考为什么要使用控制权溢价，引导他们将注意力集中于预期现金流。在那段时间，美世投资基本沿用香农·普拉特及其他专业人士的观点："控制权价值的分别在于分子，而不是分母。"

在基本估值模型中，分子当然是 CF，或者说预期现金流。分母依赖于 R，或者说折现率。换句话说，人们看到的是尽管适用于流动性少数股权和控制性股权的折现率并没有实质性变化，但是预期现金流却有可能对价值产生深远影响。

在图 2-7 的右侧，在从流动性少数股权价值上升到财务性控制权价值和战略性控制权价值时，我们发现控股股东有可能根据他们预期的目标企业运营能力调整预期现金流。这种能力上的优势在运营效率上体现为财务性控制权价值，在方法上体现为战略性控制权价值。如果调整是在买卖双方之间协商进行的，相应的控制权调整就可能会增加价值。换句话说，理论上，控制权调整对应目标企业现金流超过流动性少数股权现金流以外的部分。

估值分析师通过对现有控制权溢价数据进行深入研究发现，这种溢价通常来自战略或协同效应推动的交易。因此，现有控制权溢价数据更多地表现为财

务性控制权溢价和战略性控制权溢价的组合（见图 2-7）。⊖ 这项研究揭示出如下结论。⊜

- 在公允市场价值背景下，将现有控制权溢价数据作为推导少数股权价值的基础，在理论上是不正确的。不恰当地使用这些数据往往会夸大少数股权折价的幅度。
- 针对财务性控制权价值，根据现有控制权溢价研究得出的流动性折价并不会得出流动性少数股权价值，而会偏低。此外，由此得到的价值在概念上具有不确定性。
- 将标准流动性折价应用于（在概念上无法定义的）这个较低价值，往往会低估非上市企业非流动性少数股权价值。

财务性控制权价值

在这样的概念背景下，我们可以对控制权层级的价值进行检验。图 2-8 显示了第一层级控制权价值（财务性控制权价值）的公式。按照流动性少数股权价值的模式，我们对图 2-8 中的术语做如下定义。

$$V_{股权（财务）} = \frac{CF_{股权（财务）}}{R_{股权（财务）} - G_{CF股权（财务）}}$$

图 2-8　财务性控制权价值

从财务投资者的角度看，$V_{股权（财务）}$ 是对应全部股权的价值。这些投资者并不期望获得超过流动性少数股权价值的战略收益。在传统上，估值分析师通过两种方式确定财务性控制权价值：①与类似企业控制权变更交易进行比较（基准交易法）；②将控制权溢价与流动性少数股权价值相加。

从财务投资者角度来看，$CF_{股权（财务）}$ 指预期的股权现金流。确定 $CF_{股权（财务）}$ 的第一个步骤就是通过收益正常化得到 $CF_{股权（mm）}$。⊜ 我们称之为对运行良好的拟

⊖ FactSet Mergerstat/BVR Control Premium Study.
⊜ Z. Christopher Mercer, "Understanding and Quantifying Control Premiums: The Value of Control vs. Synergies or Strategic Advantages," *Journal of Business Valuation* (Toronto: Carswell Thomas, 1999), pp. 31-54.
⊜ 针对收益正常化的深入讨论见第 4 章。

上市企业进行正常化。

第二个步骤是判断买方在正常化基础上进一步改善收益的能力。这可能需要具体买方改进目标企业运营方式，或是提高目标企业的运营效率。除非有财务买方参与竞购，否则任何单一投资者都不可能愿意和卖方共享预期现金流改善带来的收益。在现实世界中，双方将通过协商确定这种预期收益的分享方式。○

$R_{股权（财务）}$是适用于计算财务性控制权价值的折现率。在现实世界中，$R_{股权（财务）}$一般等于$R_{股权（mm）}$。尽管市场力量倾向于让$R_{股权（财务）}$无限趋近于$R_{股权（mm）}$，但在理论上，在确定$R_{股权（财务）}$时还应考虑两者之间的潜在差异。财务投资者可能会在和其他财务或战略投资者的竞争中提高收购价格，从而使$R_{股权（财务）}$降到$R_{股权（mm）}$以下。某些买方为确保收购成功会有意识地降低收益率要求，从而导致目标企业价值可能被高估。此外，$R_{股权（财务）}$超过$R_{股权（mm）}$的可能性也表明对财务投资者而言，总股权价值可能低于少数股权在公开股票市场中的交易价格。

比如说，当投机交易将股价推高至财务性控制权价值之上时，就有可能出现这种结果。在大量针对控制权溢价开展的研究中，这或许可以解释在收购中为什么偶尔会收购价格低于目标企业公告前交易价格，出现负控制权溢价。

$G_{CF股权（财务）}$是对应财务性控制权买方股权现金流的预期增长率。从财务投资者的角度看，预期增长率应等于或超过流动性少数股权现金流的预期增长率。基于如下两个原因之一，$G_{CF股权（财务）}$可以等于$G_{CF股权（mm）}$：①整个买方群体可能都不会预期到这种增长；②能推进这种增长的特定买方可能无法通过谈判分享预期收益。○但是，我们需要从财务投资者的角度考虑实现加速增长预期的可能性，只有这样我们才能真正地理解市场行为。为推进增长，财务投资者可能会改善收入和支出增长关系的管理，如提高生产经营设施使用效率，完善流程等。请注意，与追求战略收益或协同效应投资者不同的是，增强内部现金流创造能力可能并不依赖和其他企业的合并。

至此，我们创建了一个描述财务性控制权价值的理论模型，与之前针对流动性少数股权价值这一特点价值概念的模型相互一致。图2-9显示了两个价值模型

○ 请注意，买卖双方之间的谈判会影响到最终的收购价格，但不会影响收购之后的预期现金流。这表明上市企业股权交易价格中出现的溢价并不一定代表总的预期现金流变化，只是买卖双方协商并共同分享的部分。

○ 在拍卖过程中，最终可能会有多个财务投资者参与竞购，这就可以让卖方通过次高的$G_{CF股权（财务）}$取得全部或大部分预期增长带来的收益。

之间的关系。

	公式	相互关系	价值含义
财务性控制权价值（基于股权）	$\dfrac{CF_{股权（财务）}}{R_{股权（财务）}-G_{CF股权（财务）}}$	$CF_{股权（财务）} \geq CF_{股权（mm）}$ $G_{CF股权（财务）} \geq G_{CF股权（mm）}$ $R_{股权（财务）} \approx R_{股权（mm）}$	$CF_{股权（财务）} \geq CF_{股权（mm）}$
流动性少数股权价值	$\dfrac{CF_{股权（mm）}}{R_{股权（mm）}-G_{CF股权（mm）}}$	$G_{CF股权（mm）} = \dfrac{R_{股权（mm）}-CF_{股权（mm）}}{V_{股权（mm）}}$	$V_{股权（mm）}$ 是确定其他股权价值的基准（视同自由交易价值）

图 2-9 流动性少数股权价值与财务性控制权价值

通过图 2-9 我们可以看到，作为价值基准的流动性少数股权价值与财务性控制权价值之间在概念上存在差异。这揭示出控制权溢价（或其他概念性调整）并不是自发进行的。不妨回顾一下《企业价值评估准则》中针对溢价和折价的表述。[○]

> 只有在影响标的股权价值的特征与折价或溢价适用基准价值层级的固有特征存在明显差异时，折价或溢价才是合理的。

使流动性少数股权价值与财务性控制权价值之间存在溢价或折价差异是图 2-9 中的预期现金流、风险和增长率之间的差异。

如图 2-9 所示，在其他所有条件相同的情况下，只要满足如下一个或多个条件，财务性控制权价值就会大于流动性少数股权价值。

▶ $CF_{股权（财务）}$ 大于 $CF_{股权（mm）}$。如果预期财务投资者会改善目标企业运营，并与卖方分享改善运营带来的预期收益，就会出现这种情况。

▶ $G_{CF股权（财务）}$ 大于 $G_{CF股权（mm）}$。如果财务投资者希望提高现金流的未来增长率，并希望与卖方分享由此带来的收益，那么 $V_{股权（财务）}$ 可能会大于 $V_{股权（mm）}$。

▶ $R_{股权（财务）}$ 小于 $R_{股权（mm）}$。从概念上讲，$R_{股权（财务）}$ 可能小于或大于 $R_{股权（mm）}$。

○ *ASA Business Valuation Standards*, "BVS-VII Valuation Premiums and Discounts," ASA，2009 年 11 月。

对于特定的买方，这两种情况都可能出现。但市场力量可能会迫使买方认为适当的折现率不应超过 $R_{股权（mm）}$。指定 $R_{股权（财务）}$ 的取值确实可以说明买方因基金竞购而对卖方支付财务性控制权溢价。这些基金当然有能力为单笔交易设定较低收益率以提高收购价格。

这个分析的要点在于财务性控制权溢价不是自发产生的。卖方具有获得良好的（经相应调整后的）收益和现金流的历史，这为未来现金流预期提供了基础。买方当然可以基于这样的历史，预期更多的未来现金流。任何价值差异都是企业买卖双方之间谈判的结果。综合理论的概念分析为我们描述理性市场参与者的经济行为提供了最基本的语言。此外，综合理论还为估值分析师在不同情况下估计财务性控制权价值提供了概念和分析上的理论依据。

财务性控制权溢价

在特定财务性控制权价值（$V_{股权（财务）}$）的情况下，我们可从预期现金流、风险和增长率差异（相当于流动性少数股权的差异）的角度，确定财务性控制权价值超过流动性少数股权价值的财务性控制权溢价。

图 2-10 将财务性控制权溢价（$CP_{财务}$）定义为财务性控制权价值（$V_{股权（财务）}$）超过流动性少数股权价值（$V_{股权（mm）}$）的差额。实证研究显示，流动性少数股权价值与财务性控制权价值之间确实存在一定的联系。

$$CP_{财务} = \frac{V_{股权（财务）} - V_{股权（mm）}}{V_{股权（mm）}}$$

图 2-10　财务性控制权溢价

如图 2-10 所示，财务性控制权溢价的使用应仅限于有收购意愿的买方有如下预期的情况。

▶ 现金流超过正常化状态下的现金流。
▶ 增加现金流的预期增长率。
▶ 愿意接受小于 $R_{股权（mm）}$ 的收益率。
▶ 愿意和卖方分享由此带来的全部或部分预期收益。

如满足上述条件，那么从估值角度来说，更适合采用现金流折现法作为预测预期收益的模型，并在财务控制权层面直接对目标企业估值。然后，再据此推导出财务性控制权价值超过流动性少数股权价值的财务性控制权溢价。

在不满足上述条件时，财务性控制权价值应等于流动性少数股权价值。

▶ 通过上市企业基准估值倍数与非上市企业正常化收益相乘得到的价值，应近似财务性控制权价值。当然，这需要假设已根据拟上市企业与被估值非上市企业之间的基准预期（主要是风险和增长率预期）差异，对拟上市企业的估值倍数进行了适当调整。本书第 6 章将深入讨论基础性调整的内涵及其在综合理论中的作用。

▶ 使用单期资本化法和折现现金流法得出的价值应近似财务性控制权价值。

显然，财务性控制权溢价是一个区间概念。为目标企业支付的财务性控制权溢价会因潜在买家的个别状况，以及招标出售的竞争程度有所不同。但是从幅度上看，这种溢价很可能是适中的。我们经历了很长一段时间，才最终接受了埃里克·纳斯在 20 世纪 90 年代提出的观点，即采用基于拟上市企业的估值倍数就可以得到控制权价值。⊖可以说，在那个年代，包括美世投资在内的很多专业估值机构都认为，这样的说法没有依据。⊖如果财务性控制权溢价为零，综合理论就可以解释埃里克·纳斯利用公开股票市场得到的估值倍数计算控制权价值。

我们已经从财务投资者角度定义了 $V_{股权（财务）}$。$V_{股权（财务）}$ 超过 $V_{股权（mm）}$ 的差额越大，成交的可能性就越大。按照埃里克·纳斯的观点，由于任何一年的收购交易数量相对上市企业总数而言都非常少，在大多数情况下，$V_{股权（财务）}$ 超过 $V_{股权（mm）}$ 的差额应该为零（或者小到不足以吸引财务投资者的兴趣）。这使其认为，公开市场定价完全可以反映流动性少数股权定价和财务性控制权定价。

综合理论的公式也验证了纳斯理论。估值分析师的普遍共识是，财务性控制权价值与战略性控制权价值是不同的，而且人们也开始认识到，即使存在财务性

⊖ Eric W. Nath, "Control Premiums and Minority Interest Discounts in Private Companies," *Business Valuation Review*, Vol. 9, No. 2 (1990): pp. 39-46.

⊖ Christopher Mercer, "Do Public Company (Minority) Transactions Yield Controlling Interest or Minority Interest Pricing Data?" *Business Valuation Review*, Vol. 9, No. 4 (1990): pp. 123-126. 在本文中，美世投资为使用上市企业估值倍数确定流动性少数股权价值的做法提供了依据。回想起来，当时的美世投资实际上尚未完全理解纳斯理论的精妙之处和全部含义。

控制权溢价，这个溢价可能也很小。

少数股权折价

财务性控制权价值与流动性少数股权价值之间在理论上的差异就是财务性控制权溢价（见图2-7）。如果这个溢价为零（或者很小），那么相应的少数股权（或缺乏控制权）折价也应该为零，或者非常小。按照少数股权折价的定义：它是"由于少数股权缺乏控制权而带来的折价。"⊖

在下文中，我们将流动性少数股权价值与财务性控制权价值水平的关系归纳为如下几个方面。在上市企业中，持有少数股权的股东对上市企业没有控制权，控制权归属于上市企业的管理层。但我们注意到（实际情况符合纳斯理论，在理论上符合综合理论），对大多数上市企业而言，流动性少数股权价值和财务性控制权价值可能很接近，否则潜在买方就有强大的收益动机收购更多的上市企业。考虑到并没有出现大量的收购行为，因此我们完全可以合理地假设，大多数上市企业的流动性少数股权价值和财务性控制权价值基本相近。

如上所述，上市企业的少数股东确实拥有一定的自主裁量权，而非上市企业的少数股东基本没有任何权利。他们可以在三天内按流动性少数股权价值或财务性控制权价值（即市场价格）设定股权出售订单，将持有的股权彻底变现。

这个逻辑的含义体现为，在上市企业股票的定价中，不存在（或很少有）因为缺乏控制权造成的折价。这是有道理的，因为在公开股票市场上，投资者投资并不是为了获得控制权，而是投资企业本身，并预期管理层和董事会将以股东利益最大化为目标来经营企业。否则，股东就会行使自己的自主裁量权——出售其持有的股票，给股价施加下行压力，从而为财务投资者提供收购的机会。

有一个需要注意的问题是，在流动性少数股权这个层级上，上市企业的所有预期现金流均应分配给股东或按折现率再投资于企业。股价不会因为少数股东不能控制或直接获得企业现金流而打折，毕竟上市企业股票不仅能给股东带来足够的流动性，还可以使其享受全部预期未来现金流按当前市场价格再投资带来的收益。

这个推论表明，流动性和再投资带来的预期收益使得公开股票市场可以消除

⊖ *ASA Business Valuation Standards, "Glossary"* (American Society of Appraisers, 2009), p. 30. 少数股权折价在理论上相当于消除了财务性控制权溢价。

大部分（甚至全部）因缺乏控制权造成的折价。

基于上述事实，我们可以得出如下结论：除非现金流导致财务性控制权价值与流动性少数股权价值之间存在差异，否则少数股权折价就不存在（或很小）。⊖ 市场机制会迫使大多数上市企业理性运行，以最优化方式使用现金流——用于再投资，或通过股利分配为股东带来合理收益。只有在典型财务投资者希望获取超过正常水平的现金流时，非上市企业才会出现少数股权折价。⊖

我们已在图 2-10 中对财务性控制权溢价做出了定义。这个溢价为财务性控制权价值和流动性少数股权价值的差额。如图 2-11 所示，我们从财务性控制权价值出发定义了与之相关的少数股权折价，并指出了这两个价值之间的关系。

$$少数股权折价_{财务} = 1 - \frac{V_{股权(mm)}}{V_{股权(财务)}}$$

图 2-11　少数股权折价

少数股权折价的表述很重要，因为它是基于财务性控制权价值和流动性少数股权价值之间的差异产生的。

假设 $V_{股权(mm)}$ 为每股 100 美元，$V_{股权(财务)}$ 为每股 105 美元。按照图 2-11，少数股权折价应为 4.8%（即 1–100 美元/105 美元）。

如果这两个价值之间没有差异，当然就不存在少数股权折价。考虑到对少数股权折价的定义是以流动性少数股权和财务性控制权价值为基础的，因此只有在财务投资者对现金流、风险和增长率的预期不同于现有所有者时，才会出现少数股权折价。所以，估值分析师可以参照现金流、风险和增长率的预期来估计这两个价值。

从传统意义上来说，少数股权折价是按实际的控制权溢价来定义的，如

⊖ 企业资本结构中可能同时包括有表决权股份和无表决权股份。如果认为有表决权股份的风险低于无表决权股份，有表决权股份在交易中的溢价就有可能低于无表决权股份。换句话说，无决权股份在交易中的折价可能小于有表决权股份。

⊖ 这些现象与经营性企业有关。按照综合理论的逻辑，我们可以认为对资产持有实体而言没有理由出现大幅少数股权折价。实际上，多年来，在对资产持有实体进行估值时，我们通常采用 0～10% 的少数股权折价。此外，来自封闭式基金的市场证据也表明，这类资产持有实体的交易价格相对基础资产净值而言的折价非常有限。而在对经营性企业估值时，很少会出现少数股权折价的问题，因为除基准交易比较法之外，大多数估值方法只考虑流动性少数股权或财务性控制权价值。

图 2-12 所示。

$$少数股权折价 = 1 - \frac{1}{1+控制权溢价}$$

图 2-12　传统少数股权折价

请注意，在图 2-11 和图 2-12 中，少数股东折价的最大差异体现为经济学原理和具体描述之间的差异。

- 按综合理论的定义（见图 2-11），少数股东折价源自不同投资者群体对特定实体在预期现金流、风险和增长率上的不同理解。这在本质上属于经济原理范畴，因而可以由估值分析师通过分析得出。
- 按照传统定义（见图 2-12），少数股东折价是在间接使用控制权溢价研究成果平均值的基础上得到的。但是，使控制权溢价研究得到溢价结论的交易与少数股权折价无关。㊀

控制权溢价和少数股权折价的传统计量方法

我们将简要介绍控制权溢价的传统计量方法，为讨论少数股权折价提供更多的信息。我们看到的控制权溢价是两个价格之间的差额，即上市企业出售股权时的股价和发布公告之前的股价。这个差额可以表示为金额，也可以表示为占公告前股价的百分比。

假设一家上市企业在发布公告之前的股价为每股 10 美元，披露的收购价格为每股 14 美元。以绝对金额表示的隐含控制权溢价为每股 4 美元（14 美元 −10 美元），按百分比表示的控制权溢价是 40%。因此，控制权溢价只是描述了这两个价格之间的差异。

- 如图 2-12 所示，按照传统定义计算得到的少数股权折价为 28.6%，即 1−1/（1+40%）。
- 估值分析师根据实际观察得到的控制权溢价推断少数股权折价，显然不能为他们的估值结论提供有效信息。不管采用这些研究结果的平均值

㊀ 在过去几十年中，估值分析师依赖的控制权溢价研究的资料是有据可查的。资料来源包括"FactSet Mergerstat Review, 2019"和"FactSet Mergerstat/BVR Control Premium Study"。

40%，还是某一次研究的个别溢价数据，都不能为计算具体估值对象的少数股权折价提供依据。

按照综合理论，如果典型的流动性少数股权价值和财务性控制权价值没有差异或差异很小，在典型估值情况下，根据控制权溢价的实证研究推导少数股权折价就会高估少数股权折价及其存在性。

价值层级的含义

上述分析表明，如图2-7所示的传统层级价值图应进一步细化，以便充分反映上述财务性控制权价值与流动性少数股权价值之间的关系。

图2-13右侧是经过拓展和细化的价值层级图。在图2-13中我们可以看到，财务性控制权价值与流动性少数股权价值之间的差异几乎可以忽略不计，这也体现了我们在上面详细分析得出的结论。

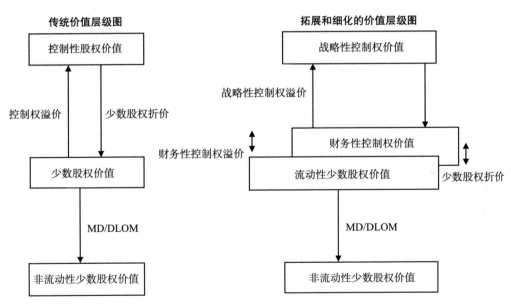

图2-13 传统价值层级图与拓展和细化的价值层级图

在讨论股东层级（非流动性少数股权价值）之前，我们将探讨战略性控制权价值，从而完善企业层级的价值。但在此之前，我们首先需要认识到，使企业层级和股东层级之间可能出现巨大差异的原因，根本就不是人们经常提到的控制权溢价和少数股权折价。

买方绝不会为获取企业的控制权而支付溢价。他们之所以愿意支付溢价，完全是为了追求现金流及其增长，或风险降低带来的预期收益。

战略性控制权价值

图 2-14 即为计算战略性控制权价值的公式。

$$V_{股权（战略）} = \frac{CF_{股权（战略）}}{R_{股权（战略）} - G_{CF股权（战略）}}$$

图 2-14　战略性控制权价值

与其他价值层级一样，在图 2-14 中，我们对相关术语定义如下。

$V_{股权（战略）}$：从战略投资者的角度看，它对应目标企业的股权价值，是买方希望取得的超过财务性控制权价值（和流动性少数股权价值）的协同效应或战略收益。$V_{股权（战略）}$ 完全基于特定买方的预期，因而不反映典型收购者在公允市场价值背景下的预期。因此，$V_{股权（战略）}$ 往往更类似投资价值，而不是公允市场价值。战略投资者的目的是通过目标企业业务与自身固有业务的结合获得战略性控制权价值。

$CF_{股权（战略）}$：从战略投资者的角度来看，它对应股权层级的现金流。与 $CF_{股权（财务）}$ 一样，确定 $CF_{股权（战略）}$ 的第一步就是通过正常化收益得到 $CF_{股权（mm）}$。在此基础上，可能还需要进行其他调整以反映如下因素。

- 财务投资者可能希望通过改善目标企业运营以提高价值（并由此得到 $CF_{股权（财务）}$）。
- 预期的协同效应（通常与降低成本有关）。
- 预期的战略收益（例如，通过目标企业现有分销渠道出售更多买方的产品）。

换句话说，除了希望更有效地经营目标企业之外，战略投资者还会考虑将目标企业业务与自身现有业务结合带来的预期战略收益。

$R_{股权(战略)}$：适用于潜在战略投资者的折现率。⊖至少有两个方面的原因会导致 $R_{股权(战略)}$ 可能低于 $R_{股权(mm)}$ 或 $R_{股权(财务)}$。首先，很多战略投资者的规模会远远大于目标企业，因此他们自身的资本成本低于规模较小的目标企业（见第6章）。⊜其次，其他战略投资者可能认为收购会降低业务风险，因而愿意接受较低的折现率。

$G_{CF股权(战略)}$：战略投资者对未来现金流增长率的预期。除了收获交易带来的静态（一次性）现金流收益之外，战略投资者还希望通过强化增长的方式取得动态或者持续性的现金流收益。换句话说，预期的协同效应会影响战略投资者的预期现金流（$CF_{股权(战略)}$），以及这些现金流未来的增长率。

到此为止，综合理论又纳入了战略性控制权价值。这个价值层级依托于其他两个企业层级的价值（流动性少数股权价值和财务性控制权价值）。图 2-15 说明了三个企业价值层级之间的关系。

	公式	相互关系	价值含义
战略性控制权价值（基于股权）	$\dfrac{CF_{股权(战略)}}{R_{股权(战略)} - G_{CF股权(战略)}}$	$CF_{股权(战略)} \geqslant CF_{股权(mm)}$ $G_{CF股权(战略)} \geqslant G_{CF股权(mm)}$ $R_{股权(战略)} \approx R_{股权(mm)}$	$CF_{股权(战略)} \geqslant CF_{股权(mm)}$
财务性控制权价值（基于股权）	$\dfrac{CF_{股权(财务)}}{R_{股权(财务)} - G_{CF股权(财务)}}$	$CF_{股权(财务)} \geqslant CF_{股权(mm)}$ $G_{CF股权(财务)} \geqslant G_{CF股权(mm)}$ $R_{股权(财务)} \approx R_{股权(mm)}$	$CF_{股权(财务)} \geqslant CF_{股权(mm)}$
流动性少数股权价值	$\dfrac{CF_{股权(mm)}}{R_{股权(mm)} - G_{CF股权(mm)}}$	$G_{CF股权(mm)} = R_{股权(mm)} - \dfrac{CF_{股权(mm)}}{V_{股权(mm)}}$	$V_{股权(mm)}$ 是确定其他股权价值的基准（视同自由交易价值）

图 2-15 三个企业价值层级

如果满足以下的一个或多个条件，战略性控制权价值就会大于流动性少数股

⊖ 正如本书第 6 章讨论的那样，战略投资者通常根据自己的 WACC 制定收购决策。但是在这里，相关的概念应该对应股权的折现率。

⊜ 在战略收购中，战略投资者是否应降低资本成本是一个需要单独讨论的问题。但如果市场由众多竞争性战略收购者构成，部分或全部利益就有可能转移给卖方。

权价值（以及财务性控制权价值）。

$CF_{股权（战略）}$ 大于 $CF_{股权（mm）}$。我们将流动性少数股权价值作为定义战略性控制权价值的基础。战略投资者希望实现协同效应或获得财务投资者无法取得的战略收益。但是，如无必要，单一战略投资者显然没有动力支付比最积极的财务投资者愿意支付的价格更高的价格。㊀ 换句话说，在一笔收购交易中，特定战略投资者能支付的价格与其愿意支付的价格可能存在很大差异。

$G_{CF股权（战略）}$ 大于 $G_{CF股权（mm）}$。如果战略投资者希望提高现金流的未来增长率，并与卖方分享由此带来的收益，战略性控制权价值就可能会超过财务性控制权价值（和流动性少数股权价值）。

$R_{股权（战略）}$ 小于 $R_{股权（财务）}$。如果战略投资者在确定收购价格时考虑的是自身股权成本（可能低于目标企业的折现率），战略性控制权价值就可能会超过企业层级的所有价值指标。

在确定收购价格时，如果战略投资者希望看到预期现金流的强化（无论是基于新价值指标的静态增长还是动态增长），且自身采用较低的折现率，$V_{股权（战略）}$ 就有可能远远高于 $V_{股权（mm）}$。如果多个战略投资者竞购同一家目标企业，卖方就更有可能实现战略价值。在这种情况下，有时甚至会出现非理性定价。㊁

战略性控制权溢价

现在，我们可以定义战略性控制权收购者可能支付的战略性控制权溢价（CP），即实际支付价格超过流动性少数股权价值的部分。之所以采用这种方式，是因为不存在可参照的财务性控制权价值市场（当然，除非我们能合理地认为上市企业的股票交易价格在很大程度上与财务性控制权价值等同）。㊂ 请注意，战略性控制权溢价包括财务性控制权溢价。战略性控制权溢价的公式如图 2-16 所示。

㊀ 很多年前，在业内久负盛名的著名投资银行家、特许金融分析师吉尔伯特·马修斯就已经注意到这个现象。他指出，单一战略投资者不会比最慷慨的财务投资者多花 1 美元。这里的概念分析应在公允市场价值的基础上确认这些价格现象的含义。

㊁ 在美世投资的演讲中，经常提到的一个观点是企业投资者有三种：财务投资者、战略投资者和非理性投资者。每个卖方都希望能找到一个非理性投资者。遗憾的是，当你确实需要非理性投资者时，却很难找到它们。但公允市场价值是一个理性概念，而不是非理性观点。因此，在确定公允市场价值时，估值分析师需要牢记这些概念。

㊂ 我们可以观察到私人企业在收购市场中的最终定价；但基于流动性少数股权的价格则是不可见的，因此，我们也无法直接在市场上得到控制权溢价的实证数据。

$$CP_{战略} = \frac{V_{股权（战略）} - V_{股权（mm）}}{V_{股权（mm）}}$$

图 2-16　战略性控制权溢价

战略性控制权溢价指战略性控制权股权价值超过流动性少数股权价值的差额，按百分比表示是这个差额占流动性少数股权价值的百分比。只有满足如下一个或多个条件，才会存在战略性控制权溢价。

▶ 战略投资者预期能通过正常化流动性少数股权增加现金流。
▶ 战略投资者愿意接受的收益率低于流动性少数股权享有的收益率。
▶ 单一的主动型战略投资者愿意和卖方分享预期的协同效应或战略收益。[⊖]
▶ 多个战略投资者将参与收购目标企业的竞标过程。
▶ 竞标报价过程存在激励因素或非理性因素。

对上市企业而言，流动性少数股权价值是买卖双方协商确定战略性控制权价格的基础。在实践中，交易价格是由买卖双方协商确定的。因此，我们看到的战略性控制权溢价只是协商价格与之前的（流动性少数股权）交易价格之差。为此，我们不妨回顾一下前面关于控制权溢价和少数股权折价的讨论。

由于没有交易价格参照，非上市企业的收购价格往往是直接进行谈判确定的。但即便是协商进行的非上市企业股权交易，同样适用于这些原则。

在确定战略性控制权溢价后，我们可以简单讨论一下将战略性控制权价值转换为流动性少数股权价值的少数股权折价。请注意，在图 2-13 中，我们并未命名战略性控制权价值和财务性控制权价值之间的差额。估值文献也没有为这一差异做出明确认定，毕竟它只是两个价值的差额，在确定战略性控制权价值的过程中没有任何意义。

企业与股东层级的价值

到目前为止，我们已探讨了企业层级的三个价值层级：流动性少数股权价值、财务性控制权价值和战略性控制权价值（见图 2-17）。我们将这些价值层级

⊖ 请注意，如果只有一个战略投资者，且动机非常强烈，而且目标企业是唯一的，缺乏出售动机的目标企业所有者就可能取得潜在战略性控制权溢价的部分甚至是全部。

称为企业层级价值层级，因为每个价值层级的确定都依赖市场认知以及全企业股权现金流估值的差异。正如本章反复强调的：基本估值模型的一个假定前提是价值是企业预期现金流的函数，且所有现金流均用于分配或再投资。⊖

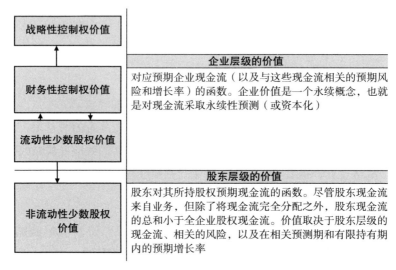

图 2-17　企业层级与股东层级的价值层级

第四个价值层级是非流动性少数股权价值，也就是图 2-17 中最低的价值层级。与企业层级价值相反，这个层级价值也可以称为股东层级价值。股东享有的价值取决于股东的预期现金流、这些现金流的预期增长率，以及在相关投资期限或持有期与这些现金流相关的风险。不幸的是，这个如此重要的差异经常被估值分析师忽略。

多年以来，估值分析师一直把流动性少数股权和非流动性少数股权之间的差额称为流动性折价，或者缺乏流动性折价。《企业价值评估准则》对流动性折价的定义为：⊖

> 流动性折价是指为反映股权相对缺乏流动性而需要从股权价值中扣除的金额或百分比。

现在，我们将对非流动性少数股权价值及相应的流动性折价进行讨论。

⊖ 在第 4 章中，我们将详细介绍如何通过调整所有显而易见的差异，把流动性少数股权价值转化为企业价值。

⊖ *ASA Business Valuation Standards*, p.26.

非流动性少数股权价值

图 2-18 介绍了计算股东（非流动性少数股权）价值的公式。

$$V_{股东} = \frac{CF_{股东}}{R_{持有期} - G_v}$$

图 2-18 非流动性少数股权价值

与其他价值层级一样，我们同样在非流动性少数股权价值层级给出相关术语的概念。

$V_{股东}$是针对股票缺乏活跃交易市场的企业而言的，是企业非流动性少数股权价值。$V_{股东}$是指股东或其他股权持有者拥有的价值，是站在他们的角度表达的（因而使用股东为下标）。对合伙企业和有限责任公司等实体，我们也采用相同的符号。通常，估值分析师在流动性少数股权价值中扣除流动性折价来确定这个价值层级。但正如我们将会看到的那样，流动性折价并不是可以独立存在的事物。流动性折价只描述了两个价值量的差异：一个是流动性少数股权价值，另一个是非流动性少数股权价值。

$CF_{股东}$是企业股权现金流中预期由特定股东按持股比例享有的部分，包括期中分配的现金流和预期最终将会取得的现金流。作为一个象征性符号，$CF_{股东}$涵盖了预期的全部期中现金流及投资持有期结束时的预期现金流。换句话说，不能单纯地从表面上理解图 2-18，直接用公式计算非流动性少数股权价值。实务中采用的两阶段 DCF 模型如图 2-19 所示。

$$V_{股东} = \left[\frac{CF_{股东1}}{(1+R_{持有期})^1} + \frac{CF_{股东2}}{(1+R_{持有期})^2} + \frac{CF_{股东3}}{(1+R_{持有期})^3} + \cdots + \frac{CF_{股东f}}{(1+R_{持有期})^f} \right] + \left[\frac{\left(\frac{CF_{股权(mm),(f+1)}}{R_{股权(mm)} - G_{CF_{股权(mm)}}} \right)}{(1+R_{持有期})^f} \right]$$

期中现金流的现值（PVICF）：
对股东的期中经济分配，按$R_{持有期}$折算为现值。

终值的现值（PVTV）：
$V_{股权(mm)}$-流动性少数股权价值，按$R_{持有期}$折算为现值。

图 2-19 股东层级 DCF 模型

图 2-19 中公式的左半部分，代表预期持有期内期中现金流的现值，预期持

有期截止于第 f 年。公式的右半部分表示持有期内终值的现值，即第 f 年末的流动性少数股权价值。

$R_{持有期}$ 是针对持有非流动性少数股权的投资者在持有期或最短回收期内的折现率。对于持有期风险的概念，我们将在第 9 章中做更详细的讨论。持有期概念很重要，因为对企业非流动性少数股份的股权投资在有限的持有期内，所以估值分析师必须对这个期限做出合理估算。理论上认为，$R_{持有期}$ 应等于或大于 $R_{股权（mm）}$。这个必要收益率如图 2-20 所示。请注意，如果持有期溢价（HPP）等于零，就意味着不存在持有期风险。比如，对于高流动性的公开交易股票，$R_{持有期}$ 等于 $R_{股权（mm）}$。

$$R_{持有期} = R_{股权（mm）} + \text{HPP}$$

图 2-20　必要收益率

G_V 是指在非流动性投资的预期持有期内，企业价值的预期增长率。通过这个增长率，我们可以得到预期持有期结束时的企业价值终值。换句话说，G_V 仅适用于投资的预期持有期。如果企业预期不会按持股比例分配现金流收益，也没有次优再投资方案，预期增长率就应等于 $R_{股权（mm）}$ 减去股息收益率。如果企业并未把全部现金流分配给少数股东或是为少数股东利益进行再投资（如向控股股东支付高于市场水平的薪酬），G_V 就将小于 $R_{股权（mm）}$（扣除股息收益率）。如果企业的预期再投资率低于折现率（如用于积累低收益现金资产、度假屋或其他无收益或收益率低于折现率的资产），也会产生相同的结果。

全企业估值是一个永续性概念。今天的企业价值是将归属企业的未来（永久）全部预期现金流按适当折现率计算得到的现值。另外，股东层级的价值依赖预期持有期，而投资者的预期持有期是有限的，尽管他们无法精确确定。价值的预期增长率是估算非流动性投资未来退出价值的重要参数。

现在，我们创建了一个描述非流动性少数股权价值的模型。按照这个模型，估值分析师首先应在流动性少数股权价值层级上建立适当的价值指标。这样，我们就可以深刻理解企业层级的预期股权现金流、风险和增长率。在此基础上，估值分析师可以对企业少数股东的预期收益做出评估。㊀我们将在第 9 章中进一步

㊀　预测股权现金流类似预测企业现金流，这也是所有估值项目中必不可少的任务。在对任何企业进行估值及使用流动性折价时，都隐含着预测的成分。而在综合理论中，预测成为一个明确的要素。

探讨这个模型。图 2-21 显示了这些价值层级之间的相互关系。

	公式	相互关系	价值含义
流动性少数股权价值	$\dfrac{CF_{股权（mm）}}{R_{股权（mm）} - G_{CF股权（mm）}}$	$G_{CF股权（mm）} = R_{股权（mm）} - \dfrac{CF_{股权（mm）}}{V_{股权（mm）}}$	$V_{股权（mm）}$ 是确定其他股权价值的基准（视同自由交易价值）
非流动性少数股权价值	$\dfrac{CF_{股东}}{R_{持有期} - G_v}$	$CF_{股东} \leq CF_{股权（mm）}$ $G_v \leq (R_{股权（mm）} - 股息收益率)$ $R_{持有期} \geq R_{股权（mm）}$	$V_{股东} \leq V_{股权（mm）}$

图 2-21 基准性流动性少数股权价值与非流动性少数股权价值的对比

按照图 2-21 显示的框架，我们可以对流动性少数股权价值与非流动性少数股权价值之间的差异进行分析。在其他所有条件相同的情况下，只要满足如下条件中的一个或多个，$V_{股东}$就小于$V_{股权（mm）}$。

- $CF_{股东}$小于$CF_{股权（mm）}$。如果企业现金流未按持股比例分配，股东预期现金流之和就将小于预期企业股权现金流。⊖

- G_v小于$R_{股权（mm）}$。价值的预期增长率是预期企业现金流再投资的函数。如果再投资收益率等于折现率，那么G_v将等于折现率或者$R_{股权（mm）}$（扣除股息收益率）。如果现金流未按持股比例分配或用于次优再投资（收益率低于折现率），G_v就将低于$R_{股权}$，从而使预期终值和非流动性少数股权价值下降。⊖

- $R_{持有期}$大于$R_{股权}$。与投资活跃市场其他资产的投资者相比，非流动性资产的投资者会承担更大的风险。我们把投资者为接受这类高风险资产而要求取得的补偿称为持有期溢价或 HPP。HPP 考虑了诸多投资风险，包括潜在持有期超长且不确定及其他持有期或现实要素招致的风险。在其他

⊖ 回想一下，作为估值基准，在确定流动性少数股权价值时，我们假定所有现金流均按持股比例支付给股东，或用于对企业进行再投资，并取得等于折现率的再投资收益率。为此，估值分析师首先估计未来用于再投资的现金流，然后再据此估算$CF_{股东}$。如果全部现金流的一部分未按持股比例分配给股东，$CF_{股东}$的总和就有可能小于预期企业股权现金流。

⊖ 请注意，对次优投资的预期及由此带来的预期增长率下降，会同时影响到控股股东和非控股股东。但两者所受影响的区别在于，控股股东可以调整再投资或股利分配政策，以实现自身价值的最大化，而非控股股东无法进行这样的调整。换句话说，对控股股东来说，企业的当前价值可能超过预期商业规划带来的价值。

条件相同的情况下，风险的提高意味着价值的减少。因为无法直接取得针对非上市企业投资的 HPP，所以这是估值分析师需要估算的一个重要参数。参见第 8 章，限制性股票折价的实证研究也验证了 HPP 的存在。我们将在第 10 章中讨论估算这个重要参数的方法。

至此，我们已经说明了非流动性少数股权价值小于流动性少数股权价值的背景。现在，我们开始探讨流动性折价——也就是上述这两个少数股权价值的差额。

流动性折价

如图 2-22 所示，我们定义了投资者在买入企业非流动性少数股权时要求的流动性折价。这里的流动性折价就是估值分析师所说的缺乏流动性折价。

$$\text{流动性折价} = 1 - \frac{V_{股东}}{V_{股权(mm)}}$$

图 2-22 流动性折价

图 2-22 根据 $V_{股权(mm)}$ 和 $V_{股东}$ 两个价值之间的关系给出了流动性折价的定义，类似少数股权折价、财务性控制权溢价和战略性控制权溢价。从概念上说，这个公式再次表明，如果 $V_{股东}$ 等于 $V_{股权(mm)}$，就不存在流动性折价。假设这两个价值均为每股 10 美元，那么按照这个公式，我们即可得到流动性折价为 0%（1–10 美元 /10 美元）。

估值分析师和非流动性股权的所有者首先应从 $V_{股权(mm)}$ 出发，考虑造成各种潜在折价的根源。

▶ 股东现金流（$CF_{股东}$）少于企业现金流（$CF_{股权(mm)}$）。
▶ 预期价值增长率低于折现率（扣除股息收益率）。
▶ 预期持有期内非流动性风险增加。

在某些情况下，合理的流动性折价可能会很大。但是在其他情况下——如对收益进行完全分配，或者预期价值增长率相对较高而且持有期风险不大时，流动性折价就有可能很小。

从概念上讲，流动性折价与是否存在控制权无关。流动性折价反映的是企业预期股权现金流与股东现金流之差，预期价值增长率低于流动性少数股权成本（扣除股息收益率），持有期风险超过企业自身的运营风险。

请注意，上市企业的少数股东和非上市企业的少数股东一样，均无法对企业直接实施控制。但如前所述，针对上市企业，少数股东享有举足轻重的自主裁量权，而非上市企业的少数股东显然缺少这样的权力。前者可借助公开股票市场，在三天内按流动性少数股权的价格（企业预期股权现金流的现值）出售股权，收回现金。

基于股权的企业估值综合理论

到此为止，我们已经详细解析了价值的四个层级。图 2-23 将这四个价值层级合到一起，提供了计算各价值层级的公式，并基于股权对企业价值综合理论进行了总结。

	公式	相互关系	价值含义
企业层级 战略性控制权价值 （基于股权）	$\dfrac{CF_{股权(战略)}}{R_{股权(战略)}-G_{CF股权(战略)}}$	$CF_{股权(战略)} \geq CF_{股权(mm)}$ $G_{CF股权(战略)} \geq G_{CF股权(mm)}$ $R_{股权(战略)} \approx R_{股权(mm)}$	$CF_{股权(战略)} \geq CF_{股权(mm)}$
财务性控制权价值 （基于股权）	$\dfrac{CF_{股权(财务)}}{R_{股权(财务)}-G_{CF股权(财务)}}$	$CF_{股权(战略)} \geq CF_{股权(mm)}$ $G_{CF股权(财务)} \geq G_{CF股权(mm)}$ $R_{股权(财务)} \approx R_{股权(mm)}$	$CF_{股权(财务)} \geq CF_{股权(mm)}$
流动性少数 股权价值	$\dfrac{CF_{股权(mm)}}{R_{股权(mm)}-G_{CF股权(mm)}}$	$G_{CF股权(mm)}=R_{股权(mm)}-\dfrac{CF_{股权(mm)}}{V_{股权(mm)}}$	$V_{股权(mm)}$ 是确定其他股权价值的基准（视同自由交易价值）
股东层级 非流动性少数 股权价值	$\dfrac{CF_{股东}}{R_{持有期}-G_v}$	$CF_{股东} \leq CF_{股权(mm)}$ $G_v \leq (R_{股权(mm)}-股息收益率)$ $R_{持有期} \geq R_{股权(mm)}$	$V_{股东} \leq V_{股权(mm)}$

图 2-23 基于股权的企业价值综合理论

本章小结

以股权为基础的综合理论可以实现几个方面的目标。它能够让估值分析师完成如下任务。

- ▶ 按照财务和估值理论对每个价值层级的概念做出解释。
- ▶ 按综合理论确定与各价值层级相关的概念调整。具体而言,就是从财务、经济学和行为学角度对财务性控制权溢价、少数股权折价、战略性控制权溢价和流动性折价做出定义。
- ▶ 对公开股票市场及非公开股票市场上的股权定价行为进行解释。
- ▶ 理解控制权的价值,以及缺乏控制权可能带来的经济损失。具体来说,本章澄清了一个事实:企业的非流动性少数股权价值小于流动性少数股权的实际价值或推导价值,并不是因为少数股东不能控制企业,而是因为他们持有的股份缺乏流动性。
- ▶ 验证了埃里克·纳斯在20世纪90年代得出的结论,即公开股票市场定价至少在很多情况下可以为控制权定价提供依据。然而,基于股权的综合理论并不能证实埃里克·纳斯的结论,即要得出非流动性少数股权价值,估值分析师需要知道少数股权价值及其相对公开交易价格(或财务性控制权价格)的非流动性折价。财务投资者并没有动力为追求更多的收益和价值去控制运营良好的上市企业。换句话说,在典型情况下,隐含的少数股权折价应为零,这恰恰是埃里克·纳斯的观点。因此,基于综合理论,估值分析师只需要知道相对基准上市企业的流动性折价,即可得到非流动性少数股权价值。

| 第 3 章 |

基于企业的综合理论

本章简介

在第 2 章中,我们创建了基于股权的综合估值理论。它适用于股东现金流。流动性少数股权价值是确定其他价值层级的基准。在本章中,我们对四个概念性价值层级做出了定义。

基于企业的综合理论有三个概念性价值层级。类似基于股权的综合估值理论,企业层级的综合理论同样以流动性少数股权价值为基础。图 3-1 是适用于股权层级和企业层级的流动性少数股权价值计算公式。

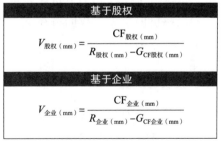

图 3-1 基本估值模型

在图 3-1 中的公式中,我们以下标股权(mm)表示综合理论中基于股权的流动性少数股权价值,以下标企业(mm)表示基于企业的流动性少数股权价值。表 3-1 对基于股权和企业的估值构成要素给出了定义。

表 3-1 估值构成要素

基于股权		基于企业	
$V_{股权(mm)}$	股东所有的价值（股权的市场价值）	$V_{企业(mm)}$	股东和债务持有者所有的价值（企业价值或股权市场价值与净债务之和）
$CF_{股权(mm)}$	股东现金流	$CF_{企业(mm)}$	股东和债务持有者现金流
$R_{股权(mm)}$	股权折现率	$R_{企业(mm)}$	WACC
$G_{CF 股权(mm)}$	股权现金流的长期预期增长率（包括杠杆对增长率的影响）	$G_{CF 企业(mm)}$	无杠杆（无债务）现金流的预期增长率

在本章的后续部分中，我们将对基于股权和企业的各价值层级从公式方面进行比较。但我们首先关注的是流动性少数股权价值。

表 3-1 显示了综合理论基于股权和企业的不同之处，差异在于看待价值的视角。股权基础对应股权的市场价值，企业基础对应包括净债务（债务总额扣除现金）在内的企业价值。

在过去 10 年左右的时间里，估值分析师和市场参与者已开始将价值关注点从股权转移到企业。因此，我们有必要在企业基础上创建综合理论。

价值水平的比较：股权与企业综合理论

如图 3-2 所示，我们对综合理论在股权（左）和企业（右）两个层级上的价值层级进行了比较。本节将探讨基于股权的估值，并以数字实例从数字和概念两方面介绍价值层级。我们将在下一节中继续使用这个例子，讨论企业层级的综合理论。

基于股权的价值

如第 2 章所述，图 3-2 的左侧是四个基于股权层级的价值层级。这些价值层级之间存在着四种概念性调整。

- 流动性折价：将流动性少数股权价值调整为非流动性少数股权价值。进行这项调整的原因是这两个价值层级在预期现金流及其风险和增长率水平上存在差异。
- 财务性控制权溢价：流动性少数股权与财务性控制权价值之间的潜在调

整项。作为可能存在的调整项，它反映了两个价值层级在预期现金流及其风险和增长率水平上的差异。

▶ 少数股权折价：财务性控制权溢价的相反数，同样源自形成财务性控制权溢价的差异。

▶ 战略性控制权溢价：财务性控制权价值和战略性控制权价值之间的调整项。这种调整同样源于图3-2股权一侧两个控制权价值在预期现金流、风险和增长率之间的差异。

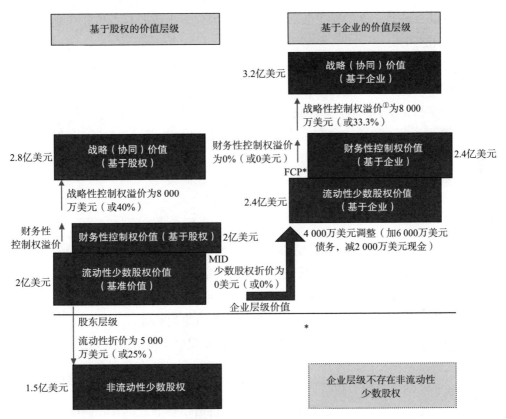

① 企业层面的财务性控制权和战略性控制权溢价在金额上等于对应的股权溢价

图3-2　基于股权和基于企业的价值层级

所有这些溢价和折价均可用美元金额或百分比表示。不妨假设这样一家企业：

- 流动性少数股权价值为 2 亿美元，与 2 亿美元财务性控制权价值相同。
- 债务总额等于 6000 万美元。
- 现金等于 2000 万美元。
- 根据一项已公开披露的交易方案，战略性控制权价值为 2.8 亿美元。
- 非流动性少数股权价值为 1.5 亿美元。

财务性控制权溢价可以表示为 0（财务性控制权价值扣除流动性少数股权价值，或财务性控制权溢价 =2 亿美元 −2 亿美元），也可以表示为 0%（0 美元的价值差额除以 2 亿美元流动性少数股权价值）。因此，少数股权折价相应地可以表示为 0 美元或 0%。

战略性控制权溢价为 40%（2.8 亿美元 /2 亿美元 −1）或 8000 万美元（2.8 亿美元 −2 亿美元）。

流动性折价为流动性少数股权价值和非流动性少数股权价值的差额，为 5000 万美元（2 亿美元 −1.5 亿美元）。因此，流动性折价（或缺乏流动性折价）为 25%（1.5 亿美元 / 2 亿美元 −1）。

前述各个价值层级、溢价和折价如图 3-2 左侧所示。

基于企业的价值

我们继续以图 3-2 为框架，看看企业层级的价值层级。此时，我们的关注点转移到图 3-2 的右侧。不过，我们还是先看看图 3-2 横穿股权和企业层级两部分的水平分界线。在这条分界线之上，均为企业层级的价值，无论是在理论还是实务中，这些价值均以 100% 的企业预期现金流和风险为基础。

在图 3-2 的股权一侧（左侧），非流动性少数股权价值对应股东层级的价值。在企业层级上，由于已经考虑到归属股东和债务持有者的企业现金流，这个层级上不存在非流动性少数股权价值。

同样如图 3-2 所示，直观上看，自下而上价值层级的基础从左侧的股权转变为右侧的企业。

这种转变在量上到底有多大？把企业的债务净额（债务总额减去现金）与基于股权的流动性少数股权价值相加，即为基于企业的流动性少数股权价值。在每个控制层级增加相应的项目，价值层级图的整体层级也会随之移动。

延续上面的例子，在图 3-2 右侧基于企业的价值层级上，我们可以观察到如下现象。

- 基于股权的流动性少数股权价值为 2 亿美元。为了得到基于企业的流动性少数股权价值，我们需要增加债务（6000 万美元），再扣除现金（2000 万美元），从而得出结论：基于企业的流动性少数股权价值为 2.4 亿美元。
- 由于不存在财务性控制权溢价，财务性控制权价值也是 2.4 亿美元。
- 在 2.4 亿美元的流动性少数股权和财务性控制权价值基础上，继续增加 8000 万美元的战略性控制权溢价（基于股权），即可得到 3.2 亿美元的战略性控制权价值。请注意，这与左侧基于股权的 8000 万美元战略性控制权溢价相同。但基于企业的战略性控制权溢价百分比是 3.3%，因为它的计算基于企业的流动性少数股权及财务性控制权价值 2.4 亿美元，而不是流动性少数股权价值 2 亿美元。⊖

在金额上，企业层级的战略性控制权溢价等于基于股权的相应溢价。但如果企业层级的债务净额为正数，对应的战略性控制权溢价百分比将会下降。这个逻辑同样适用于企业层级的财务性控制权溢价。

基于股权与企业综合理论的全面比较

在本节中，我们以第 2 章基于股权的价值层级为基础，在企业层级对这些概念进行了重新诠释，并利用综合理论介绍这些价值层级的含义和计算方法。

实际上，造成这些基于企业的价值层级存在差异的根源完全等同于第 2 章讨论的原因：不同价值层级之间在预期现金流、风险和增长率水平上的差异。

图 3-3 概括了计算企业层级各价值层级的公式。

从图 3-3 的左下角开始，首先是计算流动性少数股权价值的公式。实际上，它只是重复了图 3-1 的基本估值模型。

⊖ 对于战略性控制权溢价的金额在股权和企业层级完全相等的现象，《针对财务报告咨询的评估 3：市场参与者收购溢价的衡量与应用》一书阐述得非常清晰。在该书中，本章所说的战略性控制权溢价被称为"市场参与者收购溢价"（MPAP）。与战略性控制权溢价一样，MPAP 也是因战略投资者对目标企业未来现金流、风险和增长率水平的预期不同于收购前带来的。

	公式	相互关系	价值含义
战略性控制权价值（基于企业）	$\dfrac{CF_{企业(战略)}}{R_{企业(战略)}-G_{CF企业(战略)}}$	$CF_{企业(战略)} \geq CF_{企业(mm)}$ $G_{CF企业(战略)} \geq G_{CF企业(mm)}$ $R_{企业(战略)} \leq R_{企业(mm)}$	$CF_{企业(战略)} \geq CF_{企业(mm)}$
财务性控制权价值（基于企业）	$\dfrac{CF_{企业(财务)}}{R_{企业(财务)}-G_{CF企业(财务)}}$	$CF_{企业(财务)} \geq CF_{企业(mm)}$ $G_{CF企业(财务)} \geq G_{CF企业(mm)}$ $R_{企业(财务)} \approx R_{企业(mm)}$	$CF_{企业(财务)} \geq CF_{企业(mm)}$
流动性少数股权价值	$\dfrac{CF_{企业(mm)}}{R_{企业(mm)}-G_{CF企业(mm)}}$	$G_{CF企业(mm)} = R_{企业(mm)} - \dfrac{CF_{企业(mm)}}{V_{企业(mm)}}$	$V_{企业(mm)}$是确定其他股权价值的基准（视同自由交易价值）

图 3-3 企业层级各价值层级的公式

本章小结

在本章中，我们把综合理论从基于股权拓展到基于企业，反映了估值分析师和市场参与者对企业估值方法日益增长的需求和运用。我们在本章中的讨论从基于股权转移到基于企业（相当于从图 3-2 的左侧转移到右侧），之所以这样做，是因为我们之前已在第 2 章中从股权层级对综合理论进行了深入解析。正如我们将在本书下一部分介绍的那样，在现实世界中，价值的运动方向恰恰相反。市场参与者根据企业现金流和 WACC 来估计企业价值。换句话说，在市场中，企业价值永远至上。因此，股权价值只是一个次要概念。

在本书的下一部分中，我们的重点将是在收益法和市场法的背景下将综合理论运用于企业估值。

| 第二部分 |

BUSINESS VALUATION

企业现金流的估算

在本书第一部分中，我们从理论概念层面讨论了综合理论，这些讨论的基础是对各价值层级的现金流、风险和增长率的详细定义。在本书第二部分中，我们将在更靠近实务的基础上展开讨论，探讨在估值分析师为确定企业价值采用的基本估值方法中，如何体现综合理论的概念框架。

- 在第 4 章中，我们将探讨估值分析师如何计算收益法中使用的企业现金流。考虑到我们提出的三个基本估值因素，第 4 章的重点将是现金流的规模和增长率。
- 在第 5 章中，我们的关注点转移到风险上，尤其是市场参与者在推导收益法中使用的折现率时，应如何对风险进行配置和量化。
- 第 6 章介绍了市场法框架下的拟 IPO 企业估值法。利用综合理论提供的概念框架，我们会讨论如何将目标企业和与其拥有相同现金流、风险和增长率的选定基准上市企业进行合理的比较。
- 本部分以第 7 章为结尾。在第 7 章中，我们将探讨市场参与者在对比基准交易数据时需要面对的挑战。具体而言，我们将会讨论基准交易数据的作用，不涉及交易双方如何评估目标企业的现金流、风险和增长率。

| 第 4 章 |

基于现金流的收益法

本章简介

在收益法下,定义综合理论采用的模型采取单期资本化法。因此,在本部分中,我们从综合理论的实务应用开始,用两章介绍收益法。在第 5 章讨论折现率之前,我们在本章首先关注现金流的估算和预测问题。

在本章中,我们将要解答的具体问题如下。

▶ 单期资本化法和现金流折现法之间的关系如何?两种方法之间的区别是什么?它们在本质上是不同的吗?市场参与者如何评价哪种方法是正确的?

▶ 企业现金流的构成要素包括什么?从收益到现金流的调整步骤包括哪些?定义企业现金流的常见陷阱是什么?

▶ 股权现金流的构成要素包括什么?为什么股权现金流不同于企业现金流?基于股权或企业对现金流进行估值,得到的估值结论是偏高还是偏低?

▶ 针对再投资的管理决策与现金流增长预测(期中和期末)之间的关系如何?假设按高于或低于 WACC 的收益率进行再投资,对企业而言意味着什么?

- 市场参与者如何评估预测期结束时的增长率？在市场交易中，哪些证据（如果有的话）有助于估值分析师了解市场参与者对永续增长率的预期？
- 在从目标企业可观察的历史现金流转换到流动性少数股权的预期现金流时，需要进行哪些正常化调整？正常化调整是可选步骤，还是得出合理估值结论的必要步骤？
- 在财务性控制权价值层级上，市场参与者通常需要考虑哪些现金流调整？这些调整与市场上实际存在的收购溢价有什么关系？
- 在战略性控制权价值层级，哪些现金流调整是必要的？收购溢价与评估这些调整的合理性之间有什么相关性？
- 分析师怎样才能合理评估现金流预测的总体合理性？市场参与者可以利用哪些重要的参考点来避免预测偏差？

单期资本化法与现金流折现法的转换

无论是我们自己的实务，还是我们审阅的其他企业出具的估值报告，一个基本趋势就是分析师开始越来越依赖现金流折现法，单期资本化法的使用则有所减少。这种现象让我们提出了一些有趣的问题。估值分析师是否会因为单期资本化法相对于现金流折现法的固有劣势而转向后者？实务中由单期资本化法转向现金流折现法的趋势，是否意味着使用单期资本化法得到的指标不可靠？一种方法肯定会比另一种方法得出更低或更高的估值结论吗？我们将在本节的结尾回答这些问题。

两种方法的基本等价性

单期资本化法和现金流折现法在理论上完全相同。实际上，单期资本化法只是现金流折现法的一种特殊形式。由于综合理论是采用单期资本化法表述的，我们有必要先证明这两种方法在本质上是等价的，从而确认综合理论对市场参与者行为的有效性和适用性。

图 4-1 是现金流折现法的一般形式。需要提醒的是，每个期间的现金流预测都是由上一期间现金流与增长率相乘得到的。每个期间的增长率都各不相同，既可以是正的，也可以是零或负数。我们把折现率的话题留到第 5 章，不过需要指出的是，也可以对所有期间采用单一折现率。

$$V_0 = \frac{CF_0 \times (1+g_1)}{(1+R)^1} + \frac{CF_1 \times (1+g_2)}{(1+R)^2} + \frac{CF_2 \times (1+g_3)}{(1+R)^3} + \cdots + \frac{CF_{f-1} \times (1+g_f)}{(1+R)^f}$$

图 4-1 现金流折现法（DCF 模型）的一般形式

多伦多大学理财学教授麦伦·戈登认为，在特殊情况下，增长率在每个期间均保持不变。在这种情况下，图 4-1 可以简化为图 4-2。

$$V_0 = \frac{CF_1}{R - G_{CF}}$$

图 4-2 单期资本化法的简单表达式

考虑到将 DCF 模型扩展至永久期限确实很麻烦，因此我们可以通过归集未来 10 年现金流的现值，来说明图 4-3 中单期资本化法和现金流折现法的等价性。

单期资本化法							
第一年现金流（美元）	1 000						
折现率（%）	12.5						
增长率（%）	2.5						
资本化（%）	10.0	折现率减增长率					
单期资本化价值（美元）		10 000	第一年现金流除以资本化率				

现金流折现法								
期间长度（年）	预期现金流合计	现金流折现合计	累积现值	期间长度（年）	预期现金流合计	现金流折现合计	累积现值
1~10	11 203	6 058	6 058	51~60	38 507	58	9 962
11~20	14 341	2 388	8 446	61~70	49 293	23	9 985
21~30	18 358	941	9 387	71~80	63 099	9	9 994
31~40	23 500	371	9 759	81~90	80 772	4	9 998
41~50	30 082	146	9 905	91~100	103 394	1	9 999
				101~∞		1	10 000

图 4-3 以 10 年为一期累进的现金流折现

当现金流每年按固定的增长率持续增长时，现金流折现法应该与单期资本化法得出相同的结论。考虑到无限期预测现金流完全不切实际，因此估值分析师和市场参与者通常采用单期资本化法作为一种简化手段，得到预测期之后剩余全部现金流的现值，这样就可以把单期资本化法嵌入到大多数现金流折现法中。如图 4-4 所示，在采用 5 年预测期的情况下，单期资本化法与现金流折现法是等价的。

折现率（%）	12.5					
增长率（%）	2.5					
	第一年	第二年	第三年	第四年	第五年	终值
年现金流（美元）	1 000	1 025	1 051	1 077	1 104	11 314
折现期间	1.0	2.0	3.0	4.0	5.0	5.0
现值因子	0.888 9	0.790 1	0.702 3	0.624 3	0.554 9	0.554 9
现金流的现值（美元）	889	810	738	672	613	6 279
现值合计（美元）	10 000		第六年现金流			1 131
			除以：			
			折现率（%）		12.5	
			减：增长率（%）		−2.5	
			资本化率（%）			10.0
			终值（美元）			11 314

图 4-4　包含终值的 DCF 模型

图 4-3 和图 4-4 表明，单期资本化法和现金流折现法在本质上是等价的。在下一节中，我们将介绍这两种方法在实务中的运用。

两种方法在实务中的运用

在验证两种具体方法基本等价之后，我们将解答本节开始时提出的问题。

1. 估值分析师是否会因为单期资本化法相对于现金流折现法的固有劣势而转向后者？ 答案是不会。从本质上看，现金流折现法并非天然地优于单期资本化法，但现金流折现法显然更灵活。随着估值分析师和估值报告使用者开始对现金流折现法越来越熟悉，估值分析师也越发地喜欢使用这种方法，毕竟它能比单期资本化法更真实地反映基础估值现实。DCF 模型的输入变量体现了市场参与者评估投资标的价值采用的假设。

支持单期资本化法的人偶尔会提出，较少依赖未来预测是这种方法的一个优势。但这是一个误区，因为单期资本化法对未来预测的依赖性丝毫不亚于现金流折现法。毫无疑问，预测未来是很难的（而且人们往往对自身精准预测未来的能力过于自信），但是对利用收益法进行估值来说，这种预测必不可少。因此，选择使用单期资本化法而不是现金流折现法，绝对不会缓解估值分析师预测未来现金流的压力。

图 4-5 说明了这个观点。其左侧是经过估值分析师调整后的企业历史收益率。根据分析，后续收益是指次年的预期收益。假设单期资本化法采用的增长率为 3.5%，就表明图 4-5 右侧是对未来收益率的预测。

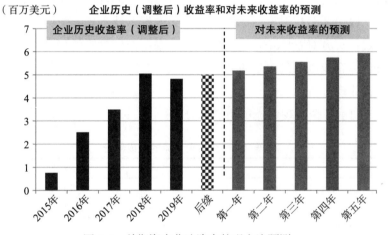

图 4-5　单期资本化法隐含的现金流预测

2. 实务中由单期资本化法转向现金流折现法的趋势，是否意味着使用单期资本化法得到的指标不可靠？答案是并非如此。实际上，对于这种由单期资本化法向现金流折现法的转向，我们最好把它理解成一种假设前提的更改，而不是方法本身的变化。正如我们看到的那样，单期资本化法只是现金流折现法的一个特殊情况。实际上，采用现金流折现法，就是把可变的年现金流增长率替换为前述估值中假定的固定增长率。当然，这种可靠性完全是相对的，最终取决于假设前提与市场参与者在基准日所做假设的一致性。

3. 一种方法肯定会比另一种方法得出更低或更高的估值结论吗？答案是不会。总有一个固定增长率与孤立的现金流预测相对应。如果使用两种方法，估值结论在量上的大小就取决于两种方法的假设前提。任何一种方法都不可能总是得到高于或低于另一种方法的结论。

综合理论的定义采用的是单期资本化法计算公式。将单期资本化法和现金流折现法统一起来，我们即可使用现金流折现法，在综合理论的背景下解释和运用收益法。

企业现金流的定义

如前所述，非上市企业的所有交易几乎都发生在企业层面。换句话说，买方与卖方通过谈判协商，确定用于企业融资对应的全部资产的价值，也就是既包括债务投资，也包括股权融资。归根结底，买方根本就不关心卖方以往为运营筹集资金的方式；买方对整体企业进行估值，并采用他们喜欢的任意融资方式来获得资金，与目标企业以前的融资方式无关。以上会影响到我们如何定义现金流折现法采用的企业现金流。

表 4-1 列示了企业现金流的组成部分。

表 4-1　企业现金流的组成部分　　　　　　　　　（单位：美元）

		X 年	X+1 年
息税折旧摊销前利润（EBIDTA）		15 000	16 000
减：折旧和摊销		-3 000	-3 100
息税前利润（EBIT）		12 000	12 900
减：备考所得税	25.0%	-3 000	-3 225
NOPAT		9 000	9 675
加：折旧和摊销		3 000	3 100
减：资本性支出		-3 500	-5 000
减：营运资金投资		-500	-750
加/减：其他收支净额		0	0
企业现金流		**8 000**	**7 025**
备注：营运资金	12 000	12 500	13 250

企业现金流代表了可分配给出资者（包括债务持有者和股东）的净现金流。图 4-6 描述了企业视角的经营现金流。

企业现金流可用于多种用途，具体如图 4-6 右侧所示。企业现金流的实际用途（支付利息、偿还债务、赎回股份等）丝毫不影响企业价值，因为市场参与者根据全部出资者可获得的净现金流对企业进行估值,与目标企业现有所有者分配这些现金流的方式毫无关系。

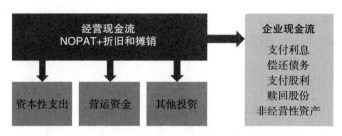

图 4-6　企业视角的经营现金流

在以下各节中,我们将逐一介绍企业现金流的各个组成部分。

EBITDA

EBITDA 是衡量非上市企业经营利润的基本指标。尽管 EBITDA 的批评者(其中甚至包括传奇投资大师沃伦·巴菲特)认为,作为衡量企业业绩的标准,EBITDA 存在若干缺点,但是无论好坏,它始终是衡量私人企业运营业绩最常用的基本指标。

EBITDA 作为业绩衡量标准的主要优势体现在两个方面。首先,EBITDA 剔除了由管理者负责的企业业绩部分。管理者通常不会有针对性地选择折旧方法,也不负责制订企业的财务决策或税务方案。因此,衡量 EBITDA,可以把重点集中到管理者可以控制的要素上。

其次,EBITDA 有助于改善行业内各企业之间的可比性。由于剔除了待摊费用的影响,无论两家企业的成长是来自内部积累还是对外收购,它们的 EBITDA 都是可比的。同样,不同的对固定资产折旧的会计处理方法也不会影响 EBITDA。此外,既定企业的融资组合或税收状况也不会影响到 EBITDA。

但 EBITDA 不能衡量企业现金流。当然,这也成为其批评者集中攻击的目标。经营性企业确实需要有持续的资本性支出来支撑生产和增长的延续性。同样,为支持增长而投入营运资金当然会消耗现金,而且并非每 1 美元创造的 EBITDA 都是相同的。

即便如此,EBITDA 依旧是我们衡量企业现金流的重要指标。

折旧和摊销

得到企业现金流的下一个步骤,就是估算折旧和摊销。把折旧和摊销与企业业绩隔离开来显然是合理的,因为未来的折旧和摊销取决于企业的资本性支出和收购活动。因此,这些费用占收入和 EBITDA 的比例应该是固定的。

EBIT

扣除折旧和摊销后的 EBIT(或营业利润)反映了企业的净收益。重要的是,EBIT 不受企业融资方式的影响。因此,从整个企业的角度来看,它是一个非常合理的业绩衡量指标。

备考所得税

在计算备考所得税(预估所得税)时,就是把 EBIT 视为企业的应税利润。实际支付的税款可以反映出利息费用的税前可抵扣性,但是在计算企业现金流时,衡量所得税的合理指标应该是在无债务融资情况下缴纳的金额。这维持了把企业视为一个整体的观点。利息费用的税前可抵扣性体现在企业现金流的折现率(即 WACC)上。

NOPAT

NOPAT 衡量的是归属于全体出资者的净利润。尽管 NOPAT 对衡量企业的财务业绩,尤其是计算资本回报率(ROIC)方面非常重要,但不能替代企业现金流。

折旧和摊销

这是折旧和摊销第二次出现在企业现金流的计算公式中。与企业财务报告中的现金流量表类似,由于折旧和摊销是非现金支出费用,在把 NOPAT 转换为现金流时,需要相应地加回折旧和摊销。但需要提醒的是,通过加法与减法直接抵消来简化现金流的计算是不合适的。把折旧和摊销以扣除项和加回项同时保留出现在计算公式中,可以保留因折旧和摊销的税前可抵扣性带来的现金流收益。

资本性支出

资本性支出占有的经营现金流显然无法再分配给出资者。资本性支出可分为两类，其中维护性资本支出是维持企业现有生产能力的必要条件；增长性资本支出则用于支持企业打入新的市场地域或扩大企业可销售的产品种类，从而推动企业的发展。

营运资金投资

如表4-1所示，营运资金投资是指一段时间内营运资金余额在增量上的变化。营运资金投资既可以是负数（表示营运资金增加），也可以是正数（表示营运资金减少）。处于增长状态的企业往往需要增加应收账款和库存。反之，处于收缩状态的企业可能会随着时间的推移逐渐清算营运资金余额。当然，成长型企业的管理者也可能制定新的策略，以更有效的方式使用营运资金，从而（一次性）增加企业的现金流。

其他收支净额

可能还有其他因素会影响企业现金流。这些因素包括处置或收购业务，或不影响收益的其他资产或负债余额发生的变化。因此，对归属于这个类别的任何现金流，都应予以认真审核，以确认它们的确是企业经营和创造后续预期现金流的必要条件。

回顾一下图4-6，我们必须认识到任何超额流动性或其他非经营性资产的预期增加都不应纳入这个项目中。积累非营业性资产只是为了自由使用企业现金流，而不是创造企业现金流的要素。以EBITDA作为计算企业现金流的起点，可以在企业现金流预测时排除此类非经营性资产的影响，确保对未来投资收益做出合理的预测。

小结

至此，我们已经讨论了企业现金流的各个组成部分，但并没有考虑到综合理论描述的各企业价值层级。在本章的后续部分中，我们将讨论综合理论与企业现金流各组成部分是如何一一对应的。

股权现金流的定义

在采用收益法时,分析师需要解决两种结构性决策:①选择单期资本化法,还是现金流折现法;②选择企业视角,还是股权视角。针对这两种决策,图4-7显示了四种可能存在的组合。

考虑到市场参与者往往倾向于从企业视角看待非上市企业,因此在选择具体的收益法时,我们往往也会这么做。但尽管如此,估值分析师在某些情况下依旧有可能从股权视角进行估值。这就需要对现金流进行预测。表4-2从股权视角归纳了股权现金流的组成部分。

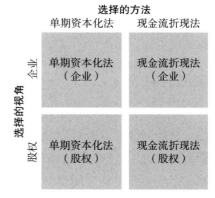

图4-7 收益法结构的可能性

表4-2 股权现金流的组成部分 （单位：美元）

		X 年	X+1 年
EBIDTA		15 000	16 000
减：折旧和摊销		-3 000	-3 100
EBIT		12 000	12 900
减：利息支出		-1 000	-1 100
税前利润		11 000	11 800
减：备考所得税	25.0%	-3 000	-3 225
NOPAT		8 000	8 575
加：折旧和摊销		3 000	3 100
减：资本性支出		-3 500	-5 000
减：营运资金投资		-500	-750
加：增量借款		0	2 000
减：偿还债务		-750	0
加/减：其他收支净额		0	0
股权现金流		6 250	7 925
备注：营运资金	12 000	12 500	13 250

计算过程涉及的几个组成部分与表4-1中企业现金流的组成部分完全相同。在随后章节中,我们将逐一介绍股权现金流的特殊组成部分。

利息支出

考虑到我们从股权视角衡量现金流,因此,利息支出不能再分配给股东。在这种情况下,估值分析师必须从 EBIT 中扣除预计利息支出后才能得到税前利润。扣除的利息支出必须对应预测期内预期未偿还债务的期限和余额。如表 4-2 所示,第 $X+1$ 年的预期利息支出增加 100 美元,相当于 2000 美元增量借款按利率 5% 支付的利息费用。

应税利润和备考所得税

与衡量企业现金流计算备考所得税(税基为 EBIT)不同,在衡量股权现金流时,所得税的计税依据是税前利润。

增量借款与偿还债务

从股权视角看,企业的增量借款属于现金流入。从直觉出发,这肯定会让很多估值分析师大跌眼镜。也就是说,在其他所有条件相同的情况下,增量借款增加了可分配给股东的现金流。同样,用于偿还债务的现金流会减少分配给股东的现金流。

小结

图 4-8 展示了股权视角的经营现金流在资本性支出、营运资金、其他投资和偿还债务之间的分配。

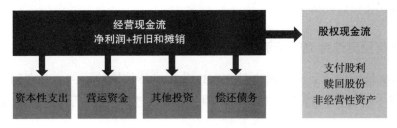

图 4-8 股权视角的经营现金流

与图 4-6 中描述的恰恰相反,股权现金流的用途不包括支付利息和偿还债务。

我们认为，一般情况下，估值分析师最好应采用企业视角，以确保与市场参与者对私人企业的估值保持一致。但是在合理调整现金流和折现率的情况下，无论采用何种视角，各种收益法都应该得到相同的价值指标。在本章的后续部分中，我们将从企业视角分析企业价值。

在从企业和股权两个视角定义了现金流之后，在本章的下一部分中，我们将对再投资于企业的经营现金流与企业现金流预期增长之间的关系进行深入探讨。

再投资率和期中增长率

从企业融资的角度看，到底是把现金流用于再投资，还是分配给出资者，最终取决于投资的预期收益率（即内部收益率（IRR））与 WACC 之间的关系。如果 IRR 超过 WACC，把现金流用于再投资更为可取。相反，如果 IRR 小于 WACC，就应把现金流返还给出资者。

正如我们在本章前面部分看到的那样，将现金流重新投资于企业的决定体现在衡量企业现金流的过程中。在确定或评价现金流预测时，估值分析师和市场参与者必须审慎确认，在单个期间内进行的投资，其预期收益应在以后期间的现金流中得到适当反映。

▶ 如果现金流出没有伴随着预期的未来流入，现金流折现法就将导致企业价值被低估。

▶ 如果预期未来流入要求进行模型中未包含的投资，现金流折现法就将导致企业价值被高估。

再投资影响预测现金流的示例

图 4-9 是采用现金流折现法对 Steady 公司进行估值的示例。考虑到未来每个期间的资本性支出均等于当期折旧，因此 Steady 公司的税后净利润将保持稳定状态。

假设 Steady 公司在第二年底发现有价值投资机会，并有望通过这笔投资创造出 10% 的 IRR。如图 4-10 所示，我们利用现金流折现法对 Steady 公司于次年进行预期投资的情景进行估值。

WACC（%）	10.0					
NOPAT年增长率（%）	0.0					
终值现金流增长率（%）	0.0					
	第一年	第二年	第三年	第四年	第五年	终值
NOPAT（美元）	1 000	1 000	1 000	1 000	1 000	
加：折旧和摊销	200	200	200	200	200	
减：资本性支出	−200	−200	−200	−200	−200	
减：营运资金投资	0	0	0	0	0	
加/减：其他收支净额	0	0	0	0	0	
企业现金流（美元）	1 000	1 000	1 000	1 000	1 000	10 000
折现期	1.0	2.0	3.0	4.0	5.0	5.0
现值因子	0.909 1	0.826 4	0.751 3	0.683 0	0.620 9	0.620 9
各期现金流的现值（美元）	909	826	751	683	621	6 209
企业价值（美元）	10 000					

图 4-9　再投资：无（净）投资

WACC（%）	10.0					
新增投资收益率（%）	10.0					
NOPAT年增长率（%）	0.0					
终值现金流增长率（%）	0.0					
	第一年	第二年	第三年	第四年	第五年	终值
NOPAT（美元）	1 000	1 000	1 000	1 000	1 000	
加：折旧和摊销	200	200	220	220	220	
减：资本性支出	−200	−1 000	−220	−220	−220	
减：营运资金投资	0	−200	0	0	0	
加/减：其他收支净额	0	0	0	0	0	
企业现金流（美元）	1 000	0	1 100	1 100	1 100	11 000
折现期	1.0	2.0	3.0	4.0	5.0	5.0
现值因子	0.909 1	0.826 4	0.751 3	0.683 0	0.620 9	0.620 9
各期现金流的现值（美元）	909	0	826	751	683	6 830
企业价值（美元）	10 000					

图 4-10　预期现金流（第二年实施再投资，且 IRR = WACC）

这笔预期投资改变了 Steady 公司第二年及以后各期的预期现金流。但是，由于预期收益率等于 WACC，企业价值将保持不变。如果第二年的预期投资会产生超过 WACC 的收益率，即带来正的净现值（NPV），结果会怎样？图 4-11 体现了正 NPV 对企业价值的影响。

WACC（%）	10.0					
新增投资收益率（%）	20.0					
NOPAT年增长率（%）	0.0					
终值现金流增长率（%）	0.0					
	第一年	第二年	第三年	第四年	第五年	终值
NOPAT（美元）	1 000	1 000	1 000	1 000	1 000	
加：折旧和摊销	200	200	220	220	220	
减：资本性支出	-200	-1 000	-220	-220	-220	
减：营运资金投资	0	-200	0	0	0	
加/减：其他收支净额	0	0	0	0	0	
企业现金流（美元）	1 000	0	1 200	1 200	1 200	12 000
折现期	1.0	2.0	3.0	4.0	5.0	5.0
现值因子	0.909 1	0.826 4	0.751 3	0.683 0	0.620 9	0.620 9
各期现金流的现值（美元）	909	0	902	820	745	7 451
企业价值（美元）	10 826					

图 4-11 预期现金流（第二年实施再投资，且 IRR>WACC）

反之，如果第二年的投资是一笔 NPV 为负数的项目，那么企业价值就会减少，如图 4-12 所示。

WACC（%）	10.0					
新增投资收益率（%）	5.0					
NOPAT年增长率（%）	0.0					
终值现金流增长率（%）	0.0					
	第一年	第二年	第三年	第四年	第五年	终值
NOPAT（美元）	1 000	1 000	1 000	1 000	1 000	
加：折旧和摊销	200	200	220	220	220	
减：资本性支出	-200	-1 000	-220	-220	-220	
减：营运资金投资	0	-200	0	0	0	
加/减：其他收支净额	0	0	0	0	0	
企业现金流（美元）	1 000	0	1 050	1 050	1 050	10 500
折现期	1.0	2.0	3.0	4.0	5.0	5.0
现值因子	0.909 1	0.826 4	0.751 3	0.683 0	0.620 9	0.620 9
各期现金流的现值（美元）	909	0	789	717	652	6 520
企业价值（美元）	9 587					

图 4-12 预期现金流（第二年实施再投资，且 IRR<WACC）

从上面这些例子中，我们可以得出什么结论？

首先，如果拟实施的资本性投资的收益率等于 WACC，将期中现金流进行分配或用于再投资的决策就对企业价值没有影响。这也是传统估值方法隐含的内在假设：对会计净利润而不是现金流进行资本化。这些估值方法均采用这样的假设：企业的全部净利润（扣除债务）均属于出资者收益，因此，出资者完全不必关心到底把现金流用于分配还是再投资。尽管从理论上来说是合理的，但是传统估值方法的成败在于，在企业完全没有任何（净）再投资的情况下，估值分析师能否为预期收益设定一个合理的核心增长率。

强调现金流而不是会计净利润的收益法越来越流行，因为它可以让估值分析师更有针对性地复制市场参与者的现实行为。

其次，目标企业识别和实施正 NPV 项目的能力体现为企业的市场价值与投入资本之比。如果市场参与者认为目标企业不仅拥有 NPV 为正数的项目投资组合，而且能成功地实施这些项目，企业的市场价值就会上升，并超过以前投入资本的水平。

图 4-13 描绘了 IRR 与 WACC 之间的关系。投入资本（历史账面价值）和市场价值之间的关系取决于投入资本（和预期未来投资）的 IRR 与 WACC 之间的关系。

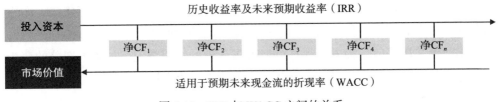

图 4-13　IRR 与 WACC 之间的关系

▶ 如果 IRR 等于 WACC，那么企业的市场价值将近似于投入资本。在这种情况下，市场价值最终和未来投资与分配比例无关。

▶ 如果 IRR 小于 WACC，那么企业的市场价值可能小于投入资本。按照综合理论，这是否会成为事实取决于目标企业的价值水平。我们将在本章后续部分中介绍这种情况。此时，当前企业的市场价值可能会超过业务规划对当前所有者的现值。

▶ 如果 IRR 大于 WACC，那么企业的市场价值将会超过投入资本。在标普

1500指数的成份股中，80%以上企业的市场价值超过历史投资的账面价值。尽管这并不意味着任何具体目标企业的市场价值都会超过投入资本，但它的确揭示了市场参与者的行为特征，估值分析师可以在综合理论背景下对这些行为合理建模。

最后，本节给出的示例强烈表明，必须严格对收益法所用预期现金流的整体合理性进行评估。我们将在本章最后部分讨论合理性评估这个问题。

小结

企业再投资决策是收益法中最基本的具体估值手段。在本节中，我们说明了再投资预期收益率、WACC 和价值之间的关系。在本章的后续部分中，我们将把上述结论与综合理论的实务应用结合起来。

永续增长率

无限期预测未来的具体现金流显然是不切实际的。因此，估值分析师和市场参与者都需要估计现金流折现法采用的终值。终值是有限预测期结束时所有预期现金流的现值。根据我们的经验，估值分析师更有可能使用单期资本化法，而市场参与者更喜欢用市场估值倍数乘以预测期末的某个或多个预期业绩指标进行计算。实际上，用任何一种方法都有可能得出合理的估值结论。尽管本部分的分析主要考虑单期资本化法，但是我们会在结尾部分讨论市场估值倍数的应用。

永续增长率的含义是什么

回顾上一节中针对预期再投资收益与 WACC 之间关系的分析，我们可以对永续增长率给出如下定义：在目标企业已经完成全部潜在 NPV 为正数的项目时，适用于企业现金流的增长率即为永续增长率。正如我们在这部分阐述的那样，当可行项目的预期收益率等于 WACC 时，企业价值将不受经营现金流用于再投资或分配的影响。因此，我们对永续增长率的定义也强调了选择有限预测期长度的合理依据：只要目标企业还有可以获得正 NPV 的项目，就应延长预测期。这个预测期在功能上等价于预期目标企业可以维持稳定运营的时期。

对既定企业来说，可获得正 NPV 项目的持续时间有多久，显然是一个众所周知的难题。考虑到大多数估值分析任务是定性的，因此，估值分析师无须为这个问题提供规范的答案。换句话说，估值分析师只需要验证针对市场参与者行为的现有证据，即可判断相关各方是如何判断一家公司竞争优势的持久性的，而不是判断市场参与者应该如何回答我们的问题。此外，估值分析师还要求管理层提供有关预期稳定运营期的信息。

图 4-14 说明了永续增长率的理论含义。

估值日期	有限预测期	终止期
市场参与者对竞争优势的评估导致……	预期当前的正NPV项目已趋于饱和，且可被利用的正NPV项目供给将会减少，直到……	再投资机会已无法提供超过WACC的收益率

图 4-14　永续增长率的理论含义

因此，永续增长率是在不对企业进行增量投资的情况下，现金流预期可以实现的增长率。但是，市场参与者为什么假定目标企业可使用的正 NPV 项目的供给会随时间的推移而减少？原因其实很简单，由于竞争日趋激烈，增量投资的收益率会不可逆转地趋近均值。对这种现象，亚马逊创始人杰夫·贝索斯认为最需要当心的就是根本没有意识到的潜在竞争对手，并留下一句名言："你的利润就是我的机会。"

那么，在彻底失去正 NPV 项目的情况下，永续增长率的合理标准应该是什么？按照我们的经验，最值得估值分析师信赖的两个指标是预期通胀率和预期名义经济增长率。

▶ 将永续增长率设定为预期通胀率，这种做法的前提是假设目标企业在最后一期不会出现任何实际增长。

▶ 将预期的永续增长率设定为预期名义经济增长率，也就是假设目标企业将继续维持其在整体经济中占据的份额。

如果市场参与者认为整个经济或行业即将出现的结构性变化将导致收益率等于 WACC 的投资项目消失殆尽，那么假设永续增长率低于预期通胀率的前提就是合理的。换句话说，这个假设相当于目标企业逐步走向清算，至少企业的实际情况趋于这种状态。

如果假设永续增长率高于名义经济增长率，就意味着在有效预测期的终点，目标企业仍有正 NPV 项目可以选择。在某些情况下，把这种假设作为权宜之计或许是一个务实的方案，但我们认为更可取的方法是在合理的范围内进一步延长有效预测期。考虑到单期资本化率对预期增长率的高度敏感性，我们认为应慎重考虑对终值采取"超常"增长率的假设。

利用市场估值倍数

如本节开始时所言，根据我们的经验，市场参与者更偏爱使用市场估值倍数估算终值。但在这个过程中，估值分析师应意识到（尽管无须明确指定），增长预期本身就嵌入在市场估值倍数之中。因此，他们必须考虑到，如有必要的话，需要通过哪些调整剔除正 NPV 项目永续预期对市场估值倍数的干扰。将"正常"的市场估值倍数与期末年度财务指标相乘得到估值结论，实际上隐含着这样一个假设：在预测期末，可以采纳的正 NPV 项目数与估值日没有区别，也就是说正 NPV 项目具有永续性。但是基于上述讨论，这个假设很可能不够恰当。不过，我们并不是说使用市场估值倍数获得终值的做法一定就是"错误的"。我们只是想强调，估值分析师必须认识到，使用估值倍数不能让他们摆脱考虑永续增长率的义务。⊖

小结

如使用现金流折现法，就必须合理估算永续增长率。竞争和时间对企业竞争优势的持续性腐蚀效应表明，正 NPV 项目最终将不复存在，这就是有效预测期理论上的终点。无论使用单期资本化法，还是采用市场估值倍数，估值分析师都可以参照预期通胀率和预期名义经济增长率这两个基准指标对预测期的永续增长率做出估算。

⊖ 如果估值分析师使用单期资本化法确定终值，得到的结论就很容易转换为相关市场估值倍数，这个市场估值倍数可以通过比较和调整转化为当前市场估值倍数。此外，当估值分析师使用市场估值倍数时，也可以推导出隐含增长率，并评估其合理性。

预期现金流与综合理论

在本节中，我们以综合理论为出发点，更直接地讨论收益法采用的预期现金流。如第 1 章所述，综合理论从预期现金流、风险（以折现率表示）和增长率等方面的差异，对各个价值层级做出定义。增长最终体现在预期现金流当中，因此，我们将在本章集中讨论预期现金流和增长率这两个因素。至于由潜在风险差异决定的折现率，则是第 5 章的话题。

现金流主要观点

在企业层级中，市场参与者和估值分析师对现金流持有四种主要观点，它们之间可能存在重叠之处，具体如图 4-15 所示。

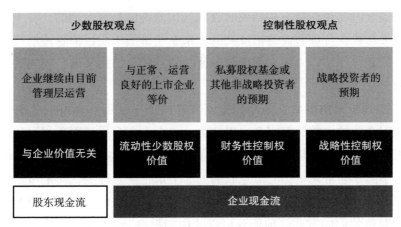

图 4-15　现金流主要观点（企业层级）

这四种观点可划分为针对少数股权或控制性股权两大类。

基于少数股权的观点

1. 在企业继续由目前管理层运营的假设下，对少数股东而言的预期现金流。 第一种观点反映了对企业当前业务无任何影响的少数股东的视角。尽管存在诸多保护股东股权的法律法规，但是少数股东还是要服从现有控股股东（或少数股东共同组成的拥有控制权的集体）的行动和决策。因此，股利政策、资本结构和资本分配等重大决策通常由其他人制定，作为估值对象的少数股东是被动的参与者，只能接受这些决策带来的经济结果。此外，控股股东还可以通过制定管理层薪酬或内部交易等方面的决策，让企业现金流在不受持股比例限制的情况下转移给部分人。

我们会很自然地假设，而且很多估值分析师也确实会这样认为：在少数股权基础上估算企业现金流是合情合理的。但事实并非如此。如图 4-15 所示，这种看待现金流的观点不符合企业价值。在这种情况下，当市场参与者打算收购少数股权时，很多人会把目标定位于企业在目前管理层经营下可创造的实际现金流。尽管这个目标是可以精确测算的，但它本身并不正确。只有在估值目标对应非流动性少数股东的股权价值时，采用目前管理层经营下的少数股权现金流才有意义，但目前管理层经营下的预期企业现金流并不能决定企业本身的价值。

在本书第三部分中，我们将对股权层级的现金流概念进行全面探讨。但是在这里，我们只想强调一件事：在理性市场参与者的眼中，在预期持有期取得的预期期中现金流与预期持有期结束时收到的预测终值是有区别的。在大多数情况下，市场参与者会合理假设终值反映的未来企业价值不受目前管理层行为或决策的影响。因此，要估计未来企业价值，就必须采用与估值基准日相同的基础估算企业价值。

2. 从少数股东角度看，预期现金流应等同于一家运作良好的上市企业的现金流。上市企业的少数股东完全可以认为，上市企业会通过财务和运营决策来实现少数股权价值的最大化。由于上市企业的少数股权具有流动性，这样的预期是合理的。不同于通常无须担心敌意收购的非上市企业管理层，对上市企业的管理团队来说，要保住自己的饭碗就必须征得少数股东的认可。如果少数股东不同意上市企业对待他们的方式，他们就可以"用脚投票"——抛出股票，压低股价。这会促使主动投资者大举增持股份，从而对上市企业运营施加重大影响，或协调实施恶意收购。因此，对少数股东来说，最基本的预期是上市企业能有效运转，由此创造的企业现金流会给他们带来收益。

基于控制性股权的观点

1. 针对控制性私募股权股东或其他非战略投资者视角而言的预期现金流。⊖
在上市企业中，少数股东有理由预期，管理层会从他们的利益出发，制定有益

⊖ 请注意，我们在这里所说的私募股权股东，是对独立非上市企业拥有控制权的股东，既有可能是传统意义上的私募股权基金，也有可能是其他类型的投资者。我们之所以在这里使用这个术语，是因为这类股东有一个主要特征，就是在战略不考虑目标企业与其他企业合并这种事情。

于少数股东的财务和运营决策，从而反映并维护少数股东的经济利益。相比之下，控制性私募股权股东有权从自身利益出发制定这些融资和运营决策。如果从财务性控制权视角对企业进行估值，在预测企业现金流时就应采用这种观点。

2. 针对战略投资者角度而言的预期现金流。控制性私募股权股东通常受制于其能为目标企业带来的业绩改进或变化幅度。从定义上理解，我们可以认为财务投资者没有与目标企业业务整合的互补性业务，因此大幅改善目标企业运营的机会非常有限。另外，我们假定战略投资者能将目标企业与其现有业务进行合并，从而提高带来显著协同效应现金流的可能性。因此，尽管它们都属于控制性股权，但战略投资者视角的企业现金流似乎完全不同于私募股权股东视角。

现金流潜在调整方案

在收益法的分析框架下，不管是依赖单期资本化法还是现金流折现法，一个必须考虑的基本要素是对历史现金流和预期现金流进行哪些调整（如果需要调整的话），才能合理反映目标企业的预期业绩。图 4-16 描述了四种基本的现金流潜在调整方案，以及各类调整方案与上节所述现金流观点的相关性。

在从各个视角进一步探讨现金流之前，我们首先界定四种现金流潜在调整方案的本质。

	少数股权观点		控制性股权观点	
	沿用目前管理层	等同于上市企业	私募股权股东	战略投资者
偶然或非经常性事件	✓	✓	✓	✓
正常化的企业财务和运营决策		✓	✓	✓
财务性控制调整			✓	✓
战略性控制调整				✓

图 4-16　现金流潜在调整方案

▶ **偶然或非经常性事件**　在分析历史财务报表时，通常需要对影响企业历史业绩但不涉及预期业绩的偶然或非经常性事件进行调整。由于估值是一项前瞻性工作，一个最基本的前提是剔除正常情况下不会再次发生的历史事件，避免人们混淆对未来企业现金流的看法。这类历史事件包括灾难损失（以及由此取得的保险补偿），偶然和暂时性经济、市场或行业混乱带来的孤立性影响，部门或产品线剥离造成的结果。

尽管这些调整通常不会带来争议，但是仍需要在两个方面给予提醒。首先，在评价拟实施调整是否反映确实不会重复的历史事件时，估值分析师必须进行一定程度的理性选择与明智判断。财务报表分析也会反映一系列针对经常性或非经常性事件的调整，但或许无法解答市场参与者真正的疑虑。其次，在历史基础上进行的适当调整，未必适合未来。假设极端天气导致企业运营遭受损失，并因此收到相关的保险赔偿。如果企业曾收到过保险赔偿，当然应调整历史现金流，从而消除取得保险对正常业绩的影响。但是，如果保险赔偿预计于次年收到，那么，在使用现金流折现法时，从预期现金流中剔除这部分保险赔偿显然不合理。

公开市场往往会对这些偶然或非经常性事件做出正确的反应。当上市企业的收益因非经常性事件而受到负面影响时，企业股价可能不会受到影响，从而导致历史 12 个月的市盈率高得异乎寻常。在这种情况下，公开市场实际上已针对非经常性事件进行了调整，将市场的关注引向不受非经常性事件影响的未来收益。

▶ **正常化的企业财务和运营决策**　如上节所述，在按流动性少数股权价值考量企业价值时，必须考虑进行正常化调整，也就是以运行良好的上市企业为基准，对目标企业在当前管理层运营下的历史现金流进行调整，以体现其在达到基准上市企业水平基础上所能实现的业绩。在现实中，尽管并非所有上市企业均能运行良好，但是这个事实并不能降低正常化调整的必要性。换句话说，对财务结果进行正常化调整，以反映企业为实现中小投资者利益最大化而制定的企业财务和运营决策的效果完全是有必要的。这些潜在调整方案不仅适用于历史现金流，也适用于未来现金流。我们将在本章随后部分详细讨论正常化调整的话题。

▶ **财务性控制调整**　在财务性控制权价值层级上，应考虑对历史现金流和预期现金流进行适当调整,以反映控制性私募股权股东的预期现金流,这部分现金流将会增加上市企业的等价现金流。对运营良好的上市企业而言,这种调整涉及的金额可能很小,甚至为零。
- ▶ **战略性控制调整** 在战略性控制权价值层级上,可能还需要通过其他调整反映战略投资者将目标企业与其现有业务整合带来的潜在重大变更。战略性控制调整同样适用于历史现金流和预期现金流。在现实中,针对历史事件进行量化或调整可能不可行或没有必要,但是对未来预期进行这种调整通常是有必要的。

小结

综合理论为我们从企业各价值层级估计现金流提供了必要的理论支撑。在建立了初步理论基础之后,我们即可在随后各节中对各企业价值层级的预期现金流进行深入讨论。

流动性少数股权价值:视同上市企业的观点

财务分析的起点就是目标企业的历史财务报表。在流动性少数股权价值层级上,要得到相应的调整后现金流需要经历两个步骤。

- ▶ 针对偶然或非经常性事件调整历史现金流。
- ▶ 以运营良好的上市企业为基准,对企业财务和运营决策效果进行正常化调整。

在这里,我们将对这两种类型的调整进行深入解析。

针对偶然或非经常性事件调整历史现金流

历史财务报表记录了目标企业以往的运营业绩。这些历史记录中既包括不可或缺的基本要素,也夹杂了偶然的要素。为了给投资决策提供依据,市场参与者会尽可能剔除影响目标企业运营历史的偶然要素,来揭示企业的本来面目。

无论对于市场参与者还是对于专业估值分析师而言,要学会区分目标企业历史财务报表中不可或缺的基本要素和偶然出现的杂质,都要经过数十年的潜心磨砺。我们发现，针对历史财务报表的调整，估值分析师采取的态度和对策相去甚远。在这一系列的举措中，我们把两种极端立场分别称为极简主义立场和极繁主义立场。

- 极简主义立场假设偶然出现的好运或是厄运都是企业运营中不可避免的事件。尽管影响历史收益的特定利好或利空事件未必再次发生，但是将来更有可能发生同样意想不到，只不过与之前不同的有利或不利事件。因此，基于极简主义立场，市场参与者和估值分析师将对以下事件进行调整：①在规模上明显具有极端性；②根据定义不会经常发生，如剥离业务部门的收入和支出。
- 极繁主义立场假设在调整所有与目标企业当前核心业务无直接关系的事件后，完全有可能对未来业绩做出更精确的预测。因此，基于极繁主义立场，市场参与者和估值分析师会发现更多需要调整的事件。

当然，上述讨论的核心并不是说某一种立场在本质上优于另一种立场。相反，它强调的是基本常识、有理由的判断，以及合理性在得到估值结论中的作用。从表面上看，针对偶然或非经常性事件的调整有一种绝对客观性的假象。但是在现实中，此类调整同样需要估值分析师的主观判断。不管是进行还是拒绝某种特定调整，都未必会让最终分析"出错"。但需要提醒的是，对历史财务报表进行调整，只是为了给针对估值预测未来预期现金流提供更合理的背景信息。企业价值取决于未来现金流，而不是历史现金流，即便是精心调整的历史现金流，也不足以成为决定企业价值的基本要素。针对具体估值项目，估值分析师可以计算调整后的毛利率，并与基准上市企业进行比较，从而对相关调整的总体合理性做出评价。

正常化调整

如前所述，如果把关注点转移到正常化调整上，所有关于偶然或非经常事件调整合理性的基本共识就会消失殆尽。正因为这样，在本节开始时，我们便指出，在流动性少数股权价值基础上得出企业价值的过程中，有必要进行正常化调整。

流动性少数股权价值

在流动性少数股权价值层级，针对使用正常化调整的主要反对意见在于目标股权根本无力改变这些调整暗示的企业财务或运营决策。这是一个简单且直观的意见，对此的反应有些复杂和微妙，因此，我们将谨慎地阐明我们的立场。

为解答这个问题，我们需要找出持有上市企业少数股份和非上市企业少数股份之间的关键区别。确实，少数股东没有能力独立改变管理层和董事会采取的破坏性政策或决策，但这两者之间最大的区别在于，在上市企业中，少数股东持有的股份具有高度流动性。

▶ 尽管存在种种保护中小投资者的法律法规，但是对非上市企业而言，控股股东显然没有经济动因去改变不利于少数股东的自主权。因此，我们会看到目标企业向缺乏良好职业素养的控股股东家庭成员支付高额薪水和奖金，少数股东只能听之任之。他们既不能出售股份，也无法期望这些"超额"补偿提升他们的经济利益。

▶ 相比之下，上市企业的管理层和董事会会敏锐关注少数股东的偏好。为什么？因为少数股份有流动市场，心存不满的股东可以随时卖掉所持股份，从而给股价带来下行压力。如果上市企业的管理层和董事会持续表现不佳，且政策不利于少数股东的利益，公开市场就会不看好他们。当上市企业股价低迷时，管理层和董事会就会面临被解雇或取代的威胁。

因此，上市企业财务和运营决策的制定者比非上市企业同行更有动力为少数股东谋取福利。

但这也恰恰是出现第二种反对声音的源泉。即使上市企业股份的流动性确实会改变管理层和董事会的激励机制及其对少数股东的态度，但一个无法改变的事实是作为估值对象的少数股权价值大多属于非上市私人企业，而非上市企业。此外，正如前文所述，非上市企业管理层和董事会的激励机制不同于上市企业。既然如此，为什么还要对非上市企业进行正常化调整？

面对这样的反对声，我们需要仔细区分流动性少数股权价值和非流动性少数股权价值。正如综合理论阐明的那样，以流动性少数股权价值为基础的企业价值是预期企业现金流的函数。另外，以非流动性少数股权价值为基础的股权价值则是预期股权现金流的函数。图 4-17 说明了这两者之间的差异。

在流动性少数股权价值层级上，企业价值是预期未来企业现金流的函数。

在非流动性少数股权价值层级上，股权价值是预期持有期内股权现金流及持有期结束时流动性事件的函数。

图 4-17　流动性少数股权价值与非流动性少数股权价值之间的理论差异

在做出次优企业融资和运营决策时，由此招致的经济负担仅由少数股东在预期持有期承担。在出现流动性事件⊖时，少数股东将与控股股东按各自持股比例获得现金流。就控股股东而言，从自身经济利益出发，他们完全有动力追求流动性事件的最大化。那么，控股股东是如何实现流动性事件最大化的？通过强调我们在本节中讨论的正常化调整，向买方展示未来的可持续企业现金流。由于未来流动性事件会消耗正常的企业现金流，需要在估值基准日预测正常的企业现金流，并据此得出未来预期可达到的基准企业价值。

最后，通过正常化调整得到股权的基准价值（计算流动性折价的基础）。⊖如果不能首先确定折价或溢价的基准价值，折价或溢价自然就毫无意义。如果没有对企业价值进行适当的正常化调整，企业价值就既不是流动性少数股权价值，也不是非流动性少数股权价值，而是某种既没有理论基础也找不到市场等价概念的第三种价值。

当然，我们并不是说，如果不对历史企业现金流和未来企业现金流进行正常化调整，就无法得出合理的非流动性少数股权价值。如果估值分析师出现两个幅度相同且可以相互抵消的误差，他们或许也会得出合理结论。图 4-18 对进不进

⊖ 股东出售其持有的企业股份从而收回现金的行为。——译者注
⊖ 如第 3 章所述，流动性折价仅针对股权价值，但正常化调整也会影响企业现金流。在这部分的随后讨论中，我们仅针对基于股权而非企业的流动性及非流动性少数股权价值。

行正常化调整两种情况下的估值结论进行了对比。

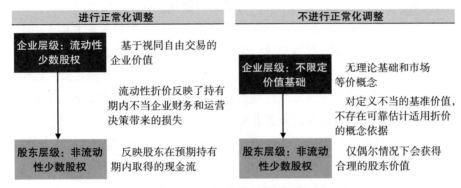

图4-18 正常化调整的理论基础

如果估值分析师未能进行合理的正常化调整，他们面对的最大风险就是没有可靠的方法去估算股东的未来退出价值。在这种情况下，能否得出适当的流动性折价就只能靠运气了。换句话说，是否考虑正常化调整，绝不是估值分析师根据事实和情况进行判断的事情。

在确定了对历史和未来企业现金流进行正常化调整的必要性之后，我们随后将讨论这种调整的性质。

正常化调整的示例

正常化调整的目的，就是消除企业财务和运营决策的影响，因为这些决策没有考虑到少数股东的经济利益。简而言之，经过正常化调整，我们即可得出目标企业在像运作良好的上市企业那样运行时的业绩。

但这种简化处理可能引发的一个潜在误区是，通过正常化调整，可以把所有目标企业转变为最优秀的企业，但事实显然并非如此。正常化调整不可能影响目标企业的竞争优势或劣势、成长机会、经营挑战或行业逆势，而这些"一手事实"确实会影响目标企业的价值。如果一家企业遭遇战略失误、技术过时、客户流失严重或其他基本面要素的困扰，其价值必将低于表现良好的企业。毫无疑问，并非所有企业生来都是一样的。

正常化调整分为两大类：与企业财务决策有关的调整和与企业运营决策有关的调整。

▶ 在所有无助于增加少数股东经济利益的企业财务决策中，最常见的就是让经营现金流游离到经营之外，用于累积低收益或非经营性资产。换句话说，将原本应分配给出资者的经营现金流（增加少数股东利益）用于累积现金、有价证券投资组合、休闲设施等。在衡量企业价值时，需要对未来企业现金流进行正常化处理，从而合理反映可分配给出资者的现金流——不管这些现金流最终是否真正用于分配。当企业现金流用于非经营性资产时，自然会影响到非流动性股权的价值，但不会影响企业本身在某个时点的价值。这些决策肯定会给未来收益产生负面影响，甚至会殃及做出这些决策的控股股东。但当前企业价值不会受到损害，因为控股股东随时有权放弃这类决策。

▶ 在需要正常化调整的经营决策中，最常见的是为股东支付过高薪酬。归根结底，股东拿到的超额收益最终是全体出资者转移给少数股东的企业现金流。从非流动股权价值角度看，企业支付的超额收益是现实的成本负担，确实应反映在股权价值中，但超额收益并不会对企业本身的价值产生负面影响。为什么？因为这些调整最终是在未来流动性事件发生时完成的。

　　与针对偶然或非经常性事件进行调整一样，在量化和使用正常化调整时，同样需要主观判断。这类调整的目的绝不是要扭曲目标企业的基本特征。换句话说，不能使用正常化调整"修复"会造成目标企业业绩下滑的战略或竞争性赤字。正常化调整不是乌比冈湖工具[⊖]，能让所有企业的业绩高于平均水平。实际上，正常化调整只是为了把非上市企业模拟成上市企业，并使其像运营良好的上市企业那样运行，不会采取伤害少数股东利益的企业财务和运营决策。与针对偶然或非经常性事件进行的调整一样，估值分析师也需要在调整基础上计算毛利率，并与现有市场基准进行比较，从而对调整进行合理性评估。此外，对历史业绩进行正常化处理，也是参照历史业绩对预期业绩进行合理性评估的前提条件，具体如图4-19所示。

⊖ Lake Wobegon tool，在心理学中，指人们总有一种认为自身能力高出平均水平的心理倾向。——译者注

	历史业绩	预期业绩
披露的财务业绩		
加/减：偶然或非经常性事件的影响	✓	
加/减：正常化调整的影响	✓	✓
企业现金流：流动性少数股权		

图 4-19　历史业绩和预期业绩

小结

如本节所述，对基于流动性少数股权的企业现金流，估值分析师应对偶然或非经常性事件进行调整，并对历史现金流和预期现金流进行正常化调整，从而假设目标企业为上市企业。

在下一节中，我们将讨论在财务性控制权价值层级上估算企业现金流需要进行的调整。

财务性控制权价值层级：私募股权现金流

通过强调各价值层级特有的现金流、风险及增长率属性，综合理论突出了三种属性之间的累积性。因此，对财务性控制权价值层级的现金流而言，我们可以假设已通过适当调整得出基于流动性少数股权价值的企业现金流。因此，本节的讨论仅针对将基于流动性少数股权价值的企业现金流转换为基于财务性控制权价值的企业现金流时要考虑的增量现金流调整。

财务投资者的特征

在上一节中，我们从公开股票市场投资者角度出发，对基于流动性少数股权价值基础的企业现金流进行了定义。要在财务性控制权价值基础上估算企业现金流，我们就需要采取私募股权基金的视角。尽管私募股权基金并不是唯一的财务投资者，但它们显然是这类投资者的典型写照。

私募股权基金强调的是目标企业在预期持有期内实现的财务收益。作为投资者，私募股权基金主要使用三种方法创造溢价。

1. 加大杠杆效应或其他金融工具。与上市企业相比，私募股权基金通常会采用更激进的资本结构。这当然会增加私募股权投资者的风险，但也增加了他们的潜在收益。在一定程度上，这种融资策略会降低 WACC，这就有可能提高财务性控制权相对于流动性少数股权的价值。我们将在第 5 章中对此进行深入讨论。

2. 提高运营效率或完善目标企业运营战略。私募股权基金会从运营或战略角度找到"最容易摘到的果实"，这注定会使目标企业的盈利能力或增长速度超过当前状态。需要提醒的是，这并不是针对股东利益不平等而进行的正常化调整，而是一种解决基础业绩问题的独立规划。当然，这些调整也不反映目标企业与投资者现有业务合并带来的好处。私募股权基金可能会认为，它们能比现有管理层更好地经营业务。

3. 让目标企业对有收购意愿的战略投资者更有吸引力。在完成初始投资后，私募股权基金通常会寻找同行业的其他收购目标，以强化初始投资，扩大规模效益，提高利润率，从而在总体上提高目标企业对潜在战略投资者的吸引力。

第一种策略与企业现金流无关，我们将在第 5 章中更全面地探讨这个话题。按照第三种策略，私募股权基金实质上就是后续收购的战略投资者；我们将在本章随后部分讨论这种策略的基本要素。在本章中，我们将重点分析上述第二种策略，即提高运营效率。

提高运营效率

对于财务投资者而言，提高运营效率改善企业现金流的可能性通常仅来自一般管理费用的节约。通过与首选服务提供商的关系或是为多家被投资企业选用共同供应商，财务投资者也能实现一定程度的（非战略）成本节约。

例如，私募股权基金可以审核目标企业的行政费用，并通过适当投资软件和系统确定人力资源部门是否可以只配备 10 名员工，而不是配备现在的 15 名员工。通过这种一次性调整节约成本净额，就是财务性控制权调整的一个例子。

改变目标企业的战略

在某些情况下，财务投资者的入手点，可能是因为目标企业现有战略在某些方面存在缺陷，而且财务投资者有相应的计划改善目标企业在相关市场中的战略地位。但我们不应把这种收益与两家企业合并带来的战略效益或协同效应相混淆；在这种情况下，我们只是强调财务投资者对目标企业运营策略可能进行的调整。尽管财务投资者可能会找到这样的机会，但这种调整本身就隐含着实施风险。

比如，通过将目标企业的历史利润率与同行业企业进行比较，私募股权基金可能会得出结论：对销售部门的人员结构或自动化生产过程的某些环节进行重组，就可以解决企业业绩持续不佳的问题。对目标企业独立进行这种策略调整带来的预期现金流净增长，也是财务性控制权调整的一个示例。

小结

在财务投资者用来创造溢价的三种方法中，在流动性少数股权价值层级上，改善企业现金流对提高溢价的贡献可能是最小的。正如本书第一部分所述，综合理论验证了我们的经验：财务性控制权价值溢价通常很有限甚至不存在。如果财务投资者经常有大幅改善现金流的机会，企业就没有动力维持其公开上市的状态了。

从公允市场价值角度出发，只有在预期买方会进行此类调整，且拟实施交易带来的收益预期由双方分享的情况下，才需要进行财务性控制权调整。很自然，私募股权基金有足够的动力留下上述调整带来的收益。

综合理论强调的是这种调整的理论作用，并有助于对适用于这些潜在调整的要素做出定义。图 4-20 显示了财务性控制权调整的适用性。

	历史业绩	预期业绩
披露的财务业绩		
加/减：偶然或非经常性事件的影响	✓	
加/减：正常化调整的影响	✓	✓
企业现金流：流动性少数股权		
加：财务性控制权调整的影响	✓	✓
企业现金流：财务性控制权		

图 4-20　财务性控制权调整的适用性

在本章的随后部分中，我们将探讨在战略性控制权基础上估算企业现金流时需要考虑的调整性质。

战略性控制权价值层级：战略投资者现金流

综合理论在区分战略投资者和财务投资者的基础上跟踪市场参与者的行为。表 4-3 从估值角度对财务投资者和战略投资者之间的差异进行了总结。

表 4-3　财务投资者和战略投资者之间的差异

	财务投资者	战略投资者
投资期限	预期持有期通常是有限的	不定
行业现有企业情况	无	行业中的现有企业要么是目标企业的竞争对手和客户，要么是其供应商
典型的融资结构	通常依靠债务融资来提高投资收益	融资状况较为保守，可以发行股权作为交易的对价
增强现金流的机会	通常仅限于日常行政管理的提高或运营效率的适当改进	通常会出现实质性提高，具体取决于买卖双方的具体运营特征
典型动机	在有限持有期内创造财务收益	通过节约成本或收入的协同效应提高合并实体的价值
投资者的数量	存在大量具有类似特征和动机的投资者	针对目标企业仅存在少量投资者，且各自具有独特的属性和动机
与公允市场价值的相关性	基于控制权的公允市场价值结论基准	在战略投资者数量众多且具有共同属性的情况下，可能与公允市场价值有关

如表 4-3 所示，这些差异为评估潜在战略性控制权调整的作用和性质提供了依据。

战略性控制权调整对企业现金流的作用

战略性控制权价值层级描述了战略投资者为取得目标企业控制权而预期支付的价值。当按估值目的更适合采用战略性控制权价值时，估值分析师至少应在概念上认真区分两种预期现金流：归属于预估合并实体的预期现金流，以及战略投资者愿意分配给目标企业的预期现金流。需要考虑的战略交易动态如图 4-21 所示。

即使知道合并实体预期现金流，也未必能揭示针对目标企业

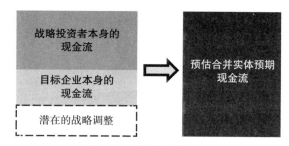

图 4-21　战略交易动态

现金流的战略性现金流调整幅度。卖方当然希望从合并中汲取尽可能多的价值，买方也有动力支付尽可能少的成本。在现实交易中，潜在战略调整在买卖双方之间的相对"分配"情况，最终取决于买卖双方在谈判中的实力对比。归根结底，买卖双方的谈判实力取决于资产的稀缺性和潜在投资者的数量，如图4-22所示。

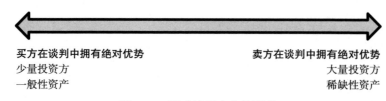

图4-22　影响谈判实力的要素

无论进行估值分析的目的是衡量目标企业的潜在交易价值，还是针对具体标的的潜在收购价格，估值分析师都需要注意，不要在未评估买卖双方可能如何分配拟实施合并带来的总现金流收益的情况下，就自动将全部的潜在现金流调整划归到目标企业名下。在厘清战略性现金流调整的功能之后，我们将在下一节介绍这类调整的常见示例。

企业现金流的常见战略性控制权调整示例

战略性控制权调整是对本章前面所述调整的补充。换句话说，我们在本节讨论的战略性控制权调整，是针对基于财务性控制权价值的企业现金流进行的。不妨回顾一下表4-3，战略投资者通常会认为，合并会带来成本节约及协同效应的某种组合，从而改善合并实体现金流。

战略性现金流调整的性质和规模取决于拟实施交易的战略原则，也是这些原则的反应。从现有竞争对手、邻近地区的可比公司、现有供应商或现有客户的关系看，针对既定企业的战略性现金流调整会有所不同。尽管存在其他潜在的目标企业和投资者关系，但以上是最常见的关系，也是我们在后续讨论中关注的重点。图4-23为针对不同类型战略投资者进行现金流调整的潜在重点领域。⊖

⊖　尽管图中提到的潜在重点领域并非详尽无遗，但足以说明战略合并的常见动机。

	现有竞争对手	地域覆盖性	现有供应商	现有客户
收入	✓	✓		
减：生产成本			✓	
减：制造费用	✓			
利润总额（毛利润）				
减：分销费用		✓	✓	✓
减：销售及营销费用	✓	✓		
减：一般行政管理费用	✓	✓	✓	✓
营业利润				
资本性支出	✓			
对营运资金的投资			✓	✓

图 4-23　针对不同类型战略投资者进行现金流调整的潜在重点领域

收入

收入的协同效应包括向战略投资者现有客户收取更高价格的能力，以及获得战略投资者现有产品或服务新客户的能力。在战略投资者是目标企业的现有竞争对手时，收购最有可能提高定价能力；获得新客户则最有可能出现在相邻地域的战略交易中。

生产成本

当目标企业是战略投资者的现有供应商时，降低生产成本是较为常见的动机。此外，战略投资者也可能认为，业务合并带来的规模效应可以强化合并实体的购买力，从而提高对原材料的议价能力。

制造费用

战略交易的前提可能是为了提高卖方或买方现有生产设施的产能利用率。尽管这对每一种类型的潜在投资者来说都是可能的，但在目标企业与买方属于现有竞争对手时，这种动机可能最为明显。

分销费用

战略交易可以通过消除闲置过剩设施或提高现有分销基础的运输能力，从而提高产品分销的效率。收购现有供应商或客户，均有可能改善相关供应链的效能。

销售及营销费用

对于相邻市场的目标企业，降低销售及营销费用可能是重要的战略交易动机，因为战略投资者现有的销售基础设施和营销内容可以轻而易举地在新地域得到有效利用。

一般行政管理费用

不同于本章上节讨论的潜在财务性控制权调整，从战略投资者的角度看，由于可以大量消除财务、信息技术、人力资源及其他企业职能等方面的冗余闲置，一般行政管理费用的潜在成本节省幅度可能会更大。这些节约的费用对所有类型的战略投资者来说可能都非常重要。

资本性支出

潜在的战略性现金流调整并不限于利润表的收入和支出项目。除体现在利润表上的直接收益外，基础设施合并还可减少支持合并实体需要的持续性维护支出。如果目标企业恰好拥有战略投资者可以利用的过剩产能，合并主体就可以减少未来的资本性支出。

营运资金

市场参与者和估值分析师不应忽略合并对营运资金增量投资的影响。如果目标企业是战略投资者的现有供应商或客户，就有机会对合并实体的存货、应收账款和应付账款进行更有效的管理。

相对分配比例的重要性

前述讨论介绍了针对企业现金流可能进行的各类战略性现金流调整，但现实中可能需要进行的调整不止于此。在评估潜在的战略性现金流调整时，市场参与者和估值分析师不仅需要考虑相关现金流变化的绝对幅度，还需要考虑投资者与目标企业关于收益的相对分配比例。在结束有关战略性控制权现金流的阐述之前，我们再讨论一下战略性控制权调整与实际交易数据的对应性。

对企业现金流进行战略性现金流调整的意义

在讨论了战略性现金流调整的性质并提供常见示例之后，我们转而在综合理论框架内更充分地讨论这些调整。如本书第一部分所述，综合理论的基本观点是，针对价值层级的估值结论取决于各价值层级相应的市场参与者对现金流、风险和增长率的预期。因此，传统的折价和溢价最终取决于相邻价值层级在现金流、风险和增长率预期之间的函数。

因此，在综合理论背景下，战略性现金流调整反映了财务性控制权价值层级与战略性控制权价值层级之间预期现金流的差异。换句话说，战略性现金流调整构成了财务性控制权价值层级与战略性控制权价值层级之差的主要部分，至少是很大一部分。我们将在第 5 章里进一步指出，折现率的差异也会对最终的溢价产生一定影响。

当私人企业被战略投资者收购时，并不存在计算隐含估值溢价基准的财务性控制权价值。尽管上市企业的财务性控制权价值也无法直接观察，但我们已经指出，有足够令人信服的理由认为，在大多数情况下，财务性控制权价值不太可能大幅超过公开市场股价。因此，上市企业的战略交易确实为我们提供了一个机会，通过将交易价格与按收购前公开市场股价计算的企业价值进行比较，计算出隐含在交易价格中的估值溢价。在综合理论框架内，视同自由交易价格与交易价格之间的差异即为战略性控制权溢价。

通过观察上市企业战略交易得到的溢价，为估算卖方在交易中获得的潜在战略性控制权调整提供了有价值的间接证据。通过对买卖双方的潜在谈判实力和特定战略投资者（竞争者、供应商或客户等）的类别进行分析，可以得到给定交易的溢价。这个溢价为市场参与者或估值分析师在战略性控制权现金流基础上估计企业价值提供了基本指南。

尽管如此，要在总体上概括典型战略投资者愿意支付的价格依旧非常困难。因此，在很多情况下，战略性控制权价值更类似于投资价值标准，而非公允市场价值。㊀

小结

不同于财务性控制权价值，战略性控制权价值基于这样一个事实：买卖双方现有业务合并带来的现金流可能大于两方独立创造的现金流之和。现金流的增加可能源自合并带来的成本节约或协同效应。战略性现金流调整不仅应反映潜在战略收益的规模，还应反映战略投资者认为可以归属于目标企业的收益。至于战

㊀ 公允市场价值本质上是一个持续性概念。战略交易通常会导致目标企业丧失独立的持续经营状态。在确定公允市场价值时，如果采用的基准交易数据来自战略交易，估值分析师就必须谨慎行事。

略性现金流调整，可同时参考预期战略收益的来源以及战略投资者的类别进行估算。如图 4-24 所示，尽管对历史企业现金流进行战略性控制权调整未必总是可行的，但是在综合理论框架内，明确界定适用于预期现金流的战略性控制权调整，对得出战略性控制权价值层级的企业价值至关重要。

	历史业绩	预期业绩
披露的财务业绩		
加/减：偶然或非经常性事件的影响	✓	
加/减：正常化调整的影响	✓	✓
企业现金流：流动性少数股权		
加：财务性控制权调整的影响	✓	✓
企业现金流：财务性控制权		
加：战略性控制权调整的影响		✓
企业现金流：战略性控制权		

图 4-24 战略性控制权调整的适用性

至此，我们已在综合理论框架内介绍了企业现金流的构成要素以及针对三个企业价值层级的相应调整。

▶ 在流动性少数股权价值层级，我们阐述并验证了以下两种调整的必要性：针对偶然或非经常性事件进行现金流调整；对不利于少数股东利益的企业财务和运营决策进行正常化调整。

▶ 在财务性控制权价值层级，我们探讨了合理现金流调整的性质，并得出如下结论：相对于基准上市企业的正常企业现金流水平，这类调整的幅度通常是非常有限的。

▶ 考虑到谈判实力在交易双方分配战略收益方面的重要性、潜在战略收益的来源及不同类型投资者的特征，我们探讨了为获得战略性控制权价值层级企业现金流而进行的潜在调整。

本节的最后，我们将针对如何评估预期企业现金流的总体合理性提出一些观点。

企业现金流的合理性评估

假设市场参与者或估值分析师始终坚守综合理论这一理论框架及本章前面提

出的各项原则，那么由此得到的预期企业现金流是否一定合理？答案是未必。即使严格遵循综合理论，也不能免除市场参与者或估值分析师评估预期企业现金流总体合理性的责任。

在本章的最后一节中，我们将针对如何对预期企业现金流整体合理性做出最合理的判断简要提出一些观点。但是在开始讨论这个话题之前，我们首先需要明确现金流预测的精确性和准确性。在我们的经验中，有些估值分析师可能会绞尽脑汁地想提高现金流预测的准确性，但从不考虑预测本身的精确性。

任何经济模型都必然会对被建模的经济现实进行高度的抽象，企业现金流预测同样也不例外。现金流预测必然需要采用很多简化的假设。在估值中，由于现金流预测的目的是复制市场参与者的预期，这自然就需要对模型进行相应的主观判断。因此，我们将精确性定义为与市场参与者预期在总体上的一致性。模型的目的不是，实际上也不可能是在每个要素上均做到细致入微、精确无误。相反，我们需要按最终现金流与市场参与者合理预期的相符度来评价预测模型的质量。模型要求的精确性当然会因目标企业的商业模型而异。在本节的后续部分中，我们将提供一份功能清单，帮助估值分析师验证企业现金流预测的总体合理性。

预期收入

- ▶ 预期收入增长率与目标企业的历史业绩相比如何？与现有的同类企业数据相比如何？预期增长率在质量上是否与历史增长率相符？
- ▶ 预期收入增长率与公开发布的全行业预期收入增长率相比如何？如果预测表明目标企业的市场份额在不断增长，那么是否有令人信服的理由？根据竞争环境，市场份额不断增加的假设是否合理？
- ▶ 预期收入增长率是否接近预测期终点的增长率？
- ▶ 预期收入是否符合目标企业针对产品价格和销量变化制定的策略？
- ▶ 选择（或隐含）的永续增长率与本章前面讨论的预期通货膨胀和名义经济增长标准相比如何？

预期营业利润率

- ▶ 预期营业利润率与目标企业已经实现的调整后历史营业利润率相比如何？

- ▶ 根据偶然或非经常性事件对历史结果进行调整能否为预测未来结果提供适当的基础？一系列经常出现的非经常性事件调整，是否表明目标企业的持续运营业绩被高估或低估？
- ▶ 如果进行了正常化调整，那么由此得到的正常化营业利润率与基准上市企业或其他类似企业的现有数据相比如何？营业利润率差异是否与基准上市企业的相对规模、竞争优势和运营效率或类似企业的其他数据相符？
- ▶ 如果进行了财务性控制权调整，那么与正常化的流动性少数股权预测相比，调整性质和幅度是否有理由令人信服？基于财务性控制权的营业利润率与可观察的基准上市企业营业利润率相比如何？
- ▶ 如果进行了战略性控制权调整，那么估值分析师是否考虑了交易中预期与卖方分享的战略收益？战略性控制权调整是否合理反映了相关战略投资者的属性？假设的战略性现金流调整幅度与类似目标企业实际交易溢价的数据相比如何？

资本性支出和折旧

- ▶ 预期的资本性支出水平是否足以支撑预测期内的预期收入及利润增长？
- ▶ 预期资本性支出的有效收益率趋势是否能反映目标企业预测期内的竞争力水平及中值回归趋势？
- ▶ 资本性支出和折旧在预测期内的关系是否表明资产利用效率得到提高或降低？无论是提高还是降低，是否有令人信服的理由支持这一变化？
- ▶ 资本性支出和折旧与期末现金流相比如何？资本性支出超过折旧的部分（如果有）是否合理，是否与永续增长率一致？
- ▶ 在战略性控制权价值层级，资本性支出预测是否考虑了战略投资者可利用的潜在重复资产或闲置过剩生产能力？

营运资金

- ▶ 营运资金预测对目标企业的现金转换周期变化有什么影响？这种变化是否与市场参与者对库存管理、顾客收款或薪酬策略预期相一致？
- ▶ 在战略性控制权价值层级，营运资金预测是否能反映交易的潜在战略依据？

上述列表并非详尽无遗，列出的项目也未必适用于所有目标企业或估值目的。但这些项目确实可以为市场参与者和估值分析师提供一份基本路线图，对收益法所用企业现金流的总体合理性做出评估。

本章小结

综合理论强调了明确目标企业预期现金流、风险和增长率的必要性。收益法是描述综合理论如何塑造和指导估值实践的自然起点。在本章中，我们集中讨论了综合理论中的现金流和增长率要素。具体而言，我们验证了单期资本化法和现金流折现法的基本等价性，强调了再投资假设的重要性，并阐述了现金流折现法中永续增长率的含义和重要性。随后，我们对适用于各价值层级的现金流调整进行了详细分析，并在此基础上对企业现金流预测的总体合理性进行了评估。

在第 5 章中，我们将重点讨论风险评估在估计企业层级折现率中的作用。

| 第 5 章 |

基于折现率的收益法

本章简介

综合理论表现为估值的三个基本要素：现金流、风险和增长率。在第 4 章中，我们探讨了综合理论中的现金流和增长率两个要素，以及它们与收益法下各种具体估值方法的交互关系。在本章中，我们将探讨风险要素，也就是体现在将预期现金流折算为现值的折现率中的要素。

在本章中，我们将要解答的具体问题包括：

▶ 已实现收益率与预期收益率之间的关系是什么？
▶ WACC 的构成要素包括什么？
▶ 在估算企业价值指标时，为什么市场参与者要关注 WACC？
▶ 目标企业的规模与 WACC 是否存在关联性？
▶ 价值层级对 WACC 有什么影响？
▶ 估值分析师如何评估收益法采用 WACC 的总体合理性？

收益率的基础：已实现收益率与必要收益率

在综合理论中，风险的基本估值要素体现为折现率。从股权角度看，相关折现率就是投资者要求取得的最低股权收益率，但是从企业角度而言，相关折现率应是 WACC。尽管股权折现率是 WACC 的一个构成要素，但是在本章中，我们将继续沿用企业视角，因此，我们的重点将是 WACC。

在对 WACC 进行更详细的讨论之前，我们首先需要尽可能地厘清已实现收益率与必要收益率（或预期收益率）之间的根本差异。在估算折现率时，如果市场参与者和估值分析师未能合理区分已实现收益率和必要收益率，就有可能会引发重大混淆。

已实现收益率的计算

收益是指一笔投资在单位时间（通常为一个日历年）内取得的回报。对任何一笔投资，如果能取得如下三个数据点，即可计算出其已实现收益率，也就是所谓的历史收益率。

- ▶ 持有期初价值。
- ▶ 持有期内取得的期中现金流，可能是正数，也可能是负数。
- ▶ 持有期末价值。

已实现收益率的计算可针对任何期间，也可以对应任何数量或频率的期中现金流。但是为方便起见，在图 5-1 中，我们还是以一年持有期内的已实现收益率的计算为例。

$$已实现收益率 = \frac{(期末价值 - 期初价值) + 期中现金流}{期初价值}$$

图 5-1　已实现收益率的计算

考虑到很容易取得每天的股价和股息支付数据，因此，公开股票市场为估值分析师计算已实现收益率提供了最便捷的数据点。长期的已实现收益率数据是市场参与者和估值分析师最感兴趣的。已实现收益率衡量的是某项资产在特定持有期内给投资者带来的回报。

但是在收益法下,已实现收益率并不会直接影响价值。

已实现收益率与必要收益率之间的关系

图 5-2 总结了已实现收益率和必要收益率之间的关系。

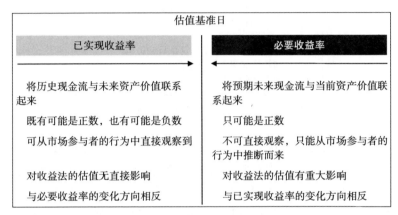

图 5-2 已实现收益率和必要收益率之间的关系

在本章后续部分讨论折现率的过程中,估值分析师必须将这些差异铭记在心。

▶ **与资产价值的关系**。已实现收益率体现的是历史现金流(期初价值和期中现金流)与未来资产价值(期末价值)之间的关系。相反,必要收益率则是把预期未来现金流(期中现金流和预计终值)转换为现值的工具。

▶ **结果的可能范围**。已实现收益率不存在限制范围。如果未来现金流未能达到预期,已实现收益率就有可能是负数。同样,当一笔投资创造的现金流超过最初预期时,那么给定持有期内的已实现收益率可能非常可观。然而,必要收益率是有限制范围的。由于它是预期未来现金流与现金流现值联系起来的纽带,必要收益率不能为负数。⊖正常情况下,理性投资者不会做预期未来现金流很低的投资。尽管不存在精确的量化标准,但市场原则和优质投资的稀缺性显然会给投资的预期收益率设定一个理论上限。

▶ **可观察性**。对于在流动市场上交易的资产,可以观察它们在任何持有期

⊖ 尽管历史上的确如此,但截至写作本书时,全球信贷市场的状态已开始挑战这种说法。这种趋势最终的可持续性还有待观察。

内的已实现收益率。对交易频率较低的资产，只能在交易日计算出精确的已实现收益率。相比之下，必要收益率是不能直接观察到的。如图5-3所示，必要收益率基本不透明。

$$价值_0 = \frac{CF_1}{(1+r)^1} + \frac{CF_2}{(1+r)^2} + \frac{CF_3}{(1+r)^3} + \cdots + \frac{CF_n}{(1+r)^n}$$

其中　$价值_0$ 是资产在估值基准日的价值；
　　　CF_n 是预期未来现金流；
　　　r 是必要收益率。

图 5-3　必要收益率

在图5-3中，只能直接观察到三个变量中的一个。换句话说，我们要面对一个包含三个变量的公式，其中有两个是未知变量。因此，两个未知变量都无法确定。我们可以同时指定两个能满足图5-3公式的变量（CF_n 和 r）。在本章的后续部分，我们将会看到，这对估值分析师应如何从概念角度考虑必要收益率有重要意义。

对估值的影响。 图5-3中并没有使用已实现收益率这一术语。相反，折现率是必要收益率。尽管已实现收益率更有说明意义，而且可为估算必要收益率提供有价值的背景信息，但它们并没有出现在公式中。

方向关系。 这是已实现收益率与必要收益率关系中最容易被忽视的。已实现收益率并不能直接替代必要收益率，实际上，两者之间呈现反向变化的关系。但这种关系未必是可以直接观察到的，因此，我们在表5-1中用一个实例来说明这种关系（简单起见，我们假定增长率始终为0%）。⊖

表 5-1　示例

时间点	0	1	2	3	4
历史日期	12月15日	12月16日	12月17日	12月18日	12月19日
预期现金流（美元）	500	500	500	500	528
必要收益率（%）	10.0	10.0	11.0	9.0	9.5
价值（美元）	5 000	5 000	4 545	5 556	5 556
已收到的期中现金流	500	500	500	500	500

⊖ 表5-1的计算过程可普遍用于任何上市企业；但对于非上市企业，只能采用年度数据进行计算。

（续）

时间点	0	1	2	3	4
年度资本增值（%）		0.0	−9.1	22.2	0.0
年收益率（%）		10.0	10.0	11.0	9.0
已实现年收益率（%）		10.0	0.9	33.2	9.0
累计已实现收益率（%）		10.0	5.4	13.9	12.7
必要收益率的变化（%）		0.0	1.0	−2.0	0.5
预期现金流的变化（美元）		0	0	0	28
已实现收益率与必要收益率的差异（%）		0.0	−10.1	24.2	−0.5

- 在第一个持有期内（从时间点 0 到时间点 1），预期现金流或必要收益率均未发生变化，且该期间的已实现收益率等于期初的必要收益率。
- 从时间点 1 到时间点 2，必要收益率从 10.0% 增加到 11.0%，这可能归结于美国国债利率的提高。于是，目标资产的价值从 5000 美元降至 4545 美元，几乎完全抵消了期中现金流，使得这一期间的实际收益率仅为 0.9%。
- 在第三个持有期内，由于市场对风险的理解发生了变化，必要收益率从 11.0% 下降至 9.0%，从而导致目标资产的价值增至 5556 美元，且该持有期的已实现年收益率提高到 33.2%。
- 在最后一个持有期内，尽管已实现年收益率 9.0% 与持有期开始时的必要收益率基本相符，但这完全是因为该期间必要收益率的增加恰好抵消了同期的预期现金流的增长。
- 表 5-1 的最后一行体现出必要收益率与已实现收益率在概念上的脱节。随着必要收益率增加，已实际收益率下降，反之亦然。

这个示例的重点体现在两个方面。首先，示例本身说明了已实现收益率既依赖于期初的必要收益率，还取决于必要收益率在持有期内的变化。当必要收益率增加时，已实现收益率将低于原来的水平。其次，这个示例还表明以累计已实现收益率为必要收益率提供"证据"的危险。在持有期内，已实现收益率为 12.7%，但持有期结束时的必要收益率为 9.5%。在长期内，已实现收益率会受到诸多因素的影响，而且这些因素可能与估值基准日的投资者预期无关。

小结

本节的目的并不是让人们对找到合理折现率彻底绝望，而是让读者为取得折现率掌握不可或缺的常识做出理性且明智的判断。可观察到的已实现收益率不同于不可观察的必要收益率只是定性结论，而不是可定量的结果。因此，没有任何数据能弥合两者之间的差距。估值分析师往往会对大量已实现收益率进行筛选，以期从中得出精确的必要收益率估值，但已实现收益率和必要收益率之间的非线性关系注定会让他们烦恼不已。相反，如果估值分析师认为，只需要观察市场价格即可解读必要收益率，他们就应该承认，在没有观察预期现金流的理想窗口的情况下（这样的窗口根本就不存在），必要收益率是不易被直接观察到的。

在本章中，我们并不否认两种方法对估计必要收益率的作用，但我们确实希望能提供一种可行的方法弥补这两种方法固有的局限性。我们认为，在收益法中，只要采用合理估算的折现率，就完全可以得到合理的估值结论。此外，我们还认为，盲目追求折现率的精确性必定会在理论和实践中陷入绝境。

WACC 的构成要素

精确估计折现率存在固有的局限性，识别和评估 WACC 各构成要素则无疑是一种可取的策略。在收益法中，WACC 是适用于企业现金流的折现率。

顾名思义，WACC 是目标企业债务和股权必要收益率的加权平均值，权重为每种资金来源在资本结构中占有的比例。

图 5-4 列示了 WACC 的各个构成要素。

$$WACC = (k_e \times w_e) + (k_d \times w_d)$$

$$k_e = R_f + (\beta + ERP) + SP + CSRP$$

$$k_d = PT\ k_d \times (1-T)$$

股权成本（k_e）
R_f：无风险利率
ERP：股权风险溢价
β：贝塔系数
SP：规模溢价
CSRP：企业特定风险溢价

债务成本（k_d）
PTk_d：税前债务成本
T：边际税率

资本结构
w_e：股权占总资本的百分比
w_d：债务占总资本的百分比

图 5-4 WACC 的构成要素

在本节的随后部分，我们将逐一简要介绍每个构成要素。

股权成本

股权成本规避了能否直接观察的难题。虽然估算股权收益率的具体模型在细节上可能略有不同，但大多数模型都会遵循相同的基本思路。由于企业财务的基本公理之一，就是收益与风险相关，所有股权收益模型的理论基础都是确定适用于目标企业的增量风险要素，并为每个要素匹配适当的风险溢价。通常，估值分析师会使用某些版本的资本资产定价模型（CAPM），将各个要素对应的折现率累积起来。但不管采用什么样的具体模型（比如调整后的CAPM、修正后的CAPM或累积法等），基本逻辑都是相同的，即收益与风险挂钩。⊖

无风险利率

对任何类型的累积分析而言，起点都应该是估值基准日当期的长期无风险利率。不管具体投资者的预期持有期如何，股权投资本身都应该有较长的期限（即无合同约定的到期日）。因此，在确定无风险利率时，大多数市场参与者和估值分析师倾向于以长期国债⊜收益率为基准利率。尽管人们先入为主地假定长期国债不存在信贷风险，但它显然并非真的没有风险，因为市场收益率的持续波动必然会导致特定持有期的实际收益率大幅变化。但到期收益率是持有美国国债到期并收到全部合同现金流时的收益率。

在始于2008年末的史上超低利率时期，部分估值分析师主张采用更高的"正常化"无风险利率。但我们认为，尽管这未必会对最终估值结论造成致命性破坏，但肯定是有误导性的。美国国债市场是世界上规模最大、流动性最强的市场，因此来自这个市场的定价数据应该值得信赖。

图5-5针对长期国债收益率与4.0%的基准利率进行了比较。⊝ 2008年，长

⊖ 美世投资可能是第一个公开倡导采用CAPM的变体进行私人企业估值的机构。参见"The Adjusted Capital Asset Pricing Model for Developing Capitalization Rates: An Extension of Previous 'Build-Up' Methodologies Based Upon the Capital Asset Pricing Model," *Business Valuation Review*, December 1989, Volume 8, pp. 147-156。在这篇文章发表之后，相关文献才开始大量出现。

⊜ 本书国债除特殊说明外，均指美国国债。——译者注

⊝ 多年来，全球顶级估值咨询服务机构、道衡咨询（Duff & Phelps）"建议"采用4.0%作为正常化的长期国债收益率。不过，这个推荐收益率在2016年底开始被下调至3.5%。参见Duff & Phelps Cost of Capital Navigator，网址https://dpcostofcapital.com/。

期国债收益率跌至 4.0% 以下，并在此后维持了 10 年之久。当长期国债收益率首次跌至似乎无法维持的低位时，人们期盼它恢复正常水平是完全可以理解的。⊖ 归根结底，估值分析师认为，这种形势反映了"大衰退"带来的暂时性市场畸变。然而，在经历了 10 多年的经济复苏之后，有一点似乎已经很清楚，即忽视长期国债收益率这样的市场证据，只会造成误导性结果。

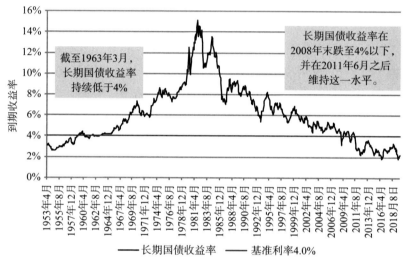

图 5-5　长期国债收益率（1953 年 4 月～2019 年 12 月）

注：除 1986 年 12 月至 1993 年 9 月为 10 年期国债收益率，其余均为 20 年期国债收益率。

股权风险溢价

股权风险溢价通常是指大盘股收益率超过美国国债某些收益率指标的部分。众所周知，大盘股投资给投资者带来的风险要大于投资长期国债的风险。然而，由此得到的股权风险溢价大小显然难以精确计算。至少自 20 世纪中叶以来，金融界的顶级学者就已经开始为量化股权风险溢价而不懈钻研。他们孜孜不倦的努力造就了大量文献，可以说，在这个问题的答案上，几乎不存在争议。但还是有一些估值分析师认为，他们可以对这个已延续数十年的学术话题做出实质性补充，甚至自以为是地声称，他们找到了"正确的"股权风险溢价。

⊖ 如图 5-5 所示，事实上，在 20 世纪 50 年代和 60 年代初的大部分时间里，"低"利率长期持续的现象已经存在。

那么，这是否应该让估值分析师放弃采用收益法？当然不是，但是在选择股权风险溢价时（或指责其他估值分析师或法院选择的股权风险溢价时），它确实让人们以谦卑的态度对待。

股权风险溢价是一个预期概念。投资者根据对股票未来现金流或收益的预期，在今天投资股票。因此，股权风险溢价在本质上是一个前瞻性概念。但问题在于，股权风险溢价本身并不存在可观察到的前瞻性迹象。

股权风险溢价的量化主要有两大类方法，每种方法都是有意义的，但均有各自的缺陷。

▶ **对已实现收益率分析法**：尽管这种方法的最大优势就是直观，但我们已经知道，资产的已实现收益率和预期收益率之间既没有逻辑关系，也不存在必然联系。估值分析师往往会心安理得地认为，只要投资期限足够长，市场的上涨和下跌就会相互抵消——根据大数定律的某种变体，实际收益率最终必将无限接近于必要收益率。除了结论有可能不完全正确之外，还有一个棘手问题，就是如何为衡量已实现收益率确定相应的历史时期。即使选取同样合理的历史时期，已实现收益率也会出现重大差异。在下一节中，我们将探讨历史收益率。

▶ **市场价格分析法**：这种方法通常被称为"供应侧"模型，越来越多的实务操作者开始接受这种方法，它的特点同样是直观。但正如我们在本章前文阐述的那样，本质上，市场价格分析法就是解答一个包含三个变量的公式，其中的两个变量为未知变量。尽管这种方法同样可以为我们带来有价值的洞见（我们将在下文做深入探讨），但不能为股权风险溢价提供准确无误的估值。

事已至此，估值分析师应该怎么做？一种方法就是了解其他估值分析师和市场参与者，看看他们在确定股权风险溢价时采用的计算方法到底具有什么属性。

已实现股权风险溢价——基于不同角度的计算

根据对历史时间段及股票和长期国债收益率采取的不同假设，计算得到的股权风险溢价自然会有所不同。在确定股权风险溢价时，大多数估值分析师会以大盘股收益率作为历史收益率。但是，应从这些数据中提取哪些长期国债收益率来计算股权风险溢价？两家知名的资本成本在线计算器供应商对此做出了不同假设。

- 道衡资本导航器（Duff & Phelps Capital Navigator）。该在线计算器以大盘股普通股收益率减去长期国债收益率的余额作为股权风险溢价。理由很简单：在国债的全部收益中，年利息收益是唯一真正无风险的部分，其他收益包括价格的升值或贬值及再投资的收益。考虑到长期国债收益率的后两个部分固有的风险性，道衡资本导航器仅依据年利息收益率估算股权风险溢价。
- BVR资本成本专业工具（BVR Cost of Capital Professional）。该在线计算器将大盘股普通股收益率扣除长期国债收益率的余额，作为股权风险溢价。

表5-2总结了这两家供应商针对相同历史时期提供的股权风险溢价潜在区间。表5-2中的全部数据均为算术平均收益率。当然，也可以采用几何平均收益率来计算潜在股权风险溢价的区间值。也就是说，"正确"的股权风险溢价绝不是单一的。

表5-2 历史股权风险溢价

算术平均收益率 （BVR资本成本专业工具）	基于基准年度至2018年数据得到的历史股权风险溢价					
	1928年	1969年	1979年	1989年	1999年	2009年
	91年	50年	40年	30年	20年	10年
10年期国债（%）	6.39	3.66	4.98	4.60	2.20	11.18
20年期国债（%）	5.80	2.71	3.69	2.81	0.20	9.72
达摩达兰历史股权风险溢价（%）	6.26	4.00	5.04	4.80	2.48	11.22
达摩达兰隐含股权风险溢价（%）	7.74	6.68	7.05	6.96	7.00	6.88
达摩达兰股权风险溢价可持续支出（%）	7.33	7.09	6.64	6.55	6.59	6.47
BVR20年期国债资本成本（%）	5.80	2.71	3.69	2.81	0.20	9.72
D&P长期国债算术平均资本成本（%）	6.91	4.66	6.37	6.30	3.05	10.60
差异（%）：BVR更低	−1.11	−1.95	−2.68	−3.49	−2.85	−0.88
达摩达兰历史股权风险溢价（%）	6.26	4.00	5.04	4.80	2.48	11.22
D&P长期国债算术平均资本成本（%）	6.91	4.66	6.37	6.30	3.05	10.60
差异（%）：达摩达兰较低	−0.65	−0.66	−1.33	−1.50	−0.57	0.62

注：上述全部历史股权风险溢价的计算均是在BVR资本成本专业工具在线平台上进行的。该服务始于1928年，因此，跨度最大的历史时期应为截至2018年的91年（道衡资本导航器的最大期间跨度为93年）。股权风险溢价是大盘股普通股收益率与相关长期国债收益率之差。

我们建议在现有数据点的范围内选择适当的股权风险溢价。这种方法失去的是表面上的分析严谨性，但收获的却是逻辑上的直观和简化。在我们看来，尽管确定"正确"股权风险溢价的努力是徒劳的，也不会削弱我们为估算 WACC 投入的精力，但足以强调估值分析师在各个环节运用常识、理性判断与合理性的必要性。

贝塔系数

给定证券的贝塔系数可以追根溯源到震撼金融理论体系的 CAPM。CAPM 的基本观点是投资者可以建立多样化投资组合，这意味着证券的总风险与该证券的必要收益率无关。理论上，在证券的全部风险中，只有一部分会影响证券价格，也就是所谓的系统风险。贝塔系数是一个考量证券系统风险的指标。贝塔系数这个概念有很强的直觉吸引力，而且在总体上符合市场参与者的结论，即不同风险特征的企业的必要收益率实际上应有所不同。贝塔系数是衡量特定股权风险溢价的比例因子。当贝塔系数小于 1.0 时，会按比例缩小适用于特定证券的股权风险溢价，当贝塔系数大于 1.0 时，则会按比例放大针对该证券的股权风险溢价，具体如表 5-3 所示。

表 5-3 贝塔系数对股权风险溢价的影响

假定的股权风险溢价	选定的贝塔系数和按贝塔系数调整后的股权风险溢价						
	0.8	0.9	1	1.1	1.2	1.3	1.4
4.5	3.6	4.1	4.5	5.0	5.4	5.9	6.3
5.0	4.0	4.5	5.0	5.5	6.0	6.5	7.0
5.5	4.4	5.0	5.5	6.1	6.6	7.2	7.7
6.0	4.8	5.4	6.0	6.6	7.2	7.8	8.4
6.5	5.2	5.9	6.5	7.2	7.8	8.5	9.1
7.0	5.6	6.3	7.0	7.7	8.4	9.1	9.8

对任何假定的股权风险溢价，贝塔系数的选择都很重要，因为它相当于直接被估值证券的隐含风险。

在实务中，大多数估算必要收益率的模型均包括贝塔系数。㊀由于非上市企

㊀ 一些估值分析师声称，被称为累积法的 CAPM 不应包含贝塔系数。他们说的没错，但我们只是假设贝塔系数等于 1.0，也就是说采用所有市场的贝塔系数。累积法中包含了所谓的"行业风险溢价（或折扣）"来源。实际上，这些行业风险溢价只是说明，被估值对象的贝塔系数大于 1.0，而折扣意味着贝塔系数小于 1.0。行业风险溢价是在参考一组上市企业基础上计算得到的。因此，在使用行业风险溢价时，估值分析师最好应知道哪些企业被纳入参照组，并与目标企业进行比较。

业的贝塔系数无法通过市场交易观察到，市场参与者和估值分析师通常会将从基准上市企业组中观察到贝塔系数作为目标企业的贝塔系数。现实中，贝塔系数的计算依赖于诸多假设，包括分析采用的时间段及具体的计算方法。比如，对于给定证券，根据前五年收益率计算得到的历史贝塔系数可能完全不同于按两年收益率得到的历史贝塔系数。从概念上讲，在这两个时间段中，不存在一个优于另一个的情况。如表 5-4 所示，我们对一些可能影响到市场参与者和估值分析师计算贝塔系数的假设进行了归集。

表 5-4 计算贝塔系数的假设

选定贝塔系数的指标	估算的时间段	观察频率	参照指数	去杠杆并重新加杠杆
"标准"贝塔系数				
	36 个月	每日	标普 500 指数	是
总和贝塔系数				
	60 个月	每周	纽约证交所综合指数	否
平滑贝塔系数				
	120 个月	每月	覆盖面更广的市场指数	
其他贝塔系数				

每个数据提供者都会有自己计算贝塔系数的方法。除了严格参考历史股价计算贝塔系数之外，有些数据提供者还会进行专门的调整，以反映他们认为更有价值的预期观点。还有一些数据提供者把隐含贝塔系数转换为行业风险溢价或折价。简而言之，在任何一个时点，对任何一家上市企业，都不存在毫无争议的贝塔系数，至于非上市企业，就更不存在一致性了。

贝塔系数对目标企业的资本结构非常敏感。很多模型可用来针对财务杠杆对贝塔系数进行调整。这些模型或许很有价值，但估值分析师还是要审慎对待这种模型有助于提高测算精确度的说法。⊖

历史贝塔系数显然不是定义预期贝塔系数的基础，但无论采用何种计算方法，历史贝塔系数都会为估计预期贝塔系数提供有价值的参考，而预期贝塔系数是 CAPM 最基本的输入变量之一。与股权风险溢价一样，对贝塔系数而言，同

⊖ 在诉诸法律裁定的诸多估值分歧中，我们已不止一次看到因"正确"贝塔系数而引发的"专家之战"。在针锋相对的纷争中，一方甚至双方乃至法庭本身都会经常在最基本的问题上失败——根据市场证据对最终股权折现率或 WACC 的合理性做出评价。

样不存在精确度的概念，因此，估值分析师应尽可能地保证其总体合理性及与目标企业风险的一致性。这就需要估值分析师有义务按估值约定做出最佳判断。

规模溢价

尽管 CAPM 有着令人耀眼的光环，也不乏理论上的严谨，但长期以来，学者和估值行业从业者发现，市场参与者似乎始终更愿意把风险溢价分配给规模较小的企业。这种做法显然不能充分体现这些企业的系统风险（即贝塔系数）。因此，大多数学者和几乎所有估值分析师都会按目标企业的规模，对它们的估值附加额外的规模溢价。试图精确量化规模溢价的学者或估值行业从业者大有人在，但是和股权风险溢价一样，他们同样在概念和操作上面临相同的障碍。在这种情况下，我们同样建议，以对待股权风险溢价的方式处理规模溢价，即在可观察数据范围内选择适当的规模溢价，并充分认识到，必要收益率估计值的精确度最终取决于所有要素的总体合理性，而不是某个特定要素的精确度。

如表 5-5 所示，可观察到的历史规模溢价取决于衡量采用的假设计算周期及假设排序指标。表 5-5 显示了最小规模企业（投资组合的规模排名最高）在 1981～2018 年和 1990～2018 年这两个时间段的规模溢价，这两个使用道衡资本导航器得到的规模溢价都可能是合理的。除按股票市场价值得到的规模溢价之外，表 5-5 中还显示了以平均总资产、净利润 5 年期平均 EBITDA 为基础的规模溢价。沿纵向看，随着投资组合规模的增加，或者基础企业规模的降低，计算得到的规模溢价几乎同步增加，但是从两个不同的时间段来看，后一个的规模溢价平均高于前一个约 0.8%。两者之间的差异很明显，这就出现了一个问题：即这两个时间段中，哪一个更可取。

表 5-5 中的计算结果印证了前面的结论：应在深刻认识追求精确度不可行的前提下，在合理的数据点范围内适当选择规模溢价。

表 5-5 规模溢价

投资组合按规模排序	股票市场价值（百万美元）	规模溢价（%）		投资组合按规模排序	平均总资产（百万美元）	规模溢价（%）	
		1981~2018年	1990~2018年			1981~2018年	1990~2018年
21	1 243	1.9	2.3	21	1 060	2.8	3.7
22	981	3.1	4.4	22	809	2.3	2.8

（续）

投资组合按规模排序	股票市场价值（百万美元）	规模溢价（%）		投资组合按规模排序	平均总资产（百万美元）	规模溢价（%）	
		1981~2018年	1990~2018年			1981~2018年	1990~2018年
23	754	1.5	2.1	23	608	2.9	3.7
24	512	4.7	5.3	24	418	4.0	4.3
25	157	7.1	8.1	25	156	5.3	6.7

投资组合按规模排序	净利润（百万美元）	规模溢价（%）		投资组合按规模排序	5年期平均EBITDA（百万美元）	规模溢价（%）	
		1981~2018年	1990~2018年			1981~2018年	1990~2018年
21	41	3.1	2.6	21	126	3.2	3.9
22	32	2.2	2.9	22	98	3.6	3.9
23	24	3.3	4.1	23	76	4.0	4.7
24	16	3.4	4.7	24	52	2.9	3.8
25	6	5.6	7.0	25	17	4.9	6.3

资料来源：道衡咨询。

企业特定风险溢价

估值分析师通常得出的结论是：对很多目标企业而言，按规模调整后的股权收益率会低估小规模私人企业定价中的隐含收益率。因此，为推导出非上市企业估值中的股权成本，一种常见的做法就是再加入一个累加要素——企业特定风险溢价。㊀对于隐含在可观察市场交易中的企业特定风险溢价，尽管找不到能验证其大小的可观察市场证据，但经验丰富的估值分析师早已发现，这种溢价确实能帮助他们得到更接近非上市企业交易中的市场行为。

尽管这个概念存在已久，但企业特定风险溢价依旧会在估值分析师中引发两种基本反应。

▶ 股权收益率估计过程掺杂的非理性判断，或许会让经验主义者望而却步。
   一些观察者认为，针对目标企业存在一系列的预期现金流，因而无须考

㊀ 企业特定风险溢价是一个古老的话题。比如，美世咨询在1989年发表的文章就是一个例子："The Adjusted Capital Asset Pricing Model for Developing Capitalization Rates: An Extension of Previous 'Build-Up' Methodologies Based Upon the Capital Asset Pricing Model" *Business Valuation Review*, December 1989。

虑企业特定风险溢价，当然这种观点未必错误。从这个角度来说，考虑企业特定风险溢价，只不过是承认预计的现金流被高估了。这是一种合乎逻辑且在本质上相互一致的立场，而且在估值领域正在获得越来越多的支持者，尤其是在大型会计企业中。

▶ 实用主义者把企业特定风险溢价看作一个机会，让构成折现率的其他要素与他们认为可观察的市场行为相互匹配。这些估值分析师认为，为目标企业找到"正确"的预期现金流最终只是徒劳，并把企业特定风险溢价视为估值分析师利用数十年专业判断经验的起点。当然，正如我们已经阐明的那样，在预期现金流和折现率方面，市场参与者在现实中的表现或许不及我们期待的那么透明。这有可能会破坏我们模仿市场参与者行为的说法。㊀

但我们并不认同经验主义者的观点，即企业特定风险溢价很容易消除。与中小规模私人企业合作的经验告诉我们，市场参与者实际预期的收益率要超过按CAPM得到的规模调整收益率。与此同时，我们越来越倾向于经验主义者的立场，并接受市场参与者行为诱因多样化的观点。简而言之，尽管我们仍会在适当情况下继续使用企业特定风险溢价，但这样做只是为了模拟市场参与者的行为，而不是采用毫无依据的高折现率来"修复"过度乐观的现金流预测。㊁

债务成本

与股权成本相比，目标企业的债务成本更直观，也更容易观察。尽管依旧无法提炼出精确的量化结论，但债务税前成本的合理范围往往比股权成本更狭窄。

债务税前成本

在实务中，我们确定债务成本的具体方法在很大程度上取决于目标企业借款

㊀ 在多年的公开演说中，美世投资始终认为，在确定折现率时，估值分析师和市场参与者必须在他们的"心理后视镜"中兼顾私人企业和上市企业的实际市场。如果设计合理，最终得到的折现率应该是把收益法和市场法联系起来的纽带。尽管折现率被用于收益法，但它来自市场。

㊁ 在实务中，这可能会造成令人棘手的困惑。如果管理层坚持认为他们的预测合理，那么即使估值分析师心有疑虑，也无济于事。对寻求合理估值结论的估值分析师来说，最便捷顺畅的途径或许就是以补偿性的企业特定风险溢价代表预期风险。尽管这在理论上远非理想，但它却是估值分析师得到合理估值结论的现实途径。

成本数据的可获得性。

- 如果目标企业拥有大量负债，那么在估计债务税前成本时，一个必须审核的数据点就是近期的实际平均债务成本。
- 如果目标企业最近发行过长期固定利率债券，那么该债券的票面利率很可能为相关的债务税前成本提供恰当的近似值。
- 如果目标企业最近发行过浮动利率债务，那么我们通常采用利差（相当于票面利率中浮动利率部分的固定溢价）表示目标企业的信用风险。为了把当前浮动票面利率转换为与长期固定利率等价的成本，我们需要将浮动利率部分替换为长期掉期利率。
- 当利率水平较低时，有些企业可能会主动增加短期债务以降低当前的总借款成本。但估值分析师和市场参与者不应忽视这种策略固有的再融资风险。要关注长期债务成本，因为该成本可能高于企业短期借款的当前票面利率。
- 如果目标企业没有债务，或最近未发行过任何债券，那么我们可以采用同评级企业的债务税前成本。为此，我们必须对目标企业的信用评级做出假设。尽管这需要判断，但考虑到在估算WACC时需要进行的其他判断，这显然算不上难以逾越的障碍。

在估算债务税前成本时，估值分析师必须认识到，目标企业的债务成本不可能是静态的，相反，它会随着财务杠杆的变化而变化。比如，当企业的债务达到总资本的50%时，其债务税前成本通常会高于债务比例仅为总资本20%的企业。归根结底，不管引用的具体数据点是什么，从市场参与者角度看，假定的债务税前成本只依赖于目标企业的风险特征和假设的资本结构。

边际税率

不同于股权持有者的收益来源——股息和资本增值，支付给贷款人的利息是可以在税前抵扣的。因此，用于计算WACC的债务成本应为税后成本。考虑到利息扣除会减少边际应税收入，合理的税率应为（联邦和州）相应的边际税率。这个税率未必等于企业的有效税率或平均税率。

以前从事过估值工作的估值分析师应该有理由相信，他们采用的边际税率适合当时的估值项目。比如，2017年《减税和就业法案》将边际联邦税率从35%降低到21%。尽管针对这个话题的讨论超出本书范围，但估值分析师必须意识到，在联邦税率改变时，目标企业的预期现金流也会发生变化。虽然这一点似乎是显而易见的，但对于给定税前收益（现金流）的企业而言，它在低税率时的价值要高于高税率下的价值。因为低税率会增加流向企业的净现金流。

债务税后成本

债务税后成本等于债务税前成本乘以1扣除边际税率后的差额。然后，再把债务税后成本与股权成本相结合，即可得到WACC。

资本结构

在估计WACC时，最后一个需要考虑的构成要素就是目标企业的资本结构。按照计算WACC的要求，资本结构是按债务和股权的市场价值衡量的，不依赖于它们的账面价值。实际上，人们通常假定，债务的账面价值近似等于其市场价值。确定资本结构通常借助于如下两种基本方法。

- ▶ 迭代法。第一种方法就是尽可能匹配目标企业的现有资本结构。尽管这听起来很简单，但是在实际操作中，却会因为计算的迭代性变得异常复杂。因为资本结构会影响WACC，进而影响股权的市场价值，所以，对目标企业现有资本结构的计算本质上是循环迭代性的。这种循环迭代性唯有通过反复试验才能解决。在试验中，估值分析师会选择某一种资本结构，并将得到的企业价值与未偿债务的实际余额进行比较。这种方法的客观性确实会吸引很多人，但正如我们在计算股权折现率时讨论的那样，这种方法本应规避的主观性并未被真正消除。实际上，主观性只是被转移到估值分析的其他环节。
- ▶ 目标资本结构法。第二种方法的内涵就是为目标企业选择理想的目标资本结构，而不考虑企业在估值基准日的实际资本结构。选择目标资本结构的标准通常是基准上市企业、非上市企业交易数据或其他基准指标。采用这种方法时，估值分析师必须考虑，如果目标资本结构与目标企业的实际资本结构存在重大差异，是否需要对目标企业的实际债务成本进行调整，从而为债务成本提供适当的基准，然后将目标资本结构与目标企业的实际资本结构进行比较，在此基础上，对估值输入变量和结论的合理性做出评估。

我们倾向于第二种方法，这也是我们和其他市场参与者在实务操作中最经常使用的一种方法。我们将在本章的下一个部分中探讨其背后的原因。

小结

在本节中，我们回顾了 WACC 的构成要素，强调了专业判断和表面精确度在本质上的虚假安慰作用。如表 5-6 所示，我们可以看到各构成要素的累积效应，也就是说，每个构成要素的微小变化都会影响到最终得到的 WACC。

表 5-6 各构成要素的累积效应

	A	B	绝对差异
股权成本			
无风险利率（%）	2.50	2.50	0.00
股权风险溢价（%）	5.50	6.00	−0.50
贝塔系数	0.90	0.95	0.05
按贝塔系数调整后的股权风险溢价（%）	4.95	5.70	
规模溢价（%）	3.00	3.50	−0.50
企业特定风险溢价（%）	1.00	2.00	−1.00
股权成本（%）	11.45	13.70	
债务成本			
债务税前成本（%）	4.00	4.50	−0.50
边际税率（%）	25	25	
债务成本（%）	3.00	3.38	
资本结构			
股权资本（%）	75	80	−5.00
债务资本（%）	25	20	5.00
WACC（%）	9.34	11.64	
减：长期增长率（%）	−3.00	−3.00	0.00
无债务的资本化率（%）	6.34	8.64	
无债务估值倍数（1 / 资本化率）	15.8	11.6	36.3%（相对差异）

在个别构成要素层面上，没有任何一种说法能让某个估值分析师证明自己的假设是"正确的"，对方的假设是"错误的"。两位估值分析师估计的 WACC 可能相去甚远（比如，A 得到的结论为 9.34%，B 得到的结论是 11.34%）。在我们看来，这恰恰证明，不可能基于特定 WACC 构成要素的高精确度找到估值的"真理"。

如果我们假设，所有估值分析师都认为长期增长率为 3.0%，那么 A 的现金流估值倍数将是 15.8，而 B 的现金流估值倍数为 11.6。两者相差 36%。如果他们只说明 WACC 个别构成要素的合理性，那么任何一个结论的合理性都无法得到证实。尽管每个构成要素都可能处于合理的判断区间内，但这些假设的诸多细微差异累积起来，有可能对最终估值结论产生深远影响。在这种情况下，最终检验合理性应该是与现有相关市场证据进行比较。

在本章的最后一节中，在我们讨论如何评价折现率整体合理性时，还会再次谈及这个难题。

市场参与者和 WACC

贯穿本章的核心之一就是 WACC。我们之所以把 WACC 置于超越股权成本的地位上，是因为现实生活中的市场参与者更强调私人企业的企业价值，而不是股权价值。作为估值分析师，我们需要尽力模拟市场参与者的行为。但是，市场参与者为什么更偏爱 WACC？在本节中，我们将阐述这背后的两个主要原因：①非上市企业的交易结构；②资本成本与资本结构之间的动态关系。

非上市企业的交易结构

在大多数非上市企业的并购交易中，投资者购买的是企业净资产，而不是股权（即普通股）。尽管这在资产交易中显然是正确的，但是从功能上看，股票交易也如此。大多数股票收购协议以企业价值标明目标股份的收购价格，并在交易日对未偿还债务（通常扣除现金）进行调整。

为说明这一点，不妨看看图 5-6 中两家非上市企业的资本结构。

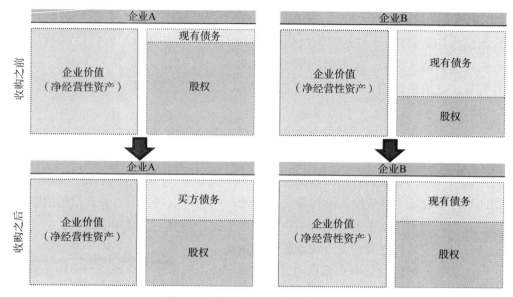

图 5-6　两家非上市企业的资本结构

图 5-6 上半部分为目标企业被收购之前的资本结构，可见企业 A 和企业 B 的资本结构完全不同。企业 A 的债务很少，企业 B 则采用了大量的债务融资。但是，正在考虑收购两家企业的市场参与者计划以自己设计的资本结构替换目标企业现有的资本结构。图 5-6 的下半部分为目标企业被收购之后的资本结构。交易完成之后，企业 A 和企业 B 的资本结构是相同的（假设买方为同一家企业）。于是，市场参与者将注意力集中到企业净运营资产的价值（企业价值）上，而不再关心现有资本结构。现有资本结构会直接影响现有股东取得的净收益，但是从市场参与者角度来看，并不影响企业价值。在现实世界中，市场参与者的这种行为就是我们得出结论最好的证据：在估算 WACC 时，以迭代过程匹配现有资本结构通常没有必要。

资本成本与资本结构之间的动态关系

债务成本和股权资本均依赖它们在资本结构中的相对比例。随着杠杆率的增加，债务和股权的成本都会增加。对任何既定的资本结构，股权成本始终高于债务成本。但是，由于两种融资来源的成本都会因为杠杆的增加而提高，成本增加最终会吞噬资本结构中增加（相对）低成本债务带来的收益。

换句话说，资本结构假设并不完全独立于股权成本假设和债务成本假设。由于股权成本和债务成本都会随杠杆率的增加而提高，估值分析师不可能以相同的成本巧妙运用决然不同的资本结构假设。如果股权成本在股权占总资本 80% 时为 14%，那么当股权占总资本的比例为 50% 时，股权成本就会超过 14%。⊖

图 5-7 显示了这种动态关系。

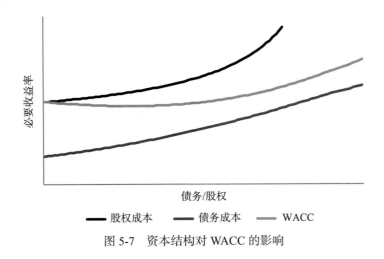

图 5-7　资本结构对 WACC 的影响

图 5-7 中的曲线表明，尽管对资本结构进行调整确实会对 WACC 产生影响，但是在大部分区段内，资本结构对 WACC（位于中间的曲线）的影响并不敏感。当然，这种说法假设在计算过程中，估值分析师已按杠杆率的增加对债务成本（最下方曲线）和股权成本（最上方曲线）进行了适当调整。我们认为，对估值分析师而言，资本结构与债务成本和股权成本之间的动态关系实际上是个好消息，因为这种相互作用最终带来的是相对稳定的 WACC。

图 5-7 中的动态关系并不等于市场参与者可以对资本结构无动于衷。投资者肯定高度关注支持收购的融资，但是交易实际采用的融资组合基本只影响股权成本（最上方曲线），对 WACC 的影响较小（中间曲线）。这进一步证实了图 5-6 的分析结论：市场参与者关注的是企业价值（使用 WACC），基本无须考虑目标企业被收购前的资本结构。

⊖　假设贷款人对风险进行了合理定价。

小结

在现实世界中，考虑收购私人企业的市场参与者关注的是企业价值，而不是现有股权的价值。因此，WACC才是市场参与者关注的折现率。

如图5-8所示，市场参与者把资本结构视为一种分担风险、提高股票收益率的工具，而WACC最终反映的是整个企业的经营风险，这才是市场参与者关注的重点。

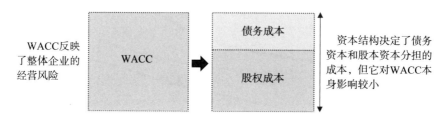

图5-8　WACC与资本结构之间的关系

价值层级与WACC

综合理论从预期现金流（包括预期增长率）和风险（体现为折现率）的差异出发，解释了各价值层级估值结论的差异。撇开本书第三部分讨论的非流动性少数股权价值，实际上，企业价值视角适用于流动性少数股权价值、财务性控制权价值和战略性控制权价值。当解释基于综合理论的理论算法过程时，我们已经考虑到这样一种可能性：对既定企业而言，它在各价值层级上的WACC会有所不同。在本节中，我们将探讨市场参与者针对各价值层级可能采用的不同WACC。

流动性少数股权价值

流动性少数股权价值是定义其他价值层级的出发点和基础。正如本章各节所述，在研究已实现收益率时，最丰富的现有数据就是来自公开股票市场的数据。实际上，这些数据直接针对流动性少数股权价值层级。即便是不依赖已实现收益率的供应方模型，也要使用来自上市企业的定价数据及估值分析师的现金流预期。

在把流动性少数股权定义为其他各价值层级的合理估值基础之后，我们就可以继续研究，在财务性控制权和战略性控制权层级的估值中，市场参与者需要考虑是否对适用于流动性少数股权价值层级的 WACC 进行调整，或者在多大程度上进行调整。

财务性控制权价值层级

在第 4 章中，我们总结了财务投资者提高收益率的三种基本策略。

- ▶ 加大杠杆率或使用其他金融工具。
- ▶ 提高运营效率或完善目标企业经营战略。
- ▶ 让目标企业对有收购意愿的战略投资者更有吸引力。

我们在第 4 章中已经详细讨论了第二种策略。依赖第三种策略的财务投资者实际上就是战略投资者。在这里，我们将着重讨论第一种策略的含义。

现有的交易数据表明，在中小规模企业交易市场中，私募股权投资者在收购中采用的债务融资总量通常会达到总收购价格的 50% 甚至更多。相比之下，对大多数行业的上市企业而言，债务在按市值加权的资本结构中的比重很少会超过 30%。表面上看，这种差异可能意味着债务成本比股权成本更低，因此，对财务投资者来说，目标企业的 WACC 应低于流动性少数股权价值层级对应的 WACC。

但是，正如我们在图 5-7 中看到的那样，由于债务成本和股权成本与资本结构之间的动态关系，随着资本结构的变化，资本成本反而会呈现出相对稳定的趋势。在我们看来，这恰恰表明，财务投资者采用较高的杠杆，并不会导致适用于财务性控制权价值层级的 WACC 大幅降低。实际上，财务投资者加大杠杆使用力度并不是为了降低 WACC，而是一种借助承担更大财务风险增加预期收益率的策略。从私募股权投资者的角度看，风险分担和收益分享比例在出资者之间的转变是可取的，而且不会使 WACC 大幅降低。

战略性控制权价值层级

与财务投资者相反，战略投资者希望通过目标企业与其现有业务的整合创造可观的现金流收益。我们已经在第 4 章中探讨过这种调整的本质。在本章中，摆在我们面前的问题是，与财务投资者（或公开市场投资者）相比，战略投资者是否应对预期目标现金流采用不同于财务投资者的 WACC。

在战略性控制权层级上，有关 WACC 的讨论最终引导我们重新提及规模溢价。基于公开市场的长期收益率及我们对私人企业市场的经验，对于身处现实世界中的市场参与者，规模溢价似乎已成为他们行为中的一部分。

考虑到战略投资者的规模通常大于目标企业，因此，在其他条件保持相同的情况下，战略投资者自身的 WACC 可能低于目标企业。表 5-7 对战略投资者与目标企业的未来预期现金流进行了总结。

表 5-7　战略投资者与目标企业的未来预期现金流

	第一年	第二年	第三年	第四年	第五年	永续
折现期	1.0	2.0	3.0	4.0	5.0	5.0
战略投资者				长期增长率（%）		2.5
预期现金流（美元）	1 000	1 150	1 250	1 300	1 325	20 894
现值折现系数　　9%	0.917 4	0.841 7	0.772 2	0.708 4	0.649 9	0.649 9
现金流的现值（美元）	917	968	965	921	861	13 580
估算价值（美元）	18 213					
目标企业				长期增长率（%）		2.5
预期现金流（美元）	100	120	140	155	165	1 990
现值折现系数　11.0%	0.900 9	0.811 6	0.731 2	0.658 7	0.593 5	0.593 5
现金流的现值（美元）	90	97	102	102	98	1 181
估算价值（美元）	1 671					
总估算价值（美元）	19 883					

由于规模较大，适用于战略投资者的 WACC 为 9.0%，适用于目标企业的 WACC 则是 11.0%。在暂不考虑存在战略性现金流利益可能性的情况下，我们在表 5-8 中给出目标企业被并购后的价值，其中 WACC 采用战略投资者的 9.0%。

表 5-8　合并后现金流和价值增值

	第一年	第二年	第三年	第四年	第五年	期末
折现期	1.0	2.0	3.0	4.0	5.0	5.0
合并后现金流				长期增长率（%）		2.5
战略投资者（美元）	1 000	1 150	1 250	1 300	1 325	20 894
目标企业（美元）	100	120	140	155	165	1 990
战略收益	0	0	0	0	0	0
现金流合计（美元）	1 100	1 270	1 390	1 455	1 490	23 496

(续)

		第一年	第二年	第三年	第四年	第五年	期末
现值折现系数	9.0%	0.917 4	0.841 7	0.772 2	0.708 4	0.649 9	0.649 9
现金流的现值（美元）		1 009	1 069	1 073	1 031	968	15 271
估算价值（美元）		20 421					
减：总估算价值（美元）		–19 883（来自表5-7）					
价值增值（美元）		538					

由于合并后现金流按战略投资者较低的WACC进行折现，合并主体价值比合并前的总估算价值高出538美元（即目标企业估算价值产生的溢价为32%）。这代表交易创造的价值增值，是战略投资者可能支付的价格上限，但战略投资者真的应该支付这个价格吗？与我们在第4章中针对潜在战略性现金流收益的讨论相一致，价值增值的分配比例应反映战略投资者和目标企业的贡献，如图5-9所示。

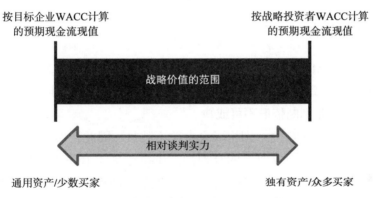

图5-9 战略投资者和目标企业的贡献

价值增值的最终分配比例取决于买卖双方的谈判实力对比。战略投资者的WACC低于目标企业的WACC这一事实并不能说明，战略性控制权价值层级的价值是按较低WACC计算的。但是，如果估值分析师需要衡量战略性控制权价值层级的企业价值，或对市场战略性控制权的实际交易数据做出解释，就有必要考虑这样的可能性。

在本节中，我们的讨论旨在描述市场参与者在战略交易中的行为。因此，估值分析师需要牢记的是，公允市场价值通常不以战略性控制权价值层级为基础。

小结

综合理论认为，各价值层级间的差异至少可在一定程度上归结于风险差异，并体现为不同的折现率。我们把针对非流动性少数股权折现率的讨论推迟到本书第三部分。在本节中，我们回顾了 WACC 在流动性少数股权、财务性控制权和战略性控制权价值层级上的潜在差异。

- ▶ WACC 适用于流动性少数股权价值层级的企业现金流。
- ▶ 在财务性控制权价值层级，我们几乎没有任何理由假设市场参与者采用的 WACC 明显不同于目标企业的（流动性少数股权）WACC。
- ▶ 在战略性控制权价值层级，在对目标企业估值时，战略投资者可能更有动力采用本身可能更低的 WACC。在合并创造的全部价值增值中，战略投资者分配给目标企业的部分取决于双方的相对谈判实力；分配比例也最终表明，战略投资者通过交易取得的收益率是否超过本身的 WACC。

整体合理性评估

贯穿本章，我们始终强调的目标就是确定合理精确的 WACC，而不是因盲目追求精确度而引致误导。由于在市场交易中无法直接观察到必要收益率，在估算 WACC 时，专业判断依旧不可或缺。

考虑到影响 WACC 的个别构成要素数不胜数，因此，市场参与者和估值分析师不仅要评价个别构成要素的合理性，还要在总体上评估 WACC 的合理性。即便站在供给方的角度，也无法摆脱专业判断的必要性，毕竟，计算需要的预期现金流是无法直接观察的。

但估值分析师会如何评价 WACC 的总体合理性？我们建议，估值分析师应参考相关交易的现有市场数据，对 WACC 的整体合理性做出评估。

- ▶ 在流动性少数股权价值层级，对应 WACC 的隐含估值倍数与公开市场可比倍数相比如何？在规模、盈利性和经营风险差异既定的情况下，估值倍数是否"匹配"可观察到的基准上市企业估值倍数？
- ▶ 估值分析师可以为一家非上市目标企业确定 WACC。采用相同的构建方法，也可以基于基准上市企业的 WACC 确定它。然后，将非上市目标企业的 WACC 与基准上市企业的 WACC 进行直接比较，从而以其他角度对合理性进行验证。
- ▶ 在财务性控制权价值层级，估值结论与私募股权市场的现有数据相比如何？对隐含估值倍数的明显变化是否有清晰的解释？对于来自私人市场的收购标的，估值分析师必须解决的一个难题，就是缺乏可靠的基础财务指标。
- ▶ 在战略性控制权价值层级，与流动性少数股权价值层级对应的隐含溢价与战略交易中出现的溢价相比如何？隐含估值倍数与战略交易中的估值倍数相比又如何？按照备考预测数据（包括战略收益），相对价值指标与现有基准上市企业数据比较如何？按照目标企业和潜在战略投资者的各种特征，对潜在战略性现金流及 WACC 收益的分配是否合理？

基于上述罗列事项所言，收益法和市场法并不是孤立的。相反，经验丰富的估值分析师完全可以使用两种方法完善所依据的假设。如果完全撤弃现有市场数据，任何人都不可能仅凭借收益法分析便得到可靠的估值。只有基于长期的经验和专业性的判断，才能对现有市场数据进行合理的比较。在第 6 章中，我们的重点将转移到市场法上，解析综合理论与基准上市企业法的交集。

| 第 6 章 |

基于基准上市企业的市场法

本章简介

在本书的第一部分中,我们按收益法的逻辑诠释了综合理论的基本要素:现金流、风险和增长率。第 4 章和第 5 章直接讨论了收益法的内涵,探讨综合理论如何帮助估值分析师预测现金流,并对折现率做出合理估计。在本章中,我们将把研究的焦点转移至市场法,考虑估值分析师如何将综合理论的观点纳入基准上市企业法的实践应用中。

▶ 我们将在本章中着重解决如下问题:
▶ 市场法和收益法之间是相互联系的吗?
▶ 可观察估值倍数有什么含义?
▶ 应如何调整可观察估值倍数,从而解决基准上市企业与目标企业之间的根本差异?
▶ 应如何在不同价值层级上利用基准上市企业估值倍数?
▶ 估值分析师应对选择的基准上市企业估值倍数的合理性进行评估吗?

市场法和收益法之间的相互关系

考虑到我们描述综合理论的理论公式对应收益法下的单期资本化法,因此,人们提出这样的问题不无道理:综合理论是否也适用于市场法?我们在本章的目标就是要证明——事实的确如此,而验证这个命题最好的思路,就是考虑这两种估值方法之间存在怎样的关系(如果这种关系确实存在的话)。

尽管区分收益法和市场法这两种估值方法并不困难,但需要提醒的是,千万不能夸大两者之间的差异。因为无论是哪一种方法,估值分析师都要尽可能地描述,针对标的资产的交易在估值基准日是如何按公平原则进行的。

▶ 在使用收益法下的估值方法确定价值指标时,估值分析师的主要任务是:①预测目标企业的未来现金流;②通过适当的折现率把这些未来现金流折算为现值。

▶ 在使用市场法下的估值方法时,估值分析师需要对目标企业和拥有同期可观察(合理)交易数据的另一家(或多家)企业进行适当的比较。这个适当类比的过程主要包括两个部分:①识别有类似业务活动或其他相关属性的企业;②对观察到的数据进行适当调整,使之"匹配"目标企业。从表面上看,两种方法的基本理论基础似乎是完全相互独立的。但如果考虑两种方法具体构成要素之间的关系,就会发现两者之间的有机内在联系变得愈加清晰。图 6-1 显示了收益法和市场法之间的关系。

收益法

预期财务业绩:
短期业绩,通过正常化处理转换为上市企业的等价水平

预期增长率:
根据目标企业的战略、资源、历史业绩、行业状况和经济整体形势进行估计

折现率:
基于对目标企业的分析,市场中其他可替代投资的相对风险和现有收益率

市场法

预期财务业绩:
短期业绩,通过正常化处理转换为上市企业的等价水平

可观察估值倍数:
反映市场参与者对如下两个指标取得的共识:目标企业的预期增长率;根据目标企业与市场上其他替代投资风险对比而得到的折现率

图 6-1　收益法和市场法之间的关系

估值分析师必须根据收益法和市场法对目标企业的正常化现金流进行估算。按照收益法，估值分析师需要评估目标企业的增长前景（体现为未来现金流）和风险（体现为折现率），从而把其转换为估值指标。按照市场法，估值分析师利用估值倍数把正常化现金流转换为估值指标。这些估值倍数代表市场参与者对目标企业增长前景和适用折现率的共识。

考虑到收益法和市场法在本质上的相通性，我们自然不难发现，综合理论的核心概念同样也适用于市场法下的估值方法。在本章后续部分中，我们将具体讨论如何把综合理论用于基准上市企业法。我们将在第 7 章探讨把综合理论用于基准交易法这个话题。

上市企业估值倍数的含义是什么

要将综合理论用于基准上市企业法，我们首先需要说明来自公开市场的可观察估值倍数是什么意思。[一]估值倍数的常见表述方式，就是企业价值与某个企业相关数据点的比率。如图 6-2 所示，在计算估值倍数的公式中，企业价值通常是分子。

对于上市企业，股票的市值每天均可随时取得，将每股价格乘以发行在外的股票数量即可。因此，我们首先使用上市企业的价值计算估值倍数，然后再把这个估值倍数用于基准上市企业法中，推导目标企业的价值。

$$估值倍数 = \frac{企业价值}{数据点（业绩指标）}$$

图 6-2 估值倍数的构成

在计算估值倍数时，很多数据点或业绩指标都可以作为公式中的分母，包括利润表中的收入总额、毛利润、EBITDA、EBIT、税前利润及净利润等财务指标。此外，也可以使用数量指标计算估值倍数，这些指标通常是产品单位或成交量等。

表 6-1 是一家上市企业 P 的估值倍数。假设 P 已对外发行 200 万股股票，最新的普通股价格为每股 25 美元，那么，这家企业股票的市值为 5000 万美元。考虑到企业最新资产负债表上的 2500 万美元净债务，我们可以得到企业价值为 7500 万美元。然后，我们再针对历史 12 个月的历史业绩（历史倍数）和未来 12

[一] 参见 "SBVS-1 Guideline Public Company Method," ASA Business Valuation Standards, American Society of Appraisers, 2009。SBVS 是《企业价值评估准则》的缩写。其中，《SBVS-1》对基准上市企业法进行了概括性介绍。

个月的预期业绩（预期倍数）计算相应的估值倍数。在本章后续部分中，我们将利用这些估值倍数介绍基准上市企业法中的市场法。

资本结构对估值倍数的影响

在表 6-1 中，需要关注的是必须确保分子和分母的合理性。对表中水平中线以上的业绩指标来说，最合理的分子是企业价值。换句话说，企业价值对收入的倍数是最合理的估值倍数，股权价值对收入的倍数没有任何意义，因此也没有必要计算。

- 对于不受企业资本结构影响的业绩指标，应采用企业价值作为分子进行计算。企业收入与其融资方式毫无关联。
- 相比之下，某些业绩指标则是企业资本结构的函数。比如说，税前利润受利息费用的影响，而利息费用取决于未偿债务的总额。在其他条件相同的情况下，如果一家企业的资本结构中负债比例较高，该企业就需要面对较高的利息费用和较低的税前利润。因此，股票的市值适合作为计算税前利润和净利润估值倍数的分子。

表 6-1　上市企业 P 的估值倍数

		分子 （美元）	历史 12 个月		未来 12 个月	
			指标 （美元）	估值 倍数	指标 （美元）	估值 倍数
企业价值	有形活动指标（箱、加仑或桶等）	75 000	40 000	1.88	44 500	1.69
	收入总额	75 000	125 000	0.60	145 000	0.52
	减：销售商品成本		−100 000		−115 000	
	毛利润	75 000	25 000	3.0	30 000	2.5
	减：运营费用现金支出		−17 000		−20 000	
	EBITDA	75 000	8 000	9.4	10 000	7.5
	减：折旧和摊销		−1 500		−2 250	
	EBIT	75 000	6 500	11.5	7 750	9.7
股权价值	减：利息费用		−810		−1 620	
	税前利润	50 000	5 690	8.8	6 130	8.2
	减：所得税（%）		25.0		25.0	
	净利润	50 000	4 268	11.7	4 598	10.9
	股东股权	50 000	30 482	1.64	不适用	不适用

正如我们在第 5 章中讨论的那样，对于非上市企业，市场参与者倾向于衡量整个企业的价值。因此，在本章中，我们将讨论重点考虑企业价值倍数。

测量期对估值倍数的影响

表 6-1 中还需要关注的一个问题是，估值倍数可按不同测量期进行计算。历史倍数是将当前价值与历史业绩指标进行比较，而预期倍数是将当前价值与预期业绩指标进行比较。历史倍数和预期倍数之间的关系类似于已实现收益率和必要收益率之间的关系。

- **历史倍数**：历史倍数是根据已披露最近 12 个月的业绩指标计算的。历史倍数是可以精确计算的。但遗憾的是，历史倍数（如历史上已实现的收益）与当期企业价值的相关性不够紧密。当然，这并不是说历史倍数没有意义，但它毕竟只反映过去，尽管能得到精确的计算结果，但无助于反映未来企业价值的"真相"。

- **预期倍数**。预期倍数更有前瞻性，因而对价值衡量更有意义但前瞻性也意味着我们无法对价值做出精准的定义。尽管我们可以通过很多基准上市企业获得公认指标业绩，但这些指标往往会掩盖市场参与者在未来预期业绩上普遍存在的巨大分歧。数据聚合服务机构确实有助于识别并找到某些得到市场认同的指标，但这并不能说明企业股价会严格遵循这些公认性指标。同样，目标企业的预期业绩还受各种潜在误差和认知偏差的影响，而这些误差和偏差恰恰是所有预测过程不可避免的特征。因此，尽管预期倍数与价值之间在逻辑上关联性更强，但使用预期倍数也未必会自然而然地得到估值"真相"。

既然使用这两种常用的估值倍数都未必能得到估值"真理"，那么我们应该到哪里去寻找这个"真理"？

在表 6-1 中，我们用一个简单示例强调了历史倍数和预期倍数之间的关系，以及完全依赖历史倍数可能带来的其他结果。如表 6-1 所示，基准上市企业的两个 EBITDA 倍数分别为 9.4（历史倍数）和 7.5（预期倍数）。我们姑且假设，表 6-1 忽略了这样一个事实：在计算期结束时，基准上市企业通过债务融资进行了一个重大收购。

在估值基准日，可观察到的企业价值包括目标企业的价值（通过较高债务融资换取而来），但仅包括按几周财务数据得到的 EBITDA。因此，EBITDA 历史倍数显然是扭曲的，而且被严重夸大。如果不经任何调整即将其用于目标企业的估值，那么必然会导致价值被高估。相反，预期倍数的分母则包括目标企业全年的预期经营结果，因而消除了存在于历史倍数中的失真。

通过一个简单例子，我们也可以说明公开股票市场对非经常性事件进行的"正常化"处理。在上面的例子中，我们假设，由于对资产计提一次性减值，过去 12 个月的 EBITDA 为 400 万美元，而不是表 6-1 中的 800 万美元，而预期 EBITDA 依旧为表中所示的 1000 万美元。因此，历史倍数变为 18.8，由于该指标处于非正常状态，不适合用于估值。最终，市场价格按预期 EBITDA 和 7.5 的预期倍数计算。

估值倍数与市场预期

估值倍数是对市场风险评估（如要求的收益）和市场增长预期的综合反映。有些估值倍数还包含了对资本强度、利润率和单位价格的预期。通过简化假设，我们可以把估值倍数的内涵收缩为仅体现市场参与者预期这个要素。这个简化假设就是 NOPAT 等于企业现金流净额。尽管这种精确的对应关系在实践中几乎不成立，但由此带来的失真还不至于破坏基本的数学逻辑关系。

表 6-2 是各种企业价值倍数的公式。

表 6-2　各种企业价值倍数的公式

估值倍数	公式	相关变量
NOPAT 倍数	EV/NOPAT=1/（WACC – 预期增长率）	WACC、增长预期
EBIT 倍数	EV/EBIT=（EV/NOPAT）×（1– 税率）	WACC、增长预期、税率
EBITDA 倍数	EV/EBITDA=（EV/EBIT）×（1– 折旧和摊销 /EBITDA）	WACC、增长预期、税率、资本强度
毛利润倍数	EV/GP=（EV/EBIT）×（1– 经营现金流 /GP）	WACC、增长预期、税率、资本强度、运营效率
收入倍数	EV/R=（EV/GP）× 毛利率	WACC、增长预期、税率、资本强度、运营 / 生产 / 采购效率
活动倍数	EV/A=（EV/R）× 单价	WACC、增长预期、税率、资本强度、运营 / 生产 / 采购效率、单位价格

如表 6-2 所示，每个估值倍数都包含一套与企业某个特定方面相关的市场预期。这对我们解释估值倍数，对其进行适当调整并用于估值对象主体来说意义重大。

尽管表 6-1 中没有提及 NOPAT，而且市场参与者也很少会提到这个概念，但在表 6-2 中，我们将以这个估值倍数为出发点，因为它体现的是整个估值体系最基础、最简单的数学逻辑，也是其他所有估值倍数的起点。在利润表中，随着我们从利润表逐渐上移，估值倍数也逐渐纳入市场参与者对企业更多的预期。

在继续对如何解释各估值倍数进行简要讨论之前，我们首先说明一下这些已知估值倍数固有的多重含义。比如，假设某家企业的 NOPAT 倍数为 12.5 倍。

重新回顾一下表 6-2，我们注意到，NOPAT 倍数是 WACC 和企业预期增长率这两个变量的函数。尽管可观察估值倍数确实可以体现相关两个变量之间关系的某些信息，但没有且不能独立揭示各变量的内涵。

假定 NOPAT 倍数为 12.5，且该估值倍数的公式为（12.5=1/（WACC−g）。具体来说，12.5 的 NOPAT 倍数表明 WACC 超出企业预期增长率 8.0%，即（r−g）为 8.0%，8.0% 为资本化率，相当于等于 12.5 的估值倍数。但从中并不能推断出 WACC 到底是 10.0%（对应的企业预期增长率为 2.0%）还是 12.0%（对应的企业预期增长率为 4.0%）。因此，为了推导出隐含增长率，估值分析师还需要对 WACC 做出假设。反之，只有对企业的市场预期增长率进行假设，才能推断出隐含增长率。

NOPAT 倍数

企业价值与 NOPAT 的关系揭示了市场参与者对目标企业必要收益率（WACC）和预期增长率的综合预期。市场参与者在估值时通常不会考虑 NOPAT 倍数，但如表 6-2 所示，NOPAT 倍数是所有其他企业价值估值倍数的基础和起点。

EBIT 倍数

除 WACC 和企业预期增长率外，EBIT 倍数还考虑了目标企业的税率。通常，如果市场参与者对目标企业忽视现有的税收状况，实际上也就相当于忽略企业现有的资本结构。在发生控制权交易之后，投资者往往可以轻易调整目标企业的税收属性。我们认为这或许可以解释，市场参与者为什么更有可能参考 EBIT 倍数，而不是 NOPAT 倍数。

EBITDA 倍数

针对非上市企业，EBITDA 倍数是市场参与者的通用语言。与 EBITDA 倍数相关的要素或变量已涉及资本强度。资本强度相当于折旧和摊销部分占 EBITDA 的比例。鉴于这些因素，估值分析师有可能直接采用累积法来获得 EBITDA 倍数。○

在其他所有条件相同的情况下，为维持收入持续增长而对资本再投资的需求越大，适用于企业的 EBITDA 倍数就越低。此外，使用 EBITDA 倍数还可以消除以前企业合并购入无形资产进行摊销对收益造成的扭曲。尽管固定资产折旧通常可以取代后续资本性支出的需求，但无形资产摊销基本与未来的资本性投资无关。把关注点放在 EBITDA 倍数上，可以让凭借内部有机成长的企业与通过外部收购增长的企业具有可比性。

如表 6-3 所示，估值分析师如何借助 WACC、企业预期增长率、税率、折旧和摊销占 EBITDA 的比例确定目标企业的 EBITDA 倍数。我们从假设的股权折现率 15.0%（表中第 1 行）开始，可以得到 WACC 为 11.6%（见第 8 行），相应的 NOPAT 资本化率为 11.6（第 11 行）。请注意，在 WACC 及其相关 NOPAT 倍数的估算过程中，估值分析师估算 WACC 采用的基本方法并未改变。

表 6-3　根据 WACC 估算 EBITDA 倍数

假设范围（第 12 行之前无变化）				
估算 WACC 和 NOPAT 倍数		下限	上限	
股权折现率（%）	1	15.0	15.0	按 CAPM 累加得到
税前债务（%）	2	5.0	5.0	由估值分析师估算得到
税率（%）	3	25.0	25.0	边际联邦/州综合利率
债务的税收优惠（%）	4	−1.3	−1.3	−（第 2 行 × 第 3 行）
税后债务成本（%）	5	3.8	3.8	第 2 行 + 第 4 行

○ Mercer, Z. Christopher, "EBITDA Single Period Capitalization Under the Income Approach," *Business Valuation Review*, Volume 35, Number 3, December 2016, pp. 86-102. 美世投资最初在 2015 年的博客网站 www.ChrisMercer.net 上发布了这种算法。

（续）

假设范围（第 12 行之前无变化）			
股权占资本结构百分比（%）	6	70.0	70.0	由估值分析师按行业假定（第 6 行）
债务占资本结构百分比（%）	7	30.0	30.0	1– 第 6 行
WACC（%）	8	11.6	11.6	第 6 行 × 第 1 行 + 第 7 行 × 第 5 行
预期长期增长率（%）	9	–3.0	–3.0	假设的预期增长范围
NOPAT 资本化率（%）	10	8.6	8.6	第 8 行 + 第 9 行
NOPAT 倍数	11	11.6	11.6	1 / 第 10 行（很少计算或使用）
估算 EBITDA 倍数				
EBIT 资本化利率（%）	12	11.5	11.5	第 10 行 /（第 1 行 – 第 3 行）
EBIT 倍数（1 / EBIT 资本化率）	13	8.7	8.7	1 / 第 12 行
EBITDA 折旧系数	14	1.30	1.20	估值分析师根据分析假设
EBITDA 倍数（第 11 行 / 第 12 行）	15	6.7	7.2	第 13 行 / 第 14 行（经常使用）

估算 EBITDA 倍数的第一个步骤就是要认识到，基于 NOPAT 资本化率（第 10 行）和 NOPAT 倍数（第 11 行），我们可以估算出适用于税前营业利润的资本化率，即 EBIT 资本化率。这就需要考虑税率对 NOPAT 资本化率的影响。需要澄清的是，EBIT 资本化率是按 NOPAT 的资本化率 /（1– 税率）计算的，即 8.6%/（1–25%），因此，EBIT 资本化率为 11.5%（见第 12 行）。

隐含的 EBIT 倍数为 EBIT 资本化率的倒数，即 1/11.5%，因此，隐含的 EBIT 倍数为 8.7，如第 13 行所示。现在，我们再考虑 EBITDA 倍数。这里的问题是，我们该怎么得到这个估值倍数？我们不妨简化这个过程。每个 EBIT 都有一个相应的折旧和摊销。回顾一下表 6-2 中 EBITDA 倍数的公式。

$$\text{EBITDA 倍数} = \frac{\text{EV}}{\text{EBIT}} \times \left(1 - \frac{\text{折旧和摊销}}{\text{EBITDA}}\right)$$

假设企业价值（EV）已知，公式左边的 EBITDA 倍数是 EBIT 与折旧和摊销的函数（因为 EBITDA 只是 EBIT 与折旧和摊销的简单加总）。不妨回忆一下表 6-1 中上市企业 P 的如下数据：企业价值为 75 000 美元，预期 EBIT 为 7750 美元，折旧和摊销为 2250 美元，预期 EBITDA 为 10 000 美元。

- EV/EBIT：75 000 美元 /7750 美元 =9.7（同表 6-1 中的预期 EBIT 倍数）
- 折旧和摊销 /EBITDA：2250 美元 /10 000 美元 =22.5%

- 1− 折旧和摊销 /EBITDA：1−22.5%=77.5%
- EV/EBIT ×（1− 折旧和摊销 /EBITDA）：9.7 × 77.5%=7.5（同表 6-1 中的预期 EBITDA 倍数）

折旧和摊销与 EBITDA 之间的关系决定了每家企业 EBITDA 倍数与 EBIT 倍数之差。在前面提到的文章中，美世投资把这种关系称为 EBITDA 折旧系数。上述公式可简化为如下表述：EBITDA 折旧系数取决于 EBITDA 和 EBIT 之比，或者 EBITDA 折旧系数 =EBITDA/EBIT。因此，上市企业 P 的 EBIT 折旧系数为：9.7 /7.5，即 1.3。

上述逻辑似乎有点烦琐，因为在表 6-2 中，我们已经得到计算上市企业 P 的 EBITDA 倍数和 EBIT 倍数的相关信息。但是，在没有可靠的基准上市企业做参考的情况下，在我们尝试估算非上市企业的公允市场价值（或任何价值指标）时，它就显得没那么烦琐了。

我们再回到前面的表 6-3。根据未来前景预测，估值分析师和市场参与者可对任何企业在一定期间的 EBITDA 折旧系数进行分析，也可以针对 EBITDA 与 EBIT 在某个时间点或时间段的关系，通过研究行业财务数据得到基准参数。归根结底，不得凭空假设表 6-3（第 14 行中的 1.2 ～ 1.3）中的 EBITDA 折旧系数。与估算 WACC 时采用的其他几个假设相比，这个假设可能更易于分析。比如，在表 6-4 中，我们对标普 1000 指数中非金融、非房地产成份股（中小盘股企业）的 EBITDA 折旧系数进行了分析。

表 6-4　标普 1000 指数的 EBIT 折旧系数

行业	企业数量	EBITDA 折旧系数中位数
通信服务	24	1.62
非必需消费品	152	1.34
必需型消费品	37	1.35
能源发电	43	1.92
卫生保健	94	1.42
工业	152	1.36
信息技术	112	1.46
材料	61	1.46
公用事业	21	1.64

资料来源：S&P Capital IQ，美世投资的分析，2018 年数据。

在本章中，我们提出了 EBITDA 的单期资本化法概念，这种与市场法相关的估值方法再次表明，收益法和市场法之间存在着基础性关联。

毛利润倍数

尽管毛利润倍数很少使用，但我们仍把这个指标纳入表 6-2 中，从而对可能采用的各种潜在替代方案进行全面分析。饮料行业的市场参与者是该指标的经常使用者。除了与 EBITDA 倍数相关的各项因素之外，毛利润倍数还反映目标企业的运营效率。换句话说，毛利润倍数对计算 EBITDA 之前扣除的经营费用非常敏感。

战略投资者更倾向于使用毛利润倍数、收入倍数和活动倍数，他们可以利用这些估值倍数简单测算潜在战略收益。比如，假如一家饮料批发商正在考虑收购附近一家规模较小、盈利较差的分销商。尽管目标企业的 EBITDA 因为运营效率低下而低迷不振，但战略投资者认为，只要按拟合并方案进行，目标企业的运营效率必将提升到自身的水平。在这种情况下，战略投资者就可以按毛利润倍数调整目标企业的销售费用。

收入倍数

毛利润倍数仅考虑运营效率，而收入倍数则反映企业的整体盈利能力。

- ▶ 当目标企业的当期收益萎靡不振时，可以使用收入倍数。在这种情况下，收入倍数反映的假设目标企业在正常盈利水平下可达到的价值。然后，可根据利润率恢复到正常水平的可能性及恢复预计发生的时间，选择适合目标企业的收入倍数。
- ▶ 对战略投资者而言，通过收入倍数，可以量化通过提高目标企业整体盈利性取得的潜在战略收益。

活动倍数

有些行业倾向于采用基于活动的估值倍数。活动倍数的分母多种多样，既可以是卖给啤酒批发商的箱子，也可以是理财企业管理的资产。但无论采用何种具体活动倍数，目的都是对单位价格进行正常化处理。比如，在理财行业中，活动倍数不仅反映了 1 美元收入可创造的利润，还反映了管理 1 美元资产的费用。换句话说，活动倍数是对收入倍数的进一步扩展，如果战略投资者认为目标企业不仅会提高盈利性，还会调整定价策略，那么他们自然会对活动倍数更感兴趣。

在确定公允市场价值时，财务性控制权价值很可能比战略性控制权价值更符合要求。因此，估值分析师应注意因不当使用毛利润倍数、收入倍数或活动倍数而夸大价值的风险。

示例

表 6-5 为目标企业业绩指标按 P 的估值倍数计算的企业价值。

表 6-5 估值倍数的应用

		P 的估值倍数	目标企业	
			业绩指标（美元）	企业价值（美元）
企业价值	有形活动指标	1.69	16 000	26 966
	收入总额	0.52	48 000	24 828
	减：销售商品成本		−39 360	
	毛利润	2.5	8 640	21 600
	减：运营费用现金流出		−5 443	
	EBITDA	7.5	3 197	23 976
	减：折旧和摊销		−959	
	EBIT	9.7	2 238	21 656

注：P 的估值倍数来自表 6-1。

目标企业的企业价值区间为 21 600 美元（使用毛利润倍数）到 26 966 美元（使用活动倍数）。表 6-5 中企业价值的平均值为 23 805 美元。表 6-6 汇总了 P 和目标企业的相关业绩指标。为便于讨论，我们假设两家企业的风险和增长状况基本相似。请注意，为简化说明，我们仅参考 P 一家基准上市企业。

表 6-6 P 和目标企业的相关业绩指标

	基准上市企业	目标企业	对比
有效单位价格（美元）	3.26	3.00	P 的单位产品销售收入较少
销售收入/活动指标			
毛利率（%）	20.7	18.0	P 的 1 美元创造的毛利润较少
毛利润/收入			
运营效率（%）	66.7	63.0	P 的运营效率比上市企业更高

（续）

	基准上市企业	目标企业	对比
运营费用现金/毛利润			
资本强度	1.23	1.43	P的资本强度比上市企业更大
EBITDA/EBIT			
EBITDA利润率（%）	6.9	6.7	两家企业的EBITDA利润率具有可比性
EBITDA/收入			

我们对表6-5和表6-6中的示例进行了一些分析，以说明我们在本节讨论的相关概念。

- 通过EBITDA倍数得到的企业价值（23 976美元）较EBIT倍数的（21 656美元）高出11%。之所以出现这种情况，是因为目标企业的资本强度（体现于折旧和摊销）超过P。如果折旧和摊销确实能取代目标企业的资本强度，那么单纯采用P的EBITDA倍数，而不进行进一步的分析或调整，就有可能造成目标企业的企业价值被高估。
- 由于目标企业的运营效率更高，使用毛利润倍数得到的目标企业的企业价值（21 600美元）低于使用EBITDA倍数（23 976美元）得到的结果。如前所述，当（战略）投资者希望大幅改善目标企业的运营业绩时，最适合采用毛利润倍数。在这个示例中，目标企业的运营实际上更为有效。
- 由于两家企业的EBITDA利润率相近，收入倍数得出的企业价值（24 828美元）更接近于使用EBITDA倍数得出的结果（23 976美元）。
- 考虑到P的有效单位价格高于目标企业，采用活动倍数得出的企业价值（26 966美元）超过按收入倍数得到的结果（24 828美元）9%。因此，P出售给定单位产品创造的销售收入和现金流均超过目标企业。当战略投资者对给定单位产品的定价能力超过目标企业的历史水平时，采用单位销售额倍数可能更为合理。

小结

本部分的目的在于阐述常用估值倍数的经济内涵。为此，我们已经为每个估值倍数定义了相应的公式，并讨论了目标企业与各个估值倍数相关的属性，以及现实世界市场参与者对这些估值倍数的认识。

之所以按这种方式设计示例，是为了避开极端情况的干扰。估值分析师不能不加分辨地接受市场观察到的现有倍数，相反，他们必须以批判的思维对目标企业与基准上市企业的属性进行比较，分析市场参与者会如何处理这些存在于不同价值层级之间的差异。

图 6-3 作为上面示例的延续，不管对应哪个价值层级的估值结论，在得出最终结论的过程中，估值分析师都需要对现有的估值倍数进行调整（或推导）。至于调整的具体形式，估值分析师既可以直接调整相应的估值倍数，也可以对各业绩指标赋予不同的权重，从而达到间接调整的目的。

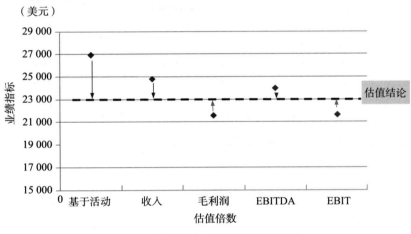

图 6-3　估值指标与企业价值的比较

为此，我们不妨回顾一下，我们曾假设目标企业和 P 拥有相似的风险和增长率。在随后介绍基础调整的部分中，我们将着重探讨风险和增长率的差异。

在图 6-3 中，我们看一下代表假设估值结论 23 000 美元的虚线。首先需要提醒的是，这条虚线上没有任何业绩指标。如果估值业绩指标在虚线的上方，代表对目标企业的估值倍数进行了下调。比如，基于活动的业绩指标为 27 000 美元（按四舍五入取整）。假设的 23 000 美元估值结论相对基于活动的业绩指标折价为 14.7%，也就是说按 14.7% 的隐含折现率和表 6-5 中的估值倍数 1.69 美元/单位计算，得到隐含活动倍数为 1.44 美元/单位，即 1.69 美元/单位 ×（1–14.7%）=1.44 美元/单位。为说明这一点，我们假设表 6-5 中的有形单位总计为

16 000 单位。按隐含活动倍数 1.44 乘以 16 000 美元，得到的估值结论为 23 000 美元（按四舍五入取整）。

反之，当业绩指标在虚线的下方时，表明对目标企业估值倍数给予了隐含溢价。

这一点非常重要，因此，我们在表 6-7 中对隐含调整比例进行了不同的呈现。我们以这个调整后的表，为介绍基础性调整概念做一个铺垫，这也是我们将在本章下节中讨论的话题。目标企业估值倍数的调整是根据 21 000 ～ 25 000 美元这一估值区间计算得到的。

表 6-7 隐含调整比例

估值倍数	业绩指标（美元）	目标企业估值倍数	对目标企业估值倍数的隐含调整比例（%）				
			21 000	22 000	23 000	24 000	25 000
	来自图 6-3						
基于活动	26 966	1.69	−22.1	−18.4	−14.7	−11.0	−7.3
收入	24 828	0.52	−15.4	−11.4	−7.4	−3.3	0.7
毛利润	21 600	2.50	−2.8	1.9	6.5	11.1	15.7
EBITDA	23 976	7.50	−12.4	−8.2	−4.1	0.1	4.3
EBIT	21 656	9.68	−3.0	1.6	6.2	10.8	15.4

看看表 6-7 中的隐含估值结论 21 000 美元，与此同时，我们再设想把上述图 6-3 中的虚线移动到这个水平。这个结论相当于目标企业估值倍数出现了折价。折现率的计算如表 6-7 所示。

再看看表 6-7 中 25 000 美元的隐含估值结论，再设想把上述图 6-3 中的虚线移动到这个水平。除基于活动的业绩指标之外，对其他所有业绩指标均存在溢价。

我们再想象一个不同的估值结论：24 000 美元。这个估值水平对应着不同的调整幅度（对基准估值倍数的溢价或折价）。同样，如果用较低的估值结论（22 000 美元），就会对应其他调整幅度。即使存在所谓客观的估值倍数，估值分析师仍需要在经验、常识及合理性基础上做出专业的主观判断。

我们在本节中的分析着重于在横向上调整估值倍数，这个估值倍数源于目标企业与基准上市企业之间在资本强度、利润率和单位价格上的基础上差异。在随后的部分中，我们将深入研究由于风险和增长差异而对估值倍数进行的垂直调整。

根据风险与增长差异对估值倍数进行调整

我们在上一节讨论了水平调整的概念，它描述的是按不同估值倍数得到的估值指标在概念上如何相互关联。我们在这一节的分析假设，目标企业的风险特征和增长预期与基准上市企业具有可比性。但这种情况在现实中很少发生。在本节中，我们将介绍如何针对不同的风险特征及增长预期调整估值倍数。我们采用基础性调整一词代图 6-4 中的垂直调整。

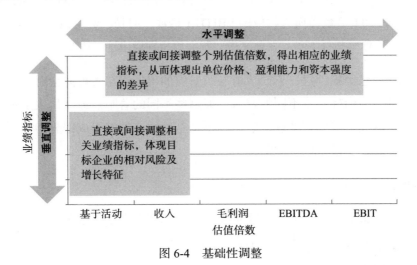

图 6-4　基础性调整

无论是一家基准上市企业，还是作为一个整体的基准上市企业组合，在与目标企业类比的相似性和适用性方面都各有不同。选择基准上市企业需要丰富的经验和大量的专业判断，但这一过程不在本书讨论范围之内。考虑到风险特征与增长预期的差异，在大多数情况下，把现有基准上市企业估值倍数直接用于目标企业是不恰当的。

不会触发基础性调整的定性因素

在讨论造成基础性调整的因素之前，我们认为最重要的就是要说明目标企业的哪些相对特征不会触发基础性调整。

▶ 单位价格。对于给定的相关业绩指标，目标企业与基准企业组合的有效单价之比将决定潜在活动倍数与潜在收入倍数之间的关系，但不会直接

- 影响相关业绩指标的大小。
- 毛利率。目标企业的相对采购及生产效率（体现于毛利率）决定收入倍数和毛利率倍数的相对关系，但不会直接影响相关业绩指标本身。
- 运营效率。目标企业将毛利率转换为 EBITDA 的相对效率，决定毛利率倍数与潜在 EBITDA 倍数之间的相对关系，但不会直接影响相关业绩指标本身。
- 资本强度。资本强度可表示为折旧和摊销占 EBITDA 的比例，它可以把潜在 EBIT 倍数转换为相应的 EBITDA 倍数。但是，资本强度并不会直接影响业绩指标本身。在前文中，我们曾特别指出这一情况。

本章前面已经提到过，不同价值层级对应的市场参与者可能会对由不同估值倍数得到的业绩指标赋予不同的权重。但这些不同的着眼点最终代表了不同的现金流预期。因此，更贴切地说，它们并不是基础性调整的组成部分。我们将在本章后续部分进一步讨论这个话题。

可触发基础性调整的定性因素

基础性调整的根本原因是目标企业与选定基准上市企业组合在风险特征和增长预期（即未来现金流差异）方面存在相对差异。

风险特征

风险特征差异最终体现为适用的折现率。下面，我们将讨论一些可带来风险特征差异的常见定性因素。

- 系统性风险（贝塔系数）。如第 5 章所述，作为估算股权资本成本的一个变量，贝塔系数是一个衡量系统性或不可分散风险的指标。虽然我们不能直接从目标企业观察到这种风险，但通常可以根据基准上市企业的可观察贝塔系数来估算目标企业的贝塔系数。换句话说，估值分析师通常可以对目标企业的系统性风险做出基本判断：是大于还是小于基准上市企业，还是与之相当。在其他条件相同的情况下，如果认为目标企业的系统性风险大于基准上市企业的，就应该对基准上市企业估值倍数进行

负向基础性调整（即下调）。⊖

- **规模**。在第 5 章中，我们曾讨论过用于估算 WACC 的规模溢价。规模差异通常意味着运营集中度（这是很多小企业存在的一种负面特征）和多样化（这对小企业而言不太可能成为有利因素）等一系列潜在因素。考虑到折现率和估值倍数成反比，我们往往对现有基准上市企业估值倍数进行下调，从而得到目标企业的估值倍数。

- **其他特定风险要素**。在估算折现率时，企业特定风险溢价说明针对非上市企业而言，市场参与者要求取得的预期收益率首先能弥补系统性风险和规模风险。因此，这些带来企业特定风险溢价的风险，也有可能需要估值分析师对基准上市企业估值倍数进行适当的基础性调整。

- **对资本市场的利用程度**。当然，基准上市企业更有能力充分利用公开市场满足其增量融资需求。此外，基准上市企业可能比目标企业更依赖低成本的债券融资，但具体还取决于非上市企业股东的风险承受能力和偏好。在所有其他条件相同的情况下，这些因素都有可能会导致基准上市企业的 WACC 相对较低，从而需要对适用目标企业的估值倍数进行下调。回顾一下第 5 章，我们曾提到资本成本的迭代性质，这里我们再次提醒估值分析师，不要过高估计资本结构对 WACC 的潜在影响。

增长预期

除不同风险特征带来的影响之外，目标企业的增长预期也有可能不同于与基准上市企业。正如我们在第 4 章里讨论的那样，企业未来的收入和利润增长取决于有机增长（依赖于现有竞争优势和市场定位）和期中现金流的再投资。在市场法中，由于不考虑对被资本化的业绩指标按未来再投资进行调整，相对性增长分析更应关注目标企业和基准上市企业的有机增长属性。对此，估值分析师可参考一系列特定要素为增长预期差异提供佐证。

- **历史增长**。正如本书所言，估值是一项前瞻性工作。也就是说，研究目标企业相对于基准上市企业的历史增长趋势，可以为我们观察各个企业

⊖ 估值分析师偶尔会对基准上市企业数据进行分析，并得出这样的结论：由于规模差异较大或其他因素，不适合将观察到的基准上市企业估值倍数直接用于目标企业。在这种情况下，将目标企业和基准上市企业组合在其他方面进行比较或许更为合理，如贝塔系数。

的相对竞争优势和市场机会提供洞见。
- 历史上的再投资模式。估值分析师应结合历史增长指标剖析目标企业历史上的再投资模式。仅仅由于现金流再投资带来超常收入和利润增长，并不一定说明企业拥有高质量的有机增长属性。但如果市场参与者对企业现金流进行再投资的意愿较大，这就有可能是一个信号，即市场认为企业拥有更具吸引力的增长机会。
- 已投资资本的历史收益率。已投资资本的历史收益率衡量的是目标企业1美元投资资本可创造的税后净经营利润。该收益率同时体现了企业的利润率和资产利用率，可以认为它代表了目标企业在行业内的相对竞争优势。已投资资本的累积效率为我们了解目标企业有机增长属性提供了合理的依据。
- 估值分析师对未来业绩的预期。估值分析师可以参考股票市场分析师对收入和 EBITDA 未来增长的预期，对目标企业与基准上市企业的有机增长差异进行估计。可能的话，包括资本性支出和其他相应再投资需求的现成详细预测最有参考价值，远比近期每股收益增长估计值更有意义，因为后者有可能曲解企业的有机增长潜力。

基础性调整的量化

在实务中，估值分析师可以对某个具体的基础性调整进行量化，并直接调整现有估值倍数的中位数（或平均值）；也可按潜在基础性调整相对于特定基准上市企业的估值倍数或基准上市企业组合中某个子集合的估值倍数中位数的分布情况，选择一个相对合理的估值倍数。在这一节里，我们将探讨第一种量化技术。

表 6-8 显示了基础性调整的量化，并提供了相应的示例予以说明。

表 6-8 基础性调整的量化

基准上市企业的 WACC	$WACC_{上市企业}$	10.0%
基准上市企业的增长率	$g_{上市企业}$	4.0%
目标企业的 WACC	$WACC_{目标企业}$	12.0%
目标企业的增长率	$g_{目标企业}$	3.0%
基础性调整		−33.3%
基础性调整 = $(WACC_{上市企业} - g_{上市企业}) / (WACC_{目标企业} - g_{目标企业}) - 1$		

如表 6-8 所示，对基础性调整进行合理量化需要四个变量。

- **基准上市企业的 WACC**。我们可以通过两种方式估算基准上市企业 WACC：①通过使用第 5 章中介绍的构成要素累积法；②根据基准上市企业的当前企业价值及估值分析师对其未来现金流的预测推导。与估算目标企业的 WACC 一样，估值分析师应优先考虑量化方法的一致性和总体合理性，而不是不切实际地片面追求精确度。
- **基准上市企业的增长率**。估值分析师也可以使用两种方法估算的基准上市企业的增长率：①将对近期超常态增长的预期与可持续的长期增长率结合起来；②由潜在估值倍数和 WACC 推导而来。
- **目标企业的 WACC**。适合使用针对收益法确定的目标企业 WACC。这种方法再次体现出收益法和市场法的关联性。
- **目标企业的增长率**。可采用与上述基准上市企业相同的方法估算目标企业的增长率。如果收益法采用的是单期资本化法，那么只要对再投资进行正常化处理，使之反映可持续的长期水平，即可直接采用单期资本化法对应的增长率。如果收益法采用的是现金流折现法，那么可以通过比较估值结论和 WACC 推导有效增长率。

表 6-9 显示了基础性调整对上述变量的敏感性。由于分析参考的是 WACC 和企业价值，表 6-9 中的潜在估值倍数为 NOPAT 倍数，而不是收益率（价格／每股收益）。

表 6-9 基础性调整

	较高的上市企业估值倍数			中等的上市企业估值倍数			较低的上市企业估值倍数		
基准上市企业	[1]	[2]	[3]	[4]	[5]	[6]	[7]	[8]	[9]
WACC（%）	8.0	8.0	8.0	10.0	10.0	10.0	12.0	12.0	12.0
增长率（%）	4.5	3.5	2.5	4.5	3.5	2.5	4.5	3.5	2.5
潜在估值倍数 $[1-(r-g)]$	28.6	22.2	18.2	18.2	15.4	13.3	13.3	11.8	10.5
$WACC_{上市企业} - g_{上市企业}$（%）	3.5	4.5	5.5	5.5	6.5	7.5	7.5	8.5	9.5
目标企业									
WACC(%)	10.0	10.0	10.0	11.0	11.0	11.0	12.0	12.0	12.0
增长率（%）	3.5	3.0	2.5	3.5	3.0	2.5	3.5	3.0	2.5
潜在估值倍数 $[1-(r-g)]$	15.4	14.3	13.3	13.3	12.5	11.8	11.8	11.1	10.5

（续）

	较高的上市企业估值倍数			中等的上市企业估值倍数			较低的上市企业估值倍数		
WACC$_{目标企业}$-g$_{目标企业}$（%）	6.5	7.0	7.5	7.5	8.0	8.5	8.5	9.0	9.5
风险及增长率差异									
WACC（%）	2.00	2.00	2.00	1.00	1.00	1.00	0.00	0.00	0.00
增长率（%）	−1.00	−0.50	0.00	−1.00	−0.50	0.00	−1.00	−0.50	0.00
基础性调整：利用表 6-8 中的公式（%）	−46	−36	−27	−27	−19	−12	−12	−6	0

针对表 6-9 中的分析，我们可以得到以下结论。

- 在量化基础性调整时，估值分析师可以对风险特征差异引起的调整（体现于 WACC）和不同增长预期造成的调整做出区分。表 6-9 也相应地分为三个部分。左侧部分反映较高的上市企业估值倍数，中间部分是中等的上市企业估值倍数，而右侧部分对应较低的上市企业估值倍数。

- 我们把对应较高的上市企业倍数的左侧部分定义为情景 [1]，由此计算得到的基础性调整幅度为 46%，这是因为目标企业的 WACC 较高（为 10.0%，而基准上市企业为 8.0%）和增长率较低（为 3.5%，基准上市企业为 4.5%）造成的。在情景 [3] 的条件下，尽管 WACC 差额也是 2.0%（10.0%–8.0%），但需要采用 27% 的基础性调整幅度。情景 [2] 对应的基础性调整幅度为 36%，但 WACC 差额也为 2.0%，调整幅度介于上述两种情景之间。据此，估值分析师可以推断出，在全部基础性调整中，一半以上适用于拥有较高 WACC 的目标企业。

- 再看看表 6-9 的中间部分。基础性调整不仅依赖 WACC 与增长率的绝对差异，对基准上市企业估值倍数的水平同样非常敏感。在情景 [4] 到情景 [6] 中，目标企业与基准上市企业的 WACC 差额减少至 1.0%。增长率差额与左侧部分相同。在进行这些调整之后，潜在的基础性调整将低于表 6-9 的左侧部分（因为总的风险和增长率差异较小）。

- 表 6-9 的右侧部分对应基准上市企业和目标企业的 WACC，体现的增长率差异与其他部分相同，但潜在的基础性调整更低。在情景 [9] 中，由于基准上市企业与目标企业的 WACC 和增长率之间不存在差异，潜在的基础性调整为 0%。在个别情况下，当目标企业的风险或增长率表现优于现有基准上市企业时，我们也可以在基准上市企业估值倍数基础上增加基础性溢价，作为目标企业的估值倍数。
- 如果目标企业与基准上市企业有不同的 WACC 或增长率（或两者均存在差异），就应进行适当的基础性调整。
- 通过表 6-9 中的分析，我们可以得出一个重要结论：即使采用市场法，价值依旧是预期现金流、风险和增长率的函数。

图 6-5 显示了基础性调整的影响。水平调整是根据因资本强度、盈利性和单位价格差异造成的估值倍数差异对估值指标进行的调整。相比之下，基础性调整适用于所有估值指标，可以反映目标企业与基准上市企业在风险和增长率方面的差异。

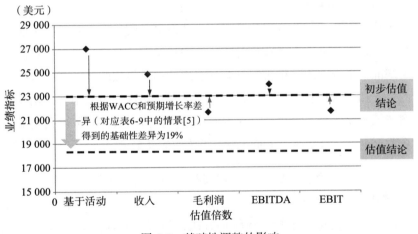

图 6-5　基础性调整的影响

如本节所述，量化基础性调整的最大好处是，估值分析师可以分离出触发基础性调整的特定要素，从而对其进行独立分析，并参考 WACC 和预期增长率差异为确定调整幅度提供依据。另外，有些人有可能会把这种技术看作估值分析师以收益法代替市场法的惯用手法。但我们相信，我们已经充分证明，即使估值分析师刻意避免对基础性调整进行直接量化，但只要他们选择特定的估值倍数，而不是使用特定基准上市企业组合的中位数或平均值，他们就要进行基础性调整。

选择估值倍数带来的潜在基础性调整

在上一节中，我们对量化基础性调整的过程进行了总体概述，并假定估值分析师以计算得到的调整幅度对反映基准上市企业组合某种集中趋势的估值倍数进行直接调整。为方便讨论，我们假设使用基准上市企业估值倍数的中位数。

观察到的现有估值倍数在中位数附近的分布会因选择的基准上市企业组合而有所不同。在一些情况下，个别观察值可能比较集中，但在另一些情况下，个别观察值可能较为分散。如果个别观察值分布不够集中，基准上市企业组合中的企业就可能拥有不同的风险特征或增长预期。

▶ 从某种角度看，这样的分布特征或许令人沮丧，因为它预示着基准上市企业组合中的企业之间缺乏可比性。如果观察到的估值倍数完全随机出现，估值分析师偶尔可以用（或不使用）它们，我们就可以判断，这个缺乏高度统一性的基准上市企业组合是没有价值的。

▶ 如果从综合理论的角度看待市场法，估值倍数就不完全是随机生成的产物，而是对基准上市企业风险特征和增长预期的整体反映。当我们在一个基准上市企业组合中观察到多种多样的估值倍数时，就意味着组合内的企业拥有多样化的风险特征和增长预期。从这个角度来看，这样的分布特征不仅不令人气馁，反而说明可观察估值倍数的分散性会增加目标企业至少与一家基准上市企业拥有可比性的概率。

基于这个事实，很多市场参与者和某些估值分析师更愿意从基准上市企业组合得到的可观察估值倍数中人为选择一个估值倍数，而不是对组合中位数估值倍数进行基础性调整量化。不管选择哪种方法，最基本的理论框架是相同的：采用与目标企业风险特征和增长预期相对应的估值倍数。

表 6-10 所示的是直接选择估值倍数法，也就是说在对目标企业与基准上市企业相关属性进行分析的基础上，选择相应的估值倍数。

表 6-10　直接选择估值倍数法

	收入（美元）	EBITDA（美元）	EBITDA 利润率（%）	EBIT（美元）	增长率（%）	EBITDA/EBIT
基准上市企业 A	360 000	36 000	10.0	34 000	3.0	1.06
基准上市企业 B	400 000	45 000	11.3	35 000	1.5	1.29

（续）

	收入 （美元）	EBITDA （美元）	EBITDA 利润率（%）	EBIT （美元）	增长率 （%）	EBITDA/ EBIT
基准上市企业 C	300 000	22 500	7.5	19 500	3.0	1.15
基准上市企业 D	90 000	5 750	6.4	5 000	5.0	1.15
基准上市企业 E	80 000	9 000	11.3	6 500	2.5	1.38
中位数	300 000	22 500	10.0	19 500	3.0	1.15
目标企业	40 000	3 600	9.0	2 880	2.5	1.25

	企业价值 （美元）	价值收入		
		企业价值/ 收入	企业价值/ EBITDA	企业价值/ EBIT
基准上市企业 A	425 000	1.18	11.8	12.5
基准上市企业 B	350 000	0.88	7.8	10.0
基准上市企业 C	225 000	0.75	10.0	11.5
基准上市企业 D	75 000	0.83	13.0	15.0
基准上市企业 E	65 000	0.81	7.2	10.0
中位数	225 000	0.83	10.0	11.5
选定估值倍数		0.65	7.5	9.0
潜在基础性调整：中位数（%）		−22	−25	−22
潜在基础性调整：A（%）		−45	−36	−28
潜在基础性调整：E（%）		−20	4	−10

针对表 6-10 中的分析，我们可以得到以下的观察结果。

- 尽管所有基准上市企业均属于同一个行业，但它们在规模、盈利性、资本强度和增长预期等方面各不相同。因此，个别基准上市企业的 EBITDA 倍数分布在 7.2～13.0。
- 目标企业的规模小于所有基准上市企业，而且增长预期也略低于基准上市企业组合的中位数。因此，适用于目标企业的估值倍数应低于基准上市企业组合的中位数（即需要对基准上市企业的估值倍数进行负的基础性调整）。
- 在规模和增长预期方面，目标企业与基准上市企业 E 的直接可比性最好。考虑到目标企业的规模仍然只有 E 的一半（按收入衡量），目标企业的 WACC 可能超过 E，表明目标企业的估值倍数应适度下调。选定的 EBIT 倍数意味着，需要对 E 的可观察估值倍数进行 10% 的基础性调整。

- E 的资本强度（以 EBITDA/EBIT 表示）为 1.38，高于目标企业的 1.25，表明相对于 E 而言，目标企业 EBITDA 倍数的有效折现率应小于 EBIT 倍数。实际上，为目标企业选择的 EBITDA 倍数略高于从 E 的可观察 EBITDA 倍数。
- 目标企业的 EBITDA 利润率低于 E，因此需要对从 E 的可观察收入倍数进行更大幅度的基础性调整，再将其作为目标企业的收入倍数。
- 目标企业与基准上市企业组合中位数的可比性较低，因此，潜在的基础性调整幅度应相对较大。与 E 相比，A 与目标企业的可比性要低得多，因此相应的潜在基础性调整自然也大得多。

无论是和直接可比性最高的 E，还是和全部基准上市企业组合的中位数相比，选定的估值倍数都应是合理的。即使估值分析师直接选择相应的估值倍数，也需要计算针对中位数（或其他相关基准）进行潜在基础性调整。在这种情况下，适用于中位数的潜在基础性调整最终的调整幅度为 20%～25%。

表 6-11 汇总了选定估值倍数针对业绩指标的应用。

表 6-11 选定估值倍数针对业绩指标的应用

	收入	EBITDA	EBIT
业绩指标（美元）	40 000	3 600	2 880
乘：选定估值倍数	0.65	7.5	9.0
估值结论（美元）	26 000	27 000	25 920

最终得到的企业价值区间很狭窄。这并不偶然，因为在选择个别估值倍数时，估值分析师不仅要关注风险和增长率差异（相当于基础性调整或垂直调整），还要着眼于资本强度和盈利性的差异（相当于水平调整）。

小结

除非选定基准上市企业与目标企业在所有方面都高度一致，否则就需要根据基准上市企业法对观察到的估值倍数进行基础性调整。估值分析师可在两种同等可接受的方法中任选一种，对估值倍数进行适当的基础性调整。

- 在采用直接量化法的情况下，估值分析师可参考目标企业的 WACC 和增长率相对基准上市企业中位数（或其他基准）的情况，计算出合理的基础性调整。这种方法的主要优点是，可以明确锁定引起基础性调整的要素。
- ▶ 参考最终得到的潜在基础性调整，从基准上市企业组合中可观察估值倍数范围中选择一个适当的估值倍数。这种方法的主要优点在于强调找到可比性最强的可用数据，并进行合理的比较。

我们注意到，有些法官对企业采用的企业特定风险溢价或基础性调整持怀疑态度。他们以为估值分析师采用这些技术是为了追求理想的结果。尽管我们也承认，这些技术确实有可能会被滥用，但我们依旧对调整的理论基础深信不疑，并相信我们已经证明——只要正确应用，当目标企业和基准上市企业在风险或增长率方面存在明显差异时，这些技术完全可以反映经济现实。基础性调整强调了估值分析师和估值报告使用者评估总体结论合理性的必要性，而不是仅关注某种估值方法的个别要素。

基准上市企业估值倍数与价值层级的关系

可观察到的基准上市企业估值倍数在流动性少数股权价值层级的适用性显而易见。在本节中，我们将考虑估值分析师如何根据基准上市企业估值倍数得出其他价值层级的估值结论，以及两者之间的适应性。

流动性少数股权价值

针对正常化调整的收益指标，可采用基准上市企业估值倍数（进行适当的基础性调整后）直接得到流动性少数股权层级的业绩指标。第 4 章所述正常化调整的必要性同样适用于市场法下的估值方法。

财务性控制权价值

综合理论的计算模型表明，各价值层级的差异完全源自现金流、风险（WACC）和增长预期上的差异。

- ▶ 在第 4 章中，我们讨论了对正常化流动性少数股权现金流可能采取的潜在财务性控制权调整。但最重要的是，不仅要对业绩指标进行正常化处理，还要通过调整反映财务性控制权市场参与者预期的现金流增长。
- ▶ 如第 5 章所述，在财务性控制权价值层级，WACC 差异很有可能不存在或者很小。因此，由 WACC 差异造成的基础性调整可能与流动性少数股权基本相同。
- ▶ 只有在非常偶然的情况下，我们才有可能认为财务投资者会预期目标企业的增长机会因收购而得到增强。因此，在大多数情况下，与少数股权价值层级相比，由增长预期差异带来的基础性调整部分非常小，甚至为零。

针对正常化处理的财务性控制权现金流，估值分析师可能会使用基准上市企业估值倍数得到财务性控制权价值层级的估值结论。在大多数情况下，合理的基础性调整应与适用于流动性少数股权层面的（潜在）调整相当。

战略性控制权价值

尽管综合理论认为，流动性少数股权和财务性控制权价值层级之间的差异可能不大，但战略性控制权价值层级却可能出现较大的溢价。这并不意味着基准上市企业估值倍数与战略性控制权价值层级无关。因此，如下讨论更适用于市场参与者评估战略投资机会，而不是估值分析师在控制性股权基础上衡量公允市场价值。如前所述，公允市场价值通常不是战略性控制权价值层级的概念。

合理的业绩指标

为了在战略性控制权价值层级使用基准上市企业估值倍数，最重要的一点就是采用的业绩指标应代表已进行适当战略性控制权调整的正常化企业现金流。如第 4 章所述，适用于目标企业业绩指标的战略性控制权调整，应反映买卖双方对全部潜在利益的分配比例，并在一定程度上反映双方的相对谈判实力。

合理的基础性调整

基础性调整依赖于目标企业与基准上市企业在 WACC 和增长预期上的差异。在流动性少数股权和财务性控制权价值层级上，WACC 是目标企业本身的 WACC。但正如我们在第 5 章中讨论的那样，在确定目标企业的价值区间时，战略投资者实际上可以使用自己较低的 WACC。此外，不同于财务投资者，战略投资者或许有理由认为，收购会改变目标企业的增长轨迹。因此，在战略性控制权价值层级，合理的基础性调整幅度可能小于适用于流动性少数股权或财务性控制权价值层级的基础性调整。

从实践角度看，上述结论总体上与某些战略性控制权市场参与者的意愿相互一致：他们更愿意使用自身较高的 EBITDA 倍数对目标企业进行估值，因为这样做不会稀释其价值。当然，没有价值稀释并不意味着一定会出现价值增值。当然，战略投资者可能会更强调基于总资产、收入或活动的估值倍数，从而为他们对目标企业的经营业绩进行正常化提供一条捷径。

提示

估值分析师必须审慎区分适用于正常化战略性控制权现金流的估值倍数和根据控制权交易披露的估值倍数。我们在本节中的讨论完全基于买方视角。这些披露的战略交易估值倍数则是站在卖方视角计算的。表 6-12 表明，在把这两种视角结合到一起时，就有可能出现价值被高估的情况。

表 6-12　价值被高估的情况

市场实际交易数据		
买方视角		
正常化 EBITDA（含战略收益）（美元）	1 800	买方
乘：实际支付的估值倍数	10.0	买方
战略交易价格	18 000	
卖方视角		
正常化 EBITDA（流动性少数股权）（美元）	1 200	卖方
乘：实际收到的估值倍数	15.0	卖方
战略交易价格（美元）	18 000	
估值分析		
激进分析师的观点		
正常化 EBITDA（含战略收益）（美元）	1 800	买方
乘：实际收到的估值倍数	15.0	卖方
战略交易价格（美元）	27 000	高估

如果按卖方（公开披露）的估值倍数对买方预期的正常化战略性现金流估值，就有可能导致价值被高估。

小结

按照综合理论，估值分析师必须在每个企业价值层级相应的基准上市企业数据。表 6-13 汇总了各价值层级的基准上市企业估值倍数。

表 6-13　各价值层级的基准上市企业估值倍数

战略性控制权		
现金流	战略性现金流	由于适用的 WACC 可能较低，预期增长率较高，基础性调整幅度可能小于流动性少数股权或财务性控制权价值层级
风险	自身或战略投资者的 WACC	
增长率	战略投资者视角	
财务性控制权		
现金流	财务性控制权价值层级的正常化现金流	财务性控制权现金流收益通常不大。WACC/预期增长率与流动性少数股权无明显差异，表明可直接采用适用于少数股权的基础性调整
风险	财务投资者的 WACC	
增长率	财务投资者视角	
流动性少数股权		
现金流	正常化的业绩指标	合理的基础性调整应反映目标企业 WACC 和预期增长率与基准上市企业之间的差异
风险	自身 WACC	
增长率	自身增长率	

基准上市企业的数据大量存在，可随时获取使用，而且有更高的可信度。因此，只要使用得当，即使在财务性控制权或战略性控制权价值层级，基准上市企业的数据也是非常有参考价值的。

整体合理性评估

我们本章开始时就曾提到收益法与市场法的关系，现在我们再以这两者之间的关系作为这一章的结束。即使由收益法转向市场法，估值分析师也无法避免进行合理判断。

▶ 在收益法下，必要的假设涉及现金流、增长预期及折现率的构成部分。如第 5 章所述，WACC 的任何一个构成要素都不是毫无争议的，且 WACC 的任何一个构成要素都存在不可客观证明的问题，因此，它要求估值分析师必须综合权衡现有的全部证据，从而对 WACC 的总体合理性做出评估。

▶ 在市场法下，基本假设与适用于目标企业的估值倍数有关。基础性调整描述了适用于目标企业的估值倍数与从基准上市企业观察到的估值倍数的差异。基础性调整反映的是目标企业与基准上市企业组合之间在 WACC 和增长预期上的差异。

综合理论表明，尽管不同方法下要求的判断有不同的名称，但最基本的判断是相同的。每一种方法都不是多余的，相反，估值分析师可以利用一种方法得到的结果和数据去验证另一种方法，从而为每一种方法的应用提供佐证和支撑。比如说评价选定 WACC 总体合理性的最好方法，就是把按收益法得到价值结论与市场上的观察结果进行比较。同样，评价选定估值倍数总体合理性的最好方法，则是把估值倍数的隐含收益率和增长预期与收益法采用的收益率数据进行比较。

因此，我们认为这是一个良性循环，而非恶性循环。我们甚至可以说，承认收益法和市场法的相辅相成和一致性，是我们得出最合理估值结论的唯一途径。实际上，综合理论提供的理论框架就是确保我们沿着这条路径得到最优结论的基本指南。

基准上市企业并不是估值分析师获得市场数据的唯一来源。在下一章，我们将探讨综合理论如何帮助估值分析师把基准交易法用于市场法。

| 第 7 章 |

基于基准交易的市场法

本章简介

在第 6 章中,我们探讨了综合理论如何利用基准上市企业法为市场法提供依据。具体来说,我们回顾了收益法和市场法是如何相互关联的,如何解释各种企业估值倍数及基础性调整的概念。这些观点同样适用于基准交易法。

基准上市企业法和基准交易法之间的区别,仅仅在于从市场观察到的相关数据不同。在本章中,我们将利用综合理论说明如何合理解释并采用基准交易数据。为此,我们将本章有待解决的问题归纳如下。

- ▶ 基准交易法可采用的数据与基准上市企业法可采用的数据有何区别?
- ▶ 针对预期现金流、风险和增长率情况,估值分析师可从基准交易数据中推断出哪些结论?
- ▶ 针对预期现金流、风险和增长率情况,估值分析师可从观察到的控制权溢价中推断出哪些结论?
- ▶ 基准交易数据在少数股权折价方面可推断出哪些信息?
- ▶ 应如何在不同价值层级上使用基准交易倍数?
- ▶ 估值分析师如何根据基准交易法评价估值结论的合理性?

基准交易数据的属性

为合理利用基准交易法，估值分析师首先需要了解可用数据的性质。对于基准交易法采用的数据，最好比对基准上市企业法采用的数据进行评价。

可以采用的基准上市企业数据

估值分析师偶尔也会感叹，与目标企业真正具有可比性的上市企业少之又少。对很多从事细分行业的小型企业而言，这无疑是正确的。但是在可以找到适当基准上市企业的情况下，可采用数据的质量和数量往往非常可观。毕竟，基准上市企业可以为估值分析师在诸多方面提供数据来源，具体如下。

▶ 自企业上市以来各年度经审计的财务报表及详细的附注信息。
▶ 详细的季度财务报表及相应的附注。
▶ 每日股票交易价格，而且通常可以覆盖很多年份。
▶ 逐年更新的详细企业业务介绍。
▶ 管理层对季度和年度经营结果的讨论和分析。
▶ 合并协议、信贷额度及其他主要企业文件的完整版本。
▶ 相关股票分析师针对企业季度业绩进行的访谈记录（及相应的投资者关系介绍）。
▶ 管理层针对企业未来业绩的预测。
▶ 分析师对很多企业业务未来业绩的详细预测。

对于相关的基准上市企业，估值分析师只需要登录 Bloomberg、CapitalIQ、SNL、Tagnifi 或其他数据提供商的网站，即可得到这些信息。

可采用的基准交易数据

与估值分析师可获取的大量上市企业数据相反，可采用的基准交易数据往往令人失望。数据的可用性最终取决于目标企业是上市企业还是非上市企业。

对上市企业的收购

当基准交易涉及的目标企业是上市企业时，就可以使用上述反映企业历史经营状况的全部数据集合。此外，估值分析师还可以获得实际的合并协议、投资银行代表目标企业股东发表的公允意见。

此外，由于可取得目标企业股票交易的历史记录数据，估值分析师可以将交易价格与历史上的交易价格进行比较，推算出控制权溢价的历史数据。我们将在本章后续部分介绍控制权溢价的使用和潜在误区。

对非上市企业的收购

对规模较小的企业而言，收购非上市企业可能与估值的关系更密切。但是，如表 7-1 所示，针对这类交易的可用数据在质量和数量上往往会受到限制。

表 7-1　可用数据

数据	上市企业	非上市企业	描述（非上市企业）
经审计的财务报表	✓	✓	偶尔可取得基础性数据（收入、EBITDA、资产），但缺少必要的背景信息
季度财务报表	✓		很少取得
每日股票交易价格	✓		无法取得
详细的企业业务介绍	✓	✓	简单描述/交易数据库通常包括 SIC 代码，但无法获得背景及管理层介绍
管理层讨论和分析	✓		无法取得
合并协议等	✓	✓	可通过交易数据库或新闻发布获得合同基本条款（包括价格等）的简要说明
季度业绩访谈记录	✓		无法取得
管理层的预测	✓		无法取得
分析师的预测	✓		无法取得
卖方发布的第三方建议	✓		无法取得

针对非上市企业收购可采用的数据可能会限制这种方法的适用性。但如果存在可靠的非上市企业交易数据可用，就可以为估值分析师提供重要的依据。在下一节中，我们将探讨如何在综合理论背景下解释可采用的基准交易数据。

由基准交易数据得到的估值结论

在第 6 章中，我们利用综合理论提供的数学模型确定了各种估值倍数的构成要素。

基准交易通常可分为反映财务动机和战略动机两种，具体对应财务性控制权价值和战略性控制权价值。

基于财务动机的基准交易

在基于财务动机的基准交易中,买方为私募股权基金投资者,或是其他不从事与目标企业相同或相近业务的投资者。正如我们在第 4 章中讨论的那样,当私募股权投资者试图通过收购而"锁定"目标企业的业务时,他们就可能具备战略投资者的特征。在把一笔交易分为财务交易或战略交易时,通常存在一定的主观判断因素。

对基于财务动机的交易,我们在表 7-2 中归纳了基准交易倍数的构成要素(即在财务性控制权价值层级提供价值证据)。

表 7-2 基准交易倍数的构成要素(财务投资者)

构成要素	综合理论模型	描述
WACC	$WACC_{财务性控制权} \approx WACC_{流动性少数股权}$	如第 5 章所述,针对财务投资者的 WACC 可能与适用于流动性少数股权价值的 WACC 相当
增长预期	预期增长率$_{财务性控制权} \approx$ 预期增长率$_{流动性少数股权}$	财务投资者不太可能发现大幅改善目标企业独立增长预期的机会
税率	税率$_{财务性控制权} \approx$ 税率$_{流动性少数股权}$	税率不太可能存在明显差异。当交易采取购买资产的架构时,可能会带来巨大的税收收益
资本强度	(折旧和摊销/EBITDA)$_{财务性控制权} \approx$ (折旧和摊销/EBITDA)$_{流动性少数股权}$	财务投资者可能会从独立角度评估资本强度(不考虑协同效应)
盈利性	利润率$_{财务性控制权} \approx$ 利润率$_{流动性少数股权}$	对财务投资者而言,在正常化流动性少数股权价值层级实现收益大幅改善的机会很有限

如表 7-2 所示,从概念上看,从可观察到的基准交易倍数推导得出的相关要素与财务交易的基准上市企业倍数具有可比性。因此,如果存在财务交易的可靠数据,就可以把这些数据直接用于财务性控制权价值层级的估值。另外,根据象征性的少数股权折价得出流动性少数股权价值,显然没有理论依据支撑。在流动性少数股权价值层级,由于不存在可靠的目标企业价格指标与交易价格可比,计算这类交易的控制权溢价或少数股权折价是不可能的。

适用的基础性调整

在使用从财务交易中观察到的估值倍数对目标企业正常化收益指标估值之前,估值分析师首先需要考虑,对这个估值倍数进行基础性调整是否合适。我们已在第 6 章详细介绍了基础性调整的概念。也就是说,基础性调整源于目标企业与基准上市企业在风险特征和增长预期方面的差异。

- 风险特征的差异。如果被收购企业为非上市企业，就很难对目标企业和基准上市企业之间的风险差异做出评估。在缺乏详细历史财务报表及相关管理层讨论和分析的情况下，估值分析师必须寻求其他方法确定相对风险差异。被收购企业的网站或许能提供一些线索，商务出版物可能会提供相对规模方面的数据，而目标企业管理层当然最了解被收购企业的相对风险状况。
- 增长预期的差异。如果无法获得历史财务报表和相关的管理层观点，同样难以对目标企业和基准上市企业的相对增长预期做出评价。如有可能，估值分析师应充分利用进行相对风险评估所需的数据。

与 EBITDA 或其他基于业绩指标的估值倍数相比，在涉及非上市企业的基准交易中，更可能取得收入倍数的数据。当收入倍数是唯一可使用的数据时，估值分析师必须牢记，除针对企业风险特征和增长预期之外，被收购企业的盈利性也会影响这些估值倍数。

我们不妨假设，按基准交易得到的收入倍数为 1.5。在基准交易中，如果被收购企业的 EBITDA 利润率为 20%，这笔交易的 EBITDA 倍数就应该是 7.5（收入倍数 1.5 除以 20% 的 EBITDA 利润率）。假设被收购企业的风险与增长特征与目标企业具有可比性。

- 假设目标企业的 EBITDA 利润率为 25%。如果估值分析师直接使用基准交易的收入倍数 1.5，那么由此得到的估值结论将低于目标企业的潜在价值。如果使用收入倍数除以目标企业更高的 EBITDA 利润率，将会得到潜在 EBITDA 倍数 6.0（1.5 除以 25%）。如果不考虑利润率差异，粗心的估值分析师可能会采用 7.5 的潜在 EBITDA 倍数，进行负的基础性调整，但这显然没有依据。
- 反之，如果目标企业的 EBITDA 利润率为 15%（低于基准上市企业），采用 1.5 的收入倍数就意味着 EBITDA 倍数为 10.0（1.5 除以 15%）。与前面的示例一样，粗心的估值分析师可能会对 7.5 的潜在 EBITDA 倍数进行正的基础性调整，但这同样缺乏依据。

这个例子的要点是，当基准交易的收入倍数是唯一可使用的数据时，估值分析师必须认真评价目标企业与基准上市企业的潜在利润率差异。有时他们很难得到足够信息进行这样的分析。

基于战略动机的基准交易

如果买方从事的业务与被收购企业相同或相近，基准交易就具有战略动机。如表 7-3 所示，针对具有战略动机的交易，我们对相应估值倍数的构成要素进行了总结。

表 7-3 基准交易倍数的构成要素（战略投资者）

构成要素	综合理论模型	描述
WACC	$WACC_{战略性控制权} \leq WACC_{流动性少数股权}$	战略投资者可能会采用自己的 WACC（可能相对较低）估算战略性控制权的价值，但这样做会最终会加大交易无法使其价值增值的可能性
增长预期	$预期增长率_{战略性控制权} \geq 预期增长率_{流动性少数股权}$	战略投资者可能有机会采取加速增长的战略
税率	$税率_{战略性控制权} \approx 税率_{流动性少数股权}$	在没有特殊情况的环境下，战略投资者的税率不太可能与目标企业的存在重大差异。当交易采取购买资产的架构时，可能会带来巨大的税收收益
资本强度	$(折旧和摊销/EBITDA)_{战略性控制权} \leq (折旧和摊销/EBITDA)_{流动性少数股权}$	根据现有设施重叠及产能过剩的情况，战略投资者可能希望以较低资本强度维持利润率
盈利性	$利润率_{战略性控制权} \geq 利润率_{流动性少数股权}$	战略投资者可能希望通过业务合并实现明显的成本节约或协同效应

与表 7-2 针对基于财务动机的交易进行的分析相比，通过表 7-3 中的描述，我们可以看到，战略交易的要素可能与流动性少数股权价值层级的相关要素存在重大差异。因此，如何正确使用来自战略交易的数据更具挑战性，尤其是在使用公允市场价值标准的情况下。

战略交易的两个附加特征会进一步放大正确使用战略基准交易倍数的复杂度。

▶ 如第 4 章和第 5 章所述，通过提高价值等形式提供给卖方的潜在战略收益（无论这种收益来自现金流增加还是 WACC 降低）取决于买卖双方的相对谈判实力。换句话说，要解释观察到的战略交易，不仅要在数量上评估财务投资者无法得到的潜在战略收益，还要考虑这些收益在交易买卖双方之间的分配比例。

▶ 很难从公开披露数据判断，计算交易倍数的依据到底是目标企业的历史独立（即非战略交易）业绩指标，还是按针对战略收益调整过的预期收益。在表 6-11 中，我们给出了一个恶作剧式的例子：如果采用按相对独立业绩指标计算的估值倍数，对已经过战略性控制权调整的目标企业收益进行估值，就有可能出现这种错配的问题。当战略交易中的买方为上市企业时，它们有时会披露交易预期带来的协同效应，为估值分析师按独立收益或战略收益计算估值倍数提供了依据。⊖

与基准上市企业和财务基准交易倍数一样，估值分析师同样必须考虑对观察到的估值倍数进行适当的基础性调整，以体现基准上市企业和目标企业在风险特征和增长预期方面的差异。对于已观察到的战略基准交易倍数，在对基础性调整的适当性进行评估时，需要考虑目标股权相应的价值层级。

战略性控制权价值

在对适用于战略性控制权价值层级估值结论进行基础性调整时，作为市场参与者的战略投资者需要将适用于目标企业的 WACC 与战略投资者针对被收购企业的 WACC 进行适当比较。在被观察到的交易中，如果投资者的规模和风险特征与目标企业的相关市场参与者具有可比性，就可以认为由 WACC 差异造成的基础性调整可能不大，或可以忽略不计。

对于增长预期，需要对战略投资者对目标企业本身的预期与基准战略交易中观察到的投资者预期之间进行适当比较。相应的增长预期可能取决于目标企业本身的属性和交易的具体战略动机。

财务性控制权价值

如果估值的目的是在财务性控制权价值层级取得公允市场估值结论，就需要根据目标企业的独立预期估算适当的基础性调整。换句话说，应将目标企业本

⊖ 例如，在买方披露银行的收购信息时，通常会提供针对预期协同效应（而且基本表现为费用节约）的估计，这是一种相当标准的做法。

身的 WACC 与基准交易中战略投资者用于被收购企业的 WACC 进行比较。两者之间的差异可能是显著的，具体取决于交易的性质。关于增长预期，比较的双方应该是战略投资者对目标企业的预期与基准战略交易中被收购企业的战略增长预期。

在上述针对适用于基准交易的基础性调整进行讨论时，我们假定与基准交易相关的信息在实务中难以取得。鉴于信息的匮乏，为提高基准交易数据的使用价值，估值分析师以往采用的一种技术，就是计算上市企业收购案隐含的控制权溢价。在本章的下一部分中，我们的讨论重点就是在实务中如何对控制权溢价数据做出最优解释。

控制权溢价的估值基础

通过观察上市企业收购案中的控制权溢价，或许估值分析师可以采用的最精确的量化数据。如表 7-4 所示，控制权溢价描述了交易前价格和交易价格这两者之间的差额。

表 7-4 控制权溢价

	股价	市值	企业价值
交易前价格（美元）	36.50	73 000	103 000
交易价格（美元）	50.00	100 000	130 000
控制权溢价（美元）	13.50	27 000	27 000
控制权溢价（%）	37.0	37.0	26.2

表 7-4 说明了三种表示控制权溢价的方法。

▶ 观察到的控制权溢价通常是按股价计算的：将企业股票在发布交易公告前的价格（表 7-4 中的每股 36.50 美元）与交易价格（每股 50.00 美元）进行对比，并计算两者的差额（每股 13.50 美元）占交易前价格的百分比（37.0%）。

▶ 控制权溢价还可以参照目标企业总股本的市值进行计算（见表 7-4）。由于这需要把股价乘以相同数量的已发行股票，因此控制权溢价的百分比不受影响。但是在采用这种方法时，以美元计价的控制权溢价（27 000 美元）相当于买方实际支付给目标企业的价值增值。

▶ 如表 7-4 最右一列所示，控制权溢价也可以表述为相对企业价值的比例。由于将相同金额的债务（现金净额）同时添加到交易前和交易价格中，以美元计价的控制权溢价绝对金额不受影响。但是在以金额较大的企业价值为基数时，就会得到较低的控制权溢价（较大企业价值对应的比例为 26.2%，而较小企业价值对应的比例是 37.0%）。估值分析师已经开始认识到，这才是衡量控制权溢价的合理基础，因为它可以抵消交易前出售债务对控制权溢价结论的影响。正如我们在第 5 章中讨论的那样，控制权投资者关注的重点是企业价值，而不是股权价值。此外，引起控制权溢价的经济因素是整个企业的价值，不只是股权价值。

可见，控制权溢价的计算过程简单明了，而且不存在争议。但是在基准交易中观察到的控制权溢价意味着什么？这也是我们随后需要讨论的一个难点。

基准交易中观察到的控制权溢价经济内涵

如表 7-4 所示，同一企业可观察到的控制权溢价涉及两个价值。虽然从交易中观察到的控制权溢价具有客观性，但表 7-5 中的分析表明，如果从个别评估要素的层面去分析控制权溢价，控制权溢价的外在客观性就会荡然无存。

表 7-5 控制权溢价的表达方式

基本表达方式
（企业交易价值 / 交易前企业的价值）−1
扩展表达方式
（买方收益 × 买方估值倍数）/（目标企业收益 × 目标企业估值倍数）−1

在开始讨论表 7-5 中的扩展表达方式时，我们可以看到，由于观察到的企业价值转换为观察不到的收益预期和估值倍数，基本表达方式原有的外部客观性荡然无存。那么，买方支付的价格是不是太高了？不，因为基本表达方式"客观性"带来的好处充其量也只存在于虚幻中。考虑一下，这个"客观"的基本表达方式能真正提供哪些信息。

▶ 目标企业在公告之前的股价为 36.50 美元。
▶ 宣布交易时的股价为每股 50.00 美元。

- 宣布交易时的股价比宣布交易之前的股价高出 13.50 美元。
- 公告时的交易价格比公告前的高 37.0%。
- 公告前的价格比公告时的低 27.0%。
- 交易价格表明企业价值为 1.3 亿美元，比交易前企业价值 1.03 亿美元高出 2700 万美元。
- 交易隐含的企业价值比公告前的企业价值高 26.2%。
- 公告前的企业价值比交易隐含的企业价值低 20.8%。

尽管上述观点确实具有客观性，但实际上，它们并没有为估值分析师提供很多具有真正经济内涵的信息。考虑一下，在表 7-5 中的基本表达式中，有哪些信息被掩盖起来？

- 市场参与者对目标企业的预期收益、风险特征和增长预期的看法。
- 交易任何一方承受经济压力的程度。
- 交易之前的销售过程。
- 买方认为的交易预期战略性现金流收益的性质或规模。
- 买方与卖方关于交易价格中战略性现金流收益的分配比例。
- 买方采用的 WACC。
- 买方对增长预期的看法，以及这些预期是否适用于目标企业本身的前景？或是两者有什么不同？

对某些交易来说，新闻资料及其他支持交易的法定文件也会针对上述问题提供有限信息。但不能简单地从表面上解读这些所谓"客观"的控制权溢价数据，至于这些实测控制权溢价的年平均值或中位数，当然更是不能直接使用的。

简而言之，估值分析师不应把观察到的控制权溢价直接作为估值使用的数据。在下一节中，我们将简单介绍一个我们亲身经历过的诉讼案件，并以此阐述把假设控制权溢价作为真实信息的危险之处。

案例研究：控制权溢价的（错误）使用

在很多年前经历的一个重大诉讼案件中，我们接受聘请对一份估值报告进行审核，该估值报告采用的是基准上市企业法，并在估值基础上直接增加控制权溢价，得出最终的控制权价值结论。我们的审核意见是，根据该报告提供的信息，采用这样的估值方法是不正确的，而且具有误导性。如下示例中的数字在量级上与被审核估值报告中的数字量级相当。

估值分析师根据选定基准上市企业得到的平均 EBITDA 倍数为 9.2。正常化处理后的 EBITDA 为 2000 万美元，由此，目标企业的企业价值为 1.848 亿美元。由于目标企业净债务为零，因此，其股权价值也为 1.848 亿美元。

随后，估值分析师分析了两笔交易（上市企业 A 和企业 B）披露的控制权溢价。按照《并购统计评论》提供的数据，当时两笔交易的控制权溢价平均值为 70%。交易的控制权溢价绝对额非常大，分别为 1.289 亿美元⊖（企业价值 1.848 亿美元乘以 70%）。由此得到的股权价值（及企业价值）为 3.142 亿美元。图 7-1 对案例研究涉及的相关事实进行了总结。

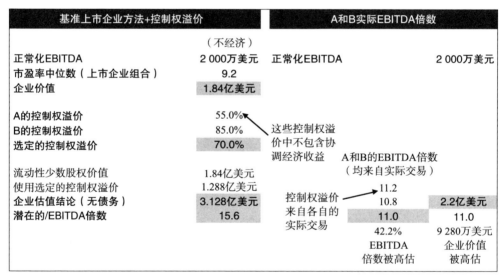

图 7-1　直接使用平均值控制权溢价带来的误导性结论

被估值企业的正常化 EBITDA 为 2000 万美元。根据这些信息，我们计算出如图 7-1 左下角所示的潜在 EBITDA 倍数为 15.6。

根据估值分析师的报告，在过去 5 年中，选定 40 多笔基准交易的 EBITDA 倍数中位数为 12.7，但交易的价格和数量在最近 3 年有所降低。因此，近期交易

⊖ 原书疑有误，1.848 亿 × 70% ≈ 1.294 亿（美元）。

的 EBITDA 倍数中位数为 11.1。

事实证明，在估值分析师采用的基准交易法中，还包括给 A（55%）和 B（85%）均带来控制权溢价的交易。A 披露的 EBITDA 倍数为 11.2 倍，B 披露的 EBITDA 倍数为 10.8。两个 EBITDA 倍数的平均值（或中位数）为 11.0，基本相当于过去 3 年交易 EBITDA 倍数的中位数（11.1）。针对带来实际控制权溢价的基准交易而言，相应的估值倍数属于目标企业估值的相关信息，但从这些交易中观察到的控制权溢价属于干扰性数据。

如图 7-1 右下角所示，把这两笔交易的 EBITDA 倍数中位数（而非控制权溢价的平均值）乘以 2000 万美元的正常化 EBITDA，得到的企业价值为 2.2 亿美元。将图 7-1 左侧基准上市企业法的结论（由于不当使用控制权溢价数据而得到的高估值结论）3.128 亿美元与使用相应 EBITDA 倍数得出的价值 2.2 亿美元相比，我们可以看到以下情况。

▶ 按不当使用控制权溢价得到的潜在 EBITDA 倍数将比使用实际交易正常化 EBITDA 得到的平均 EBITDA 倍数高出 42.2%。
▶ 在不当使用不经济控制权溢价，而不是使用经济 EBITDA 倍数时，企业价值将会增加 9280 万美元。

面对与上述这个案件相似（当然还有其他更重要）的证据时，诉讼方最终接受了有利于我们客户的解决方案。

归根到底，战略性控制权溢价的确定，最终应依赖于对战略性现金流收益、战略投资者采用的 WACC 及其能否改善目标企业增长预期的分析，这也完全符合本书第一部分中定义的综合理论。单纯依靠从实际交易中观察到的控制权溢价，只有在偶然情况下才有可能得到合理的估值结论。

因此，我们主张从战略投资者的角度出发，直接根据他们对现金流、风险特征和增长预期的估计，计算战略性控制权价值。随后，估值分析师就可以计算目标企业相对流动性少数股权价值的潜在控制权溢价，在此基础上进行任何适当的比较。

小结

按照综合理论，控制权溢价不是一个合适的输入变量，而是估值过程中的输出变量。

从交易中观察到的控制权溢价反映的是基准交易价格与公告前企业价值之差。观察到的市场溢价确实是客观存在的数据点，但归根结底，它是对买方与目标企业自身在现金流、风险特征和增长预期（不可观察）之间差异的综合。如果只是简单地在流动性少数股权价值层级基础上附加选定的控制权溢价，那么得出合理估值结论的概率是偶然的，而且存在高估控制权价值的风险。考虑到大多数对上市企业的收购都具有战略性，从交易中观察到的控制权溢价并不适合财务性控制权价值层级的估值。

根据交易观察到的控制权溢价推导少数股权折价

把交易观察到的控制权溢价当作估值输入变量，而不是输出变量，还会带来一个错误结果：对观察到的控制权溢价进行数学反推，为证明缺乏控制权会带来折价提供了市场证据。

但是按照综合理论的观点，这个控制权溢价只是描述了战略性控制权价值与公告前流动性少数股权价值的差额。对以往被视为缺乏控制权带来的折价（所谓的少数股权折价）而言，它描述的也应该是这个差异，只不过后者的差异体现在表达式的分母上。在表 7-6 中，我们从少数股权折价角度重新表述了表 7-4。

表 7-6 少数股权折价角度

	每股价格	市值	企业价值
交易前价格（美元）	36.50	73 000	103 000
交易价格（美元）	50.00	100 000	130 000
控制权溢价（美元）	13.50	27 000	27 000
少数股权折价（%）	27.0	27.0	20.8

在表 7-6 中，我们并未重新命名金额差额，因为它的确是具体买方为实施对目标企业的战略收购而支付的溢价。换句话说，这种观察是沿着特定方向进行的：从可观察到的公告前价格到基准交易价格。之所以存在价值增加，是因为这个特定买方接受预期现金流、风险特征或增长预期的差异，而且愿意据此支付包括溢价的交易价格。

沿着相反方向——从基准交易价格到可观察到的公告前价格，就不会出现这种概念上的支出。也就是说，折价不是对缺乏控制权给予的惩罚，而是战略投资者感受到的收益损失。

不妨考虑下面这个例子。按流动性少数股权计算，企业 A 自身的价值为 1000 万美元（每 10% 的股权价值 100 万美元）。战略投资者 B 有机会在收购之后大幅增加 A 的现金流。因此，B 愿意支付 1500 万美元的战略性控制权价值。在谈判交易过程中，双方最终决定，B 将以 1350 万美元的价格收购 A 90% 的股份，A 的原股东继续保留 10% 的股份。那么，在交易完成之后，A 10% 的少数股权价值是多少？按交易价格推断，少数股权折价为 100 万美元。但是，这 10% 的少数股权同样按比例参与现金流和最终价值的创造过程，并最终得到 1500 万美元的企业价值。无论少数股权折价的适当比例是多少，在它和由交易观察到的控制权溢价推导而来的少数股权折价之间，都不存在任何理论或现实的关系。

按照综合理论，少数股权折价与财务性控制权价值、流动性少数股权价值有关（见图 2-7）。对于上市企业战略交易中观察到的控制权溢价来说，它实际和我们在估值中经常使用的少数股权折价无关。尽管这确实是以往的传统做法，但估值分析师还是不应直接使用从交易中观察到的控制权溢价。它和我们经常提到的控制权价值毫无关系，除非预期的未来现金流更高、增长预期更乐观或风险降低，否则这个溢价是非常有限的。

基准交易倍数与各价值层级的对应性

可观察到的基准交易倍数包括如下四种可能的类型，它们在每个价值层级上的使用都是不同的。

- ▶ 来自财务交易的估值倍数，计算采用的分母为收益的预估值。
- ▶ 来自财务交易的估值倍数，计算采用的分母为收益的历史指标。
- ▶ 来自战略交易的估值倍数，计算采用的分母为收益的预估值。
- ▶ 来自战略交易的估值倍数，计算采用的分母为收益的历史指标。

表 7-7 列出了每一种类型的基准交易倍数，并为我们使用这些倍数计算流动性少数股权、财务性控制权和战略性控制权价值层级的价值指标提供了指南。

表 7-7 基准交易倍数使用指南

	基于财务交易	基于战略交易
财务性控制权、流动性少数股权	**预估收益倍数** （经适当的基础性调整后）直接用于计算目标企业的正常化财务性控制权、流动性少数股权收益 **历史收益倍数** （经适当的基础性调整后）直接用于计算目标企业的正常化财务性控制权、流动性少数股权收益	**预估收益倍数** （经适当的基础性调整后）可用于计算目标企业的正常化财务性控制权、流动性少数股权收益，但不推荐采用 **历史收益倍数** 在未剔除现实中可能不存在的战略性控制权收益前，不能使用
战略性控制权	**预估收益倍数** （经适当的基础性调整后）可用于计算目标企业正常化处理的战略性控制权收益 **历史收益倍数** （经适当的基础性调整后）可用于计算目标企业正常化处理的战略性控制权收益，但可能需要对财务性控制权收益进行调整	**预估收益倍数** （经适当的基础性调整后）直接用于计算目标企业的正常化战略性控制权收益 **历史收益倍数** （经适当的基础性调整后）直接用于计算目标企业的正常化流动性少数股权收益，不适合计算目标企业的特殊战略收益

如表 7-7 所示，要正确使用基准交易法显然并非易事。在使用这种方法时，估值分析师需要仔细考虑可采纳的估值倍数，并将估值倍数与相应的收益指标相乘得到估值结论。

整体合理性评估

与基准上市企业法相比，估值分析师在使用基准交易法时需要面对更多的挑战。

- ▶ **数据的质量和可靠性。**很多基准交易的具体条款并未公开披露，或仅部分披露。此外，如果目标企业是非上市企业，那么其历史财务业绩指标的质量自然也无从验证。
- ▶ **数据的数量。**不同于上市企业每日均可获得的价格指标，基准交易只是偶尔发生的，即使数据质量有保障，但可使用的数据在时间上可能远离估值基准日。
- ▶ **数据的解释。**对基于战略动机的基准交易，使用现有数据很容易带来误解，而且这些数据反映的具体交易特征既有可能与目标企业有关，也有可能无关。

尽管存在上述诸多缺陷，但针对小企业的估值，这些基准交易数据或许是最有说服力的市场证据。

考虑到这些缺陷的存在，在最后敲定使用这些基准交易法得到的价值指标时，我们往往会犹豫不决。但是在对使用其他方法得到的估值结论进行总体合理性评估时，我们还是愿意引用这些现有数据。因为这样做，有助于我们确保选用的收益法假设和基准上市企业估值倍数始终源自市场参与者的实际行为。

按照相同的逻辑，即使在交易中观察到的控制权溢价并非估值的输入变量，但它确实可以让我们全面了解战略投资者真正感知到的战略收益。如果方法正确，根据战略性控制权的估值结论推导潜在控制权溢价，有助于为估值采用的个别假设提供更有意义的信息。

在本章中，我们对本书第二部分进行了总结，并重点讨论了如何把综合理论应用于针对整个企业的估值实践。在本书第三部分中，我们将介绍综合理论在非流动性少数股权价值层级的价值评估。

| 附录7A |

控制权溢价和少数股权折价的历史回顾

简介

长期以来，估值分析师和市场参与者已经注意到，在收购上市企业时，交易价格通常会出现超过之前市场价格溢价的情况。由于买方取得目标企业的控制权，把这个溢价称为控制权溢价是合乎逻辑的。

当目标企业被收购的股份为少数股份时，自然也就缺乏对企业经营的控制权。人们普遍认为，少数股权不享有某些只属于控制性股权的控制特权。

这些控制特权涉及诸多方面，列举如下。㊀

- ▶ 任命或更改企业运营的管理层。
- ▶ 任命或更改董事会成员。
- ▶ 确定管理人员的薪酬和津贴。
- ▶ 制定运营策略和战略决策，并决定企业发展路径。
- ▶ 收购、租赁或清算企业资产，包括厂房、物业和设备等。

㊀ Pratt Shannon P, Niculita Alina V Valuing a Business [M] 5th ed. New York: McGraw-Hill, 2008. 385. 本书之前版本对控制特权的完整讨论如下："控制性股权通常比少数股权更有价值，因为它们包含了大量少数股权无法享有的权利。下面就是部分仅属于控制性股权而不为少数股权享受的权利……"本书列举了部分控制特权的示例。

- 选择合作并签署合同的供应商、供货商和分包商。
- 谈判和实施并购。
- 对企业进行清算、解散、出售或注资。
- 出售或回购库存股票。
- 为首次公开发行或二次公开发行登记注册企业的股票证券。
- 为首次公开发行或二次公开发行登记注册企业的债券。
- 宣告并支付现金或股票股息。
- 修订企业章程或细则。
- 制定自己的报酬（和津贴）以及关联方雇员的报酬（和津贴）。
- 选择合资合作伙伴，并签署合资及合伙协议。
- 决定企业出售的产品或服务，以及如何为这些产品或服务定价。
- 决定企业提供服务、准备进入或退出的市场和地域。
- 决定企业要向哪些客户群体开展市场营销，或不向哪些客户群体开展市场营销。
- 针对知识产权签署获得或放弃使用权的许可或共享协议。
- 否决实施上述部分或全部行为的权利。

由于买方为获得少数股权支付了溢价，观察者认为控制权是有价值的。估值分析师也把这种观点用作估算少数股权折价的基础。毕竟，如果有人为获得控制权而花钱，那么当控制权不存在的时候，就应把观察到的溢价视为缺乏控制权带来的折价。这在价值层级图的最初几级中尤为明显，该图显示，买方支付的控制权溢价高于流动性少数股权价值。我们把第 2 章的价值层级图再次呈现，如图 7A-1 所示，它反映了人们在 1990 年左右时对控制权溢价的理解。

利用基准上市企业法或收益法下的 CAPM，估值分析师针对流动性少数股权制定相应的价值指标。随后的标准做法就是，根据各种控制权溢价研究（或参考控制权交易的实际价格变化）来使用控制权溢价。

人们认为，控制权溢价是为获得控制权而支付的成本。因此，我们会很自然地得出这样的结论，少数股权折价等于控制权溢价。遗憾的是，这个结论并不正确。我们将在附录 7A 中对这两个假设展开分析。

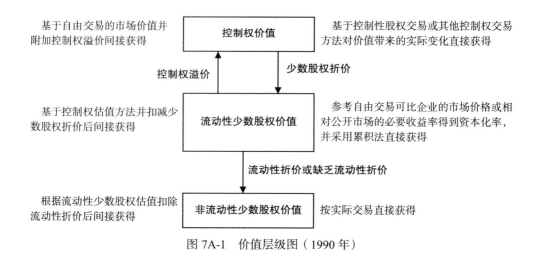

图 7A-1　价值层级图（1990 年）

控制权溢价的研究：《并购统计评论》

1981 年，格里姆咨询公司开始发布针对美国当年并购交易编写的研究报告，该报告名为《并购统计评论》。之后，格里姆咨询公司及其继任机构逐年发布这份研究报告。

《并购统计评论》涵盖当年发生的全部非上市企业及上市企业并购交易，并按行业、板块和规模等标准对这些并购活动进行全面深入的介绍。但对于估值分析师来说，这份报告中最重要的信息，就是对当年上市企业并购交易支付的控制权溢价进行的研究。

《并购统计评论》对控制权溢价的定义如图 7A-2 所示。

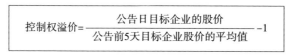

图 7A-2　《并购统计评论》对控制权溢价的定义

在上市企业的收购中，计算控制权溢价的基础是目标企业在公告日的股价与公告前 5 天股价的平均值。在这里，将公告前 5 天股价的平均值作为不受影响的价格。以上均为可观察到的上市企业股价。

在 1987 年的《并购统计评论》中，记录了当年发生的 237 笔并购交易的控制权溢价平均值和中位数，以及追溯到1968年以来的历史控制权溢价，如图 7A-3 所示。

1968～1987年，控制权溢价的年度平均值为40%，同一时期各年内中位数的总体中位数为35%。可见，由交易中观察到的控制权溢价是非常可观的，这也是估值分析师在估计控制权溢价和少数股权折价时经常引用的数据。⊖

		控制权溢价：1968～1987年			
年份	道琼斯最高点	道琼斯最低点	平均值（%）	中位数（%）	基数[①]
1968	985.21	825.13	25.1	na	271
1969	968.85	769.93	25.7	na	191
1970	842.00	631.16	33.4	na	80
1971	950.82	797.97	33.1	na	74
1972	1 036.27	889.15	33.8	na	93
1973	1 051.70	788.31	44.5	na	145
1974	891.66	577.60	50.1	43.1	147
1975	881.81	632.04	41.4	30.1	129
1976	1 014.79	858.71	40.4	31.1	168
1977	999.75	800.85	40.9	36.2	218
1978	907.74	742.12	46.2	41.5	240
1979	897.61	796.67	49.9	47.6	229
1980	1 000.17	759.13	49.9	44.6	169
1981	1 024.05	824.01	48.0	41.9	166
1982	1 070.55	776.92	47.4	43.5	176
1983	1 287.20	1 027.04	37.7	34.0	168
1984	1 286.64	1 086.57	37.9	34.4	199
1985	1 553.10	1 184.96	37.1	27.7	331
1986	1 955.60	1 502.30	38.2	29.9	333
1987	2 722.42	1 738.74	38.3	30.8	237

图 7A-3　摘自 1987 年《并购统计评论》中的"图 41"

[①] 支付市场溢价的交易数量。溢价只能按上市企业的并购交易计算。

资料来源：格里姆咨询公司。

近年来，格里姆咨询公司发布的数据也在不断扩展。譬如，2018年《并购统计评论》及其后续版本中补充了一个新的表格，用来反映以企业价值为基础的控制权溢价。按照这个新的表格，企业价值的定义是股票市场价值与债务市场价

⊖ 该年度研究报告逐年出版。截至本书出版时，BV Resources 是上述数据的发布机构，并以《并购统计评论》（年鉴）和并购统计/BVR 控制权溢价研究（在线数据库）两种形式发布数据。

值之和。新表格表明，人们正在越来越深刻地认识到，大多数市场参与者和很多（甚至大多数）估值分析师已倾向于在企业基础上看待估值——这恰恰与第3章基于企业的综合理论相一致。正因如此，我们不妨讨论一下市场参与者收购溢价这个话题。

市场参与者收购溢价

2017年，美国评估促进会（AF）出版《针对财务报告估值咨询的评估3：市场参与者收购溢价的衡量与应用》㊀（以下省略副书名）一书。作为评估咨询系列读物中的第三册，该书探讨了我们一直在讨论的控制权溢价。因此，建议读者认真阅读该书，并从中找到支持综合理论的重要依据。该书开篇是这样说的。

> 长期以来，控制权溢价一直是企业估值的重点。
>
> 在20世纪整个90年代初期，人们普遍认为，企业股票的公开交易价格代表少数股权价值，因此，在估算控制性股权的时候，只需要在这个公开交易价格的基础上增加控制权溢价即可。控制权溢价通常来自市场交易的实证数据，也就是说，将为收购整个目标企业而支付的收购价格与目标企业在交易前的公开交易价格进行比较。
>
> 但是到了20世纪90年代后期，这个概念受到质疑，而且人们的观点也一直在发生变化。对于一家企业的财务性控制权价值为何低于公开交易价格这个话题，各种观点层出不穷。
>
> 无论如何，人们已经开始普遍接受这样的观点：通过收购价格与公开交易价格对比而取得的市场证据并不能代表控制权溢价，相反，它所代表的溢价，只与行使控制权带来的实际改变有关。因此，控制权及是否拥有控制权并不是真正的重点。重要的是，在被收购之后，目标企业将置于新管理者或管理层之下。如果新管理层或合并实体预期现金流增加，业绩增长或风险降低，那么，高于公开交易价格的收购价格或许就是合理的。如果无法合理预见收购将会改善业绩或降低风险，那么投

㊀ Valuations in Financial Reporting Valuation Advisory 3: The Measurement and Application of Market Participant Acquisition Premiums in 2017, The Appraisal Foundation, 2017.

资者几乎就无法在支付高于公开交易价格的同时，仍创造合理的投资收益。在这种情况下，控制权价值就有可能接近公开交易价格。

《针对财务报告估值咨询的评估3》的副书名中出现了一个术语，即市场参与者收购溢价。认真阅读该书，我们就会清晰地认识到，市场参与者收购溢价与第2章及本章讨论的战略性控制权溢价非常类似。市场参与者收购溢价并不是为取得控制特权而支付的溢价。反之，因为投资者（市场参与者）通过对目标企业或所收购资产实施控制而预期取得额外收益，所以，投资者需要支付溢价。

《针对财务报告估值咨询的评估3》一书约60页，编写组讨论了市场参与者收购溢价的内涵及衡量方式，从而为基于财务报告目的的公允价值确定提供了最佳实践。由于该书篇幅较长，本书无法一一详述。但该书最终的摘要对全书进行了高度概括。因此，我们不妨引用该书的摘要，并在每段之后做简短评述。

《针对财务报告估值咨询的评估3》一书的目的在于，根据财务报告的公允价值标准，为评估经营性企业的控制权价值提供最佳实践[1]，基于此，我们需要对相关背景做出评论。

评述[1]：针对基于财务报告目的要求的公允价值标准对企业进行估值，《针对财务报告估值咨询的评估3》一书是我们值得借鉴的最佳实践。我们认为，其中的大部分原则同样适用于所谓公允市场价值的估值标准。

为了在财务报告公允价值标准下实现提供最佳估值实践的目标，编写组提出了市场参与者收购溢价这一概念，或简称MPAP。[2] 在这里，市场参与者收购溢价被定义为如下两个指标之间的差额：①作为估值对象的控制性股权按比例确定的公允价值；②基准价值。编写组认为，估值专家通常会把基准价值与按比例得到的企业流动性少数股权公允价值联系起来。[3] 尽管它描述的是MPAP股权基础，但采用总投资基础可能更合适。编写组认为，最佳实践就包括在总投资基础上描述和应用市场参与者收购溢价。

评述[2]：市场参与者收购溢价的定义是控制性股权的公允价值与基准价值之间的差异，如第2章所述，它相当于作为基础价值的流动性少数股权价值。这个差异与综合理论的战略性控制权溢价一致。

评述[3]：理论上的控制权价值与基准价值之间的关系就是一个"MPAP股权基础"概念。在第2章中，我们在股权基础上提出综合理论。它们在概念上基本相同。此外，编写组还认为，在总投资基础的前提下描述市场参与者收购溢价或战略性控制权溢价非常重要。总投资基础表示已投入资本总额，这与第3章基于企业的综合理论保持一致。

[4]咨询报告认为，从市场参与者角度出发，应以现金流增加或必要收益率下降作为计算市场参与者收购溢价的依据。[5]编写组认为，这种溢价不会出现在所有情况中，而且即使存在，也很难识别；在这种情况下，要么没有溢价，要么溢价很小。[6]尽管强调以现金流和风险差异作为公允价值计量中存在市场参与者收购溢价的证据，但编写组也承认，如果存在可靠数据的话，还是有必要对来自历史交易的控制权溢价进行分析。

评述[4]：必须将现金流的改善（绝对金额和增长速度）作为支持市场参与者收购溢价的证据，并认识到收购可能会降低投资者的风险。这等同于第2章提出并贯穿本书的一个观点：战略性控制权溢价是现金流及其增长预期提高或必要收益率降低带来的结果。

评述[5]：编写组认识到，并购并非总能取得战略收益或协同效应，而且有可能不存在市场参与者收购溢价，或是只有很小的溢价。这与综合理论一致，按照综合理论的观点，如果未出现（或极少）现金流收益的增加或风险的下降，那么，财务性控制权价值与作为基础价值的流动性少数股权价值就不会有实质性差异。

评述[6]：编写组当然承认，在取得可靠信息的前提下，分析来自历史交易的控制权溢价可能是非常有意义的。

[7]但编写组也提出告诫，在大多数情况下，仅依赖于在历史交易中观察到的溢价，还不足以为确认市场参与者收购溢价提供依据。完全依赖实际观察到的交易溢价，而不对目标机构的相对财务业绩、估值倍数及其他指标进行认真分析，就有可能导致公允价值的计量缺乏可靠性。

评述[7]：最佳实践表明，单纯依赖观察到的控制权溢价，通常不足以得出结论性的市场参与者收购溢价。这与本书第 7 章中的观点是一致的，即如果没有对预期现金流收益或风险的减少进行分析，那么从交易中观察到的溢价数据是没有任何经济意义的。在缺乏适当财务和估值分析的情况下，只考虑历史控制权溢价注定会使（公允价值）估值结论不可靠，并背离最佳估值实践。

[8] 对影响市场参与者收购溢价的各种企业特征进行讨论，既包括市场和行业特征，也包括目标企业与市场参与者的特征。[9] 投资者行使控制特权可能会带来诸多方面的经济收益，因此，对所有能影响市场参与者收益的典型企业特征，估值专业人士都应给予全面的分析。[10] 编写组认为，采用本书讨论的理论框架，将为评价估值结果提供重要背景，并强化相关公允价值标准的相关性与可靠性。

评述 [8]：为评估市场参与者收购溢价（以及战略性控制权溢价）的形成方式和原因，首先需要专注估值背景和相关交易的所谓"经济运行机制"。

评述 [9]：尽管行使控制权可降低风险或增加现金流，但其本身不存在任何独立、可分离的内在价值。换句话说，不可能将收购价格的一部分独立分配给控制特权。估值分析师应了解估值对象的基本业务特征，从而对预期现金流的增加或风险的减少程度做出评估。

评述 [10]：采用本报告针对市场参与者收购溢价提供的理论框架（即 MPAP 股权基础和总投资基础），有助于对公允价值标准进行合理评价，并提高这些标准的可靠性。

[11] 一个可靠的公允价值标准首先需要对该指标总体合理性进行评估，包括对实际使用或推导的市场参与者收购溢价进行分析。分析的严谨度取决于市场参与者收购溢价对公允价值标准的重要性。通过特定要素及其相关示例，可以对企业控制权公允价值标准的合理性进行评价。

评述 [11]：直接以市场参与者收购溢价或战略性控制权溢价取得公允价值（或公允市场价值），由此得到的结论自然是不可靠的。必须基于基本业务特征和预期现金收益或风险的降低，对实际采用（或推导）的市场参与者收购溢价的总体合理性进行分析。市场参与者收购溢价越大，相应的分析就需要越严格。

导致少数股权折价不存在的情况

历史背景概述

我们将重复讨论本节之前讨论过的少数股权折价问题。但这个问题的确非常重要，因而完全有必要值得进一步探究。

最初的价值层级图表明，少数股权折价与根据基准线流动性少数股权价值得到的控制权溢价在金额上是相同的。

该价值层级是参照公开股票市场中少数股权的交易命名的。价值层级图中包括三个价值层级，如图 7A-1 所示。

图 7A-1 显示出三个价值层级之间的关系。

- 流动性少数股权价值层级：估值的基础价值层级，被视同于自由交易的价值层级，也是确定其他价值层级的基础。
- 控制权价值层级（企业控制权）。
- 非流动性少数股权价值层级（非流动性少数股权）。

图 7A-1 中包括一个溢价和两个折价。

- **控制权溢价**。控制权溢价是一种从流动性少数股权价值向控制权价值的调整。对于针对上市企业的控制权变更交易，可通过市场交易直接观察到控制权溢价。如果一家上市企业的股票市场交易价格为每股 10 美元，而企业按每股 14 美元的价格出售，那么控制权溢价为每股 4 美元，即收购价格与公告前公开交易之间的差额。如果按控制权溢价占公告前交易价格的百分比（14/10 – 1）表示，那么，在这个例子中，控制权溢价应为 40%。专业人士对控制权溢价进行了大量分析，《企业估值评论》对这项研究的历史回顾及最新研究成果进行了跟踪。估值分析师可根据这些控制权溢价研究估算少数股权折价。
- **少数股权折价**。从价值层级图中可以清楚地看到，少数股权折价最终被视为控制权溢价的镜像。正如上述示例，控制权溢价为每股 4 美元。因此，相应的少数股权折价也为每股 4 美元。
- **流动性折价**。流动性折价（DLOM）是流动性少数股权价值与非流动性少数股权价值之间的差额。人们通过研究限制性股票找到了流动性折价的标准。上市企业在发行限制性股票时（根据 SEC 第 144 条规定），限制性股票的发行价格通常低于相同股票的公开发行价格。比如说，限制性股票的发行价格可能是每股 7 美元，而公开发行价格为每股 10 美元。那么，这些限制性股票的折扣为每股 3 美元，或者说限制性股票折价为自由交易股票价格的 30%。估值分析师通常以限制性股票研究作为估计流动性折价的基础。

20 世纪 80 年代和 90 年代，估值分析师还不太关注流动性少数股权价值层级的价值。很多估值分析师只考虑企业 100% 股权的价值，而后在这个基础上直接扣除少数股权折价和流动性折价。

鉴于这样的背景，我们有必要看看所谓少数股权折价消失的情况。

少数股权折价

少数股权折价的计算方法很简单。我们只需要使用基本的公式（见图 7A-4），即可让上述示例中的 40% 控制权溢价的影响荡然无存。

$$少数股权折价 = 1 - \frac{1}{1+控制权溢价}$$

图 7A-4　计算少数股权折价的常用公式

在上面的示例中，根据 40% 的控制权溢价计算得到的少数股权折价为 28.6%，即 1−1/（1+0.40）。根据以往的研究，控制权溢价的平均值通常在 35%～40%（或更高）的范围内。因此，潜在的少数股权折价往往很高，通常在 25%～30%。

价值的减少通常归因于某些控制特权（本章前面已讨论过）的存在，如经营企业、选择企业经营者或制定股息政策的能力。这意味着，投资者为获得企业控制权而支付大量的控制权溢价。由于少数股权缺乏控制权，少数股权折价相当于控制权溢价消失的部分。

然后，估值分析师根据限制性股票折价的平均值（加减幅度在 30%～35%）确定流动性折价。有些少数股权的估值结论低得令人难以置信。在附录 7A 中，我们只考虑少数股权折价。

少数股权折价消失的第一步

1990年，纳斯为ASA《企业估值评论》撰写了一篇题为"非上市企业控制权溢价与少数股权折价"的文章。⊖纳斯这篇文章的核心思想当时曾被很多估值分析师（包括美世投资）视为邪说。

直到20世纪90年代，纳斯提出的新观点才开始引起部分估值分析师的共鸣。纳斯在文章中提出如下逻辑——事后看来，这恰恰与综合理论是一致的。

- 公开股票市场规模巨大，而且市场参与者的目标是在这个市场上实现投资收益最大化。
- 在任何给定年份，被其他企业接管的上市企业数量都相对较少。目标企业通常是基于协同效应和战略收益预期被收购的，或者是因为目标企业的市场交易价格被过分"低估"，以至于让投资者看到通过预期价值提升而实现收益的机会。
- 鉴于大型上市企业、私募股权基金投资者及其他投资者数量众多，目标企业市场交易价格低于控制权价值的机会越多，目标企业被接管的机会越多。金钱追逐机会就如同"闻到血腥的鲨鱼"。但在现实中，大多数上市企业在任何一年被收购的可能性都微乎其微，因此，它们的市场交易价格必然会接近控制权价值。
- 由于某些上市企业出于协同效应或战略收益而被收购，其控制权价值要高于一般上市企业的控制权价值。
- 尽管美世投资最初并不认同纳斯关于典型公开市场定价创造（财务性）控制权价值的观点，但纳斯终究首次揭示出了少数股权折价消失的第一步。

少数股权折价消失的第二步

20世纪90年代中期，很多估值分析师已经意识到，在控制权溢价研究中，大多数交易都具有战略（或协同）意图。因此，投资者支付控制权溢价，并不是为了争夺绝对控制权，而是为了通过预期经营协同效应、提高销售额及其他预期

⊖ Nath E. " Control Premiums and Minority Interest Discounts in Private Companies," *Business Valuation Review*, American Society of Appraisers, June 1990, Vol. 9, No. 2, pp. 39-46.

战略收益增强合并实体创造现金流的能力。⊖

正是出于这一认识，价值层级图中出现了第四个价值层级的概念，即财务性控制权价值，并插入到少数股权价值层级与现有控制权价值层级之间，后者被重新命名为战略性控制权价值，如图 7A-5 所示。美世投资于 20 世纪 90 年代后期发布了这张新的价值层级图，在此期间，其他机构也发布过类似的图。例如，图 7A-5 与 2000 年出版的本书第 4 版中的图类似，该书我们也提出了四个价值层级。⊜

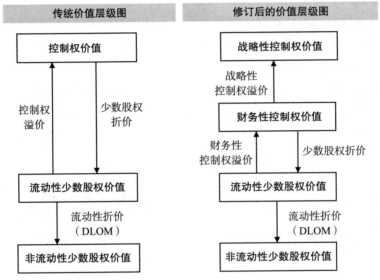

图 7A-5　传统价值层级图与修订后的价值层级图

位于传统价值层级图左侧的是控制权溢价，它是从上市企业控制权变更交易中观察到的单一溢价。左侧的控制权溢价分为右侧的两个部分，即财务性控制权溢价和战略性控制权溢价（右侧的溢价总和等于左侧的控制权溢价，也就是说，左侧的控制权溢价 = 右侧的财务性控制权溢价 + 战略性控制权溢价）

⊖ 相关示例参见 Mercer, Z. Christopher, "A Brief Review of Control Premiums and Minority Interest Discounts," *Journal of Business Valuation* 1997, Canadian Institute of Chartered Business Valuators。该期刊发表了 1996 年 6 月 6 日至 7 日举办的加拿大特许企业价值评估师协会第 12 届双年度会议的会议进程。

⊜ Pratt Shannon P, Reilly Robert F, Schweihs Robert P. Valuing a Business[M]. 4th ed. New York: McGraw Hill, 2000: 347-348.

估值分析师发现，协同效应和战略收益能强化目标企业创造现金流的能力，而右侧的战略性控制权溢价就是为取得这种能力而支付的溢价。这个逻辑启发人们意识到，控制权溢价研究所衡量的，并不是所谓的控制权（衡量少数股权折价），而是远比控制权更重要的东西。它们从根本上反映了预期现金流增强及风险降低所带来的价值。

这就引申出一个合乎逻辑的结论：如果利用控制权溢价研究来估算少数股权折价，那么，当控制权价值不包含战略交易预期创造的战略性现金流收益时，注定会高估少数股权折价。

从交易中观察到的控制权溢价兼顾了财务性控制权溢价和战略性控制权溢价两部分，这种认识是引发少数股权折价消失的第二步。

少数股权折价消失的第三步

更多的思考带来了价值层级图的进一步演化，也逐渐让人们认识到，流动性少数股权价值和财务性控制权价值几乎相当于同义词。这也是根据纳斯的1990年研究成果得到的合理结论。图7A-6对原有的价值层级图采取了进一步的拓展和细化，当然，它同样是由传统价值层级图发展而来的。

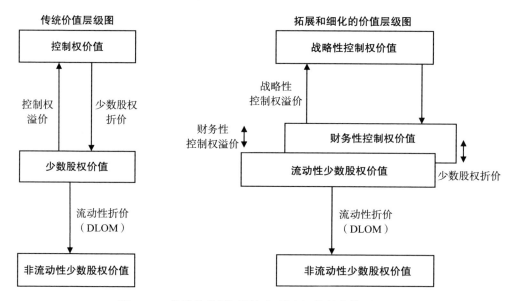

图7A-6　传统价值层级图与拓展和细化的价值层级图

纳斯的逻辑无疑是令人信服的，这充分体现在图 7A-6 的右侧。在 21 世纪之后，美世投资在一系列的演说和文章中，尤其是在 2004 年出版的本书第 1 版中，介绍了经过改良的价值层级图。㊀在本书第 2 版（于 2007 年出版）中，我们再次强化了综合理论。㊁

在本书第 2 版中，我们指出，除非是典型的财务投资者，否则就没有理由让这两个价值层级（流动性少数股权价值层级和财务性控制权价值层级）相互偏离。

▶ 预期能比现有所有者更好地经营目标企业，并依靠相同的资产创造更多的现金流。
▶ 预期能比现有所有者在较长时期内加快现金流的增长速度。
▶ 愿意接受低于市场（流动性少数股权）平均水平的收益率。
▶ 愿意与目标企业的所有者分享预期收益。

简而言之，财务性控制权价值没有理由大幅偏离上市企业的公开市场价格或非上市企业的流动性少数股权价格。

潜在战略投资者还要承受着自上而下的压力，他们必须让上市企业的管理者和董事会有效经营企业，为全体投资者创造价值。如果做不到这一点，他们刚刚接管的企业就有可能成为别人的收购目标。

如图 7A-6 右侧所示，很多估值分析师已经意识到，财务性控制权价值与流动性少数股权价值存在高度一致性。但几乎所有估值分析师都认为，财务性控制权价值和战略性控制权价值之间存在实质性的概念差异。但是按照我们自己的经验，只有为数不多的估值分析师接受一个必要性结论，即这种关系会影响到少数股权折价的内涵。

尽管如此，上述价值层级图中的细化价值层级，以及对流动性少数股权价值与财务性控制权价值日渐趋同性的认识，足以构成少数股权折价走向消失的第三步。

㊀ Mercer, Z. Christopher. Valuing Enterprise and Shareholder Cash Flows: The Integrated Theory of Business Valuation [M].Memphis, TN: Peabody Publishing, L.P, 2004.
㊁ Mercer, Z. Christopher, Harms Travis W. Business Valuation: An Integrated Theory[M]. 2nd ed. Hoboken, NJ: John Wiley & Sons, 2007.

少数股权折价消失的第四步

我们已经提到，流动性少数股权价值与财务性控制权价值之间存在高度的一致性。

即便如此，有些估值分析师仍坚持对少数股权折价的传统认识。他们的推理通常遵循如下脉络。

公开交易股票的所有者拥有的是少数股权。少数股权绝对不可能有控股股东那样的价值，因此，在公开市场定价中，注定会有一些少数股权被折价。如果说采用较高少数股权折价不合时宜，那么，就无法得出适合非流动性少数股权价值的估值结论，毕竟，对非上市企业而言，如果没有足够高的折价，非流动性少数股权显然是毫无吸引力的投资对象。

但问题在于，与非上市企业的财务性控制权持有者或非流动性少数股权的股东相比，上市企业的少数股权持有者拥有更大的控制权。对持有上市企业少数股权的投资者享有的这种相对控制权，我们不妨从以下几个方面考虑。

▶ 少数股权投资者可以控制他们投资任何一家上市企业股票的时间。
▶ 当上市企业发放股息时，投资者有权按持股比例领取股息。
▶ 投资者在买入上市企业时，会预期取得基于该企业的未来收益增长（及预期价格升值）再投资的全部收益。
▶ 如果上市企业被出售，那么，该企业股票的投资者可按持股比例分享其应得的部分。
▶ 上市企业股票的每个投资者都有权控制自己的持有期限。
▶ 上市企业股票的投资者可在预期的任何时候出售持有的少数股权，并预期在三日内获得全部未来现金流的资本化价值（即流动性少数股权价值及财务性控制权价值的当前市场价格）。
▶ 就总体而言，少数投资者可以通过出售股票表达他们对上市企业管理层和董事的不满。集体抛售可能会压低企业股票的市场定价，从而让上市企业成为更有吸引力的收购目标。对于上市企业，中小股东联合起来的威胁，是激励管理者和董事为全体股东利益高效经营企业的一种动力。

每一位少数股权投资者给上市企业带来的压力，再加上他们联合起来形成的集体力量，足以保证公开市场定价反映财务性控制权价值。

上市企业少数股权投资者拥有的不可小觑的权力，是少数股权折价消失的第四步。

少数股权折价到底存在与否

任何估价溢价或折价都需要附着于某个基数，因此，除非指定这个叠加溢价或折价的基数，否则，溢价或折价本身没有任何意义，这一点应该不言而喻。为此，我们不妨做如下思考。

▶ 任何控制权溢价所依附的基准价值均为流动性少数股权价值（或财务性控制权价值）。如上所述，我们确实可以在市场交易中观察到控制权溢价。此外，我们还可以在实践经验中发现，在确定支付的价格时，战略投资者的出发点是他们对现金流增加的预期或增长率超过目标企业自身增长速度的预期。因此，支付战略性控制权（或财务性控制权）溢价符合经济逻辑。

▶ 计提流动性折价的基准价值同样也是流动性少数股权价值（或财务性控制权价值）。对于非上市企业，当投资者投资缺乏流动性的少数股权时，他们就会面临这样的风险——每年取得的收益低于按持股比例应在可分配现金流中占有的份额。由于无法迅速将少数股权变现，他们还要承受上市企业投资者不会面对的额外风险，并且可能承受控股股东次优决策的后果。对于非上市企业，投资者为购买非流动性股权所支付的价格，要低于他们为购买上市企业价值相同股权所支付的价格，这背后显然有经济逻辑的。以上市企业为例，相对于可自由交易的等价股权而言，受限制（非流动性）股权的价格通常较低，这个现象在市场上显而易见，这无疑是对非上市企业股权存在流动性折价最有说服力的验证。

用来计提少数股权折价的基准价值必须是控制权价值，但显然不应该是不可观察的战略性控制权价值，毕竟除非上市企业整体出售，否则战略价值是无法体现的。对非上市企业而言，战略性控制权价值更是完全观察不到的。因此，也可以将财务性控制权价值作为基准价值，但如果这样的话，少数股权折价会是零或小得微不足道。

当然，我们并不是说，根本就不存在少数股权折价。在对资产持有企业的非流动性股权价值进行估值时，我们需要在基准价值上扣减少数股权折价。之所以这样做，是因为我们有可观察到的市场证据，即在以有流动性资产为主要投资的情况下，封闭式基金倾向于对净资产基准价值采用非常有限的折价。但对于经营性企业而言，计提少数股权折价的理由就更少了。

我们看到的是，直到20世纪90年代中期，无论是美世投资自己，还是估值分析师，对少数股权折价给出的经济学解释都是不现实的。毫无疑问，所有继续使用较高少数股权折价的估值分析师，都是在给自己找麻烦。他们找不到任何市场证据或经济原理支持自己的结论。

| 第三部分 |

BUSINESS VALUATION

股东现金流的估算

在第 7 章中，我们以综合理论为基础，对第 2 章介绍的概念性调整的前两个进行了分析，即控制权溢价及拓展后的财务性控制权溢价和战略性控制权溢价。为此，我们一并回顾了历史上的控制权溢价研究，这也是估值分析师长期以来用来估算控制权溢价的基本工具。此外，我们还讨论了相应的少数股权折价。由于这些调整的基础均为企业层级的现金流，我们对这个主题在本书第二部分企业现金流的估算中进行了剖析。

- 第 8 章是我们开启第三部分讨论的起点。为此，我们首先从限制性股票折价入手，这种折价衡量的限制性股票发行价格与相同发行人可比股票的自由交易价格之差。为此，我们将回顾以往针对限制性股票交易进行的各种研究，并把这些研究统称为限制性股票研究。毫无疑问，这些研究已成为以往计算非上市企业股权非流动性折价的基础。此外，我们还讨论了通常所说的拟 IPO 折价，它衡量的内容是非上市企业股权在 IPO 前几个月出现的折价。
- 在第 9 章中，我们将介绍 QMDM。作为一种工具，QMDM 可以帮助估值分析师根据与目标企业股权相关的部分关键要素，确定非上市企业股权的非流动性折价。
- 在第 10 章中，我们将详细解读 QMDM 的各个输入变量，为估值分析师确定相关参数提供指南，具体包括预期持有期、股息收益率、价值增长率及持有期必要收益率等。
- 在第 11 章中，我们以五个精炼的案例研究，显示了 QMDM 在各种不同场景模式下的实际运用。
- 事实证明，对税收转移实体进行适当估值处理已成为过去 20 年最有争议性的一个估值话题。在第 12 章中，我们使用 QMDM，对如何适当处理税收转移实体的少数股权提供理论概述和实践指南。

| 第 8 章 |

限制性股票折价和拟上市企业研究

本章简介

在某些限制性股票的研究中，尽管确实可以找到相关证据，帮助我们确定非流动性折价，但这些研究显然不具有普遍性，这些研究对可观察的平均限制性股票折价进行的比较，显然不能给我们提供一种估计非流动性折价的有效方法。此外，我们进一步发现，由于 IPO 之前的拟上市企业与 IPO 之后的同一家企业存在显著差异，与平均限制性股票折价进行比较不是估计非上市企业股权非流动性折价的合理手段。

造成这些差异的，不仅有预期现金流及其增长率的变化和预期风险的不同，还有这样一个不可否认的事实：当企业通过 IPO 筹集到新的资本金时，会导致 IPO 定价与 IPO 之前的价格完全不具有可比性。

我们首先需要提醒的是，无论是按基准上市企业法，还是基准交易法，进行限制性股票研究和拟上市企业研究都是一种市场法的形态。为此，我们首先利用现有的企业估值标准讨论这些研究，然后再剖析折价的具体含义，进而以合理的方式去利用这些研究。

基准交易法

在开始讨论估值调整之前,我们首先要认识到,三种基本估值法其实均可视为基准交易法的不同表现形式。我们将这种估值法定义如下。㊀

它是属于市场法范畴的一种具体估值方法,其中估值倍数来自从事相同或相近业务的企业进行的大额股权交易。

在谈论基准交易的研究时,为了对具体目标股权进行合理估值,在确定对估值比率进行的调整时,我们首先要考虑基准交易的某些重要特征。针对基准交易法理论框架的讨论,请参见《企业价值评估规范》对基准交易法的介绍(第 II.A 节、第 II.B 节和第 II.C 节)。

> II.A 涉及企业、企业所有者、有价证券和无形资产买卖、合并或收购的交易,可以为确定企业估值中的估值比率提供客观的经验数据。
>
> II.B 在对企业、企业所有者、有价证券和无形资产进行估值时,只要取得足够的相关信息,就应考虑根据基准交易法确定企业(或无形资产)的估值比率。
>
> II.C 基准交易是指涉及企业(或股权)的交易,它能为与目标企业(或股权)的投资特征进行比较提供合理的参照基础。理想的基准交易企业应该与目标企业处于同一行业。但如果无法在同一行业中获得足够交易信息,就可能需要在市场、产品、成长性、周期性或其他投资特征方面选择与目标企业基本相近的企业。目标企业的历史交易也可以被视为基准交易。

涉及基准交易的企业往往与典型的非上市估值对象缺乏可比性。基准交易法依据的基本思路是:选择的基准交易应具备与目标企业股权的投资特征进行比较的合理基础。虽然上市企业成千上万,它们的股票每个交易日都在进行交易,我们可以即时获取详细的公开信息,但是对于估值分析师而言,为被估值非上市企业找到完全的可比上市企业组合往往是不可能的,而且极有可能是不现实的。由于具有可比性的基准交易非常有限,因此,根据手头信息确定基准交易的可能

㊀ 本章与基准交易法相关的全部参考资料均来自:"SBVS-2, Guideline Transactions Method," ASA Business Valuation Standards, American Society of Appraisers, 2009。还可参见"SBVS-1, Guideline Public Company Method"。

性，自然也微乎其微。

至于控制权溢价、限制性股票及拟上市企业研究，我们不妨考虑被引用次数最多的那些研究，并通过它们提供的数据证明这一点。

- 控制权溢价研究。根据 2019 年《并购统计评论》，在 2014～2018 年的 5 年期间，平均每年发生 311 笔交易。这些交易出现在 20 个行业大类中。在这个平均值中，每年平均有 94 笔交易发生在包括银行、保险和房地产投资信托基金在内的金融行业。这意味着，在其他 19 个行业中，每年只有 217 笔交易。比如，2018 年有 10 个行业发生的交易数量不超过 9 笔，只有 4 个行业（金融业除外）发生的交易达到或超过 20 笔，其中零售贸易行业的交易最为频繁，达到 26 笔。可见，可供寻找基准交易的样本空间并不是很大。
- 限制性股票研究。正如我们即将看到的那样，历史上，绝大多数限制性股票研究很少或基本不会提供实际交易的信息。《斯托特限制性股票研究》分析了 751 笔交易，最早可以追溯到 1980 年，也就是说，向前推移了 40 年。这意味着，每年可获得相关信息的交易平均数量不到 20 笔，而且这些交易只发生在为数不多的几个行业内。

其他指南参考美国评估师协会《企业价值评估准则》的第 V.A.3 节、第 V.A.4 节和第 V.A.5 节，其中包含估值分析师应关注的事项。

- 第 V.A.3 节把基准交易中的价格与交易涉及企业（或股权）相关的基础财务、经营或实物数据联系起来，从而得出相应的估值比率。
- 第 V.A.4 节估值比率采用价格数据的时间点（相对于估值的有效日期）。
- 第 V.A.5 节如何选择估值比率，并将其用于估值对象的基础数据。

最主要的估值调整并不是估值比率。第 V.A.3 节介绍了基准交易法的估值比率计算过程，并建议把价格与基准上市企业相应的基础财务、经营或实物数据联系起来。这种方法既适用于基准上市企业，也适用于基准交易。我们首先需要提醒的是，估算的控制权溢价、限制性股票折价和拟 IPO 折价都不是按基准上市企业基础财务、经营或实物数据计算得到的估值比率。我们将会看到，这些估值调整衡量的只是两个价格之间的差异。

第 V.A.4 节建议，一定要谨慎处理与估值日期相关的基准交易时间。在审查控制权溢价时，相关基准交易往往发生在估值对象的既定估值日期之前（甚至可能提早若干年）。因此，对已经被无数作者和演讲者（包括本书作者）讨论多年的基准交易法来说，这种时间滞后性确实让人们对它的实用性提出重大质疑。在大多数情况下，他们讨论的是针对整个企业的交易，但涉及限制性股票或拟 IPO 之前的交易依旧存在问题。如上所述，还有一个疑问则来自限制性股票和拟 IPO 交易时间与估值日期之间的关系，这也促使我们在本章后续部分做更深入的讨论。

第 V.A.5 节指出，估值分析师应选择基准交易的估值比率，对估值对象的基础数据进行估值。控制权溢价、限制性股票折价和拟 IPO 折价实际上根本就不是估值比率。它们只是一个价格（交易价格）与基准交易时点另一个价格（公开市场价格）的比率。

在《企业价值评估准则》第二部分针对基准交易法的规定中，一个没有被提及的问题是为建立有效样本所需的基准交易数量。通常，在估值日或接近估值日时可利用的基准交易数量越多，这种方法更可靠。如果这样的基准交易数量很少或根本没有，那么使用基准交易法（或基准上市企业法）自然会受到质疑。

通过上述对基准交易法的介绍，我们可对限制性股票折价、拟 IPO 折价及相关研究展开讨论。有关控制权溢价及相关控制权溢价的研究问题，见本书第 7 章。

有关限制性股票折价的概述

从 20 世纪 60 年代末到 70 年代初，很多公开交易的封闭式基金开始投资公开上市企业发行的限制性股票。这些交易的盛行及公开披露价格的易取得使得很多人开始研究这种现象。

在 2008 年出版的本书第 2 版中，我们并未用很多篇幅讨论各种限制性股票研究，并把它们作为验证非上市企业流动性折价存在的证据。鉴于估值分析师仍在使用这些研究来估算流动性折价，我们有必要探讨一下上市企业限制性股票的概念，各项研究针对限制性股票交易采取的指标，从而对使用这些研究推导的私人企业非流动折价的有效性做出评价。

上市企业的限制性股票是什么

什么是限制性股票？限制性股票是指转让或交易受到限制（约束）的上市企业股票。这些限制源自 1934 年《证券交易法》相关章节对股票转让行为设置的法律限制。在这里，必须要知道的是，除需要符合《证券交易法》第 144 条规定的限制之外，上市企业的限制性股票在所有方面都与其他股票相同。

根据 1997 年 4 月 29 日之前执行的 1934 年《证券交易法》《144 号规则》（SEC Rule 144），限制性股票通常有两年的禁售期。考虑到估值分析师进行的限制性股票研究大都是在 1997 年 4 月之前完成的，在这里，我们主要以这段时间（1997 年之前）为例来讨论《144 号规则》。这些限制性股票交易及相关研究均出现于 20 多年之前。

为理性认识限制性股票交易，我们有必要回顾一下《144 号规则》的具体要求。在这里，我们讨论的限制性股票交易基本上与上市企业的其他股票交易没有区别。

什么是限制性股票折价

投资限制性股票的封闭式基金必须披露收购这些股票的价格，以及各上市企业非限制性股票的同期市场价格。这样，我们就可以得到针对所谓限制性股票折价的基本信息。这项公开披露要求也是已发表限制性股票研究采纳的基本交易证据。

那么，限制性股票折价衡量的对象是什么？与第 7 章讨论的控制溢价研究一样，限制性股票折价同样衡量的是两个价格之间的差异。在图 8-1 中，我们定义了限制性股票折价，并说明如何使用图中的公式计算。

$$\text{限制性股票折价} = 1 - \frac{\text{限制性股票的每股购买价格}}{\text{发行人非限制性股票的每股市场价格}}$$

$$\text{限制性股票折价} = 1 - \frac{15}{20} = 25\%$$

图 8-1　限制性股票折价的定义和计算方法

限制性股票的每股购买价格是该限制性股票的发行价格。同日，上市企业非限制性股票的每股市场价格则是可观察到的交易价格。

在这个例子中，封闭式基金以每股 15 美元的价格买入上市企业 P 的限制性股票。交易当天，公开市场交易的收盘价为每股 20 美元。我们在图 8-1 中可以看到的，这笔交易记录显示出 25.0% 的限制性股票折价。

25.0% 的限制性股折价反映了是两个价格之间的差价，仅此而已。我们根据现有市场信息可以得出的基本推论如下。

- 限制性股票的实际交易价格为每股 15 美元。
- 交易时，P 非限制性股票的交易价格为每股 20 美元。
- 限制性股票的交易价格低于非限制性股票交易价格的差为每股 5 美元。
- 限制性股票的交易价格比同一天 P 非限制性股票的交易价格低 25%。
- P 非限制性股票的收盘价比同日限制性股票的交易价格高 5 美元。
- P 的非限制性股票的收盘价比同日限制性股票的交易价格高 33.3%。

归根到底，限制性股票折价中不包含任何直接的经济信息。限制性股票折价只是两个价格之间差异的体现。计算限制性股票折价需要的数据没有揭示出任何限制性股票交易的基本经济内涵。

- 由交易中观察到的限制性股票折价并不能告诉估值分析师，P 限制性股票的每股 15 美元的价格是合理的，或者说这笔交易的价格为什么是每股 15 美元，而不是每股 12 美元或 17 美元。
- 找不到没有任何信息能让估值分析师判断非上市企业非流动性少数股权的流动性折价（或定价）是否合理。
- 实际上，对于我们正在讨论的 P 而言，它的限制性股票折价同样没有提供任何信息。当然，其他企业类似限制性股票折价的平均值也是如此：对任何目前非上市企业的非流动性少数股权，都不可能借限制性股票折价来评价其流动性折价（或最终估值结论）的合理性。

哪些信息在本质上具有经济内涵？能帮助我们理解 25% 限制性股票折价经济内涵的信息如下所示。

- 市场参与者对 P 的历史业绩及其未来前景进行的评价。
- 限制性股票交易与所有其他流通股交易（通常为规模相对较大的大宗交易）的相对关系。
- 限制性股票出售收入收益的预计用途及新投资对未来业绩前景的影响。
- P 股票以往的市场表现及其相对于类似上市企业股票的定价。
- 投资者期望的限制性股票必要收益率。
- P 限制性股票结束受限期并可自由交易的期限。
- 其他。

对任何一只具体的限制性股票，都会存在无数我们尚不得而知的信息，但有一点肯定是我们应该知道的：在交易中观察到的折价并不能揭示与限制性股票折价相关的任何经济内涵。

制度环境：1997 年之前执行的《证券法》《144 号规则》

上市企业的限制性股票在交易时需要符合 1934 年《证券交易法》《144 号规则》的相关要求。由于估值分析师采用的大多数研究都已经过时（发表于 1971～2000 年），在这里，我们主要讨论《144 号规则》在 1997 年之前的要求。之所以这样做，是因为估值分析师引用的大多数限制性股票研究均基于发生在 1997 年或之前的交易。

从 1997 年开始，《144 号规则》对持有期的限制缩短为 1 年。目前的基本持有期限制为 6 个月。

《144 号规则》由基本说明和条款（a）到（k）构成。如果满足《144 号规则》的所有条件，投资者即可自由处置其持有的股票，不再需要遵守 1933 年《证券法》规定的注册要求。

以下对《144 号规则》的讨论旨在帮助非专业人士了解这一重要法规，及其对 1997 年 4 月之前限制性股票交易的影响。《144 号规则》引言部分如下。

> 《144 号规则》旨在实现《证券法》序言的基本目的，即全面、公正地披露通过州际市场及邮寄方式出售的证券性质，防止销售过程中的欺诈行为 *** 本条例旨在禁止发行人在公开证券市场上从事公众无法获取充分最新信息的业务。与此同时，在公众可取得有关发行人充分当前

信息的情况下，按照本规则，上市企业的控制人、共同控制人及取得发行人限制性股票的人，可通过常规交易公开出售数量有限的限制性股票。

《144号规则》的豁免规则通常不适用于依据该规则被视为承销商或其他有权参与相关股票配置的任何人。在判断该人是否应被视为股票分配参与者的时候，《144号规则》建议从以下几个方面考虑。

首先，从《证券法》保护投资者的基本目的和政策出发，不管个人转售股票会得到转售收益还是因这笔交易而遭受损失，均要求全体投资者取得有关发行人适当的最新信息。因此，规则的适用性取决于是否存在充分适当的最新信息。

其次，剔除其他原因的影响，转售前的持有期至关重要，必须保证那些按第4（2）条豁免规则规定购买该股票的人承担相应的经济风险，因而不会成为直接或间接代表发行人向公众出售未注册证券的渠道……

最后，在确定哪些情况不构成转手谋利时，必须考虑的要素就是特定一笔或多笔交易对交易市场的影响……出售交易涉及股票的数量越大，转售就越有可能成为出售者通过出售股票而谋利的方式，而不是一种常规性交易。

设置两年持有期的目的，是为了确保投资者必须持有股票达到一定时间，承担证券在持有期内的风险。限制性股票的持有期涉及多项条款，尽管这些条款比远比我们在此处的讨论要详细得多，但我们依旧可以找到通用性规则。

（d）（1）通用性规则。向市场出售限制性股票之前，必须至少持有这些股票2年，持有期的计算起点为如下两个日期的较迟者：向发行人或发行人关联方购入相关股票的日期；代表相关股票购买人或后续持有者依本条款规定通过转售取得这些股票之日；如果购买人通过购买取得相关股票，那么，必须在购买人向发行人或发行人关联方支付全部购买价款或其他对价之后，开始计算两年禁售期。

一般而言，在买入企业的限制性股票之后，购买人至少应持有两年，《144

号规则》规定的禁售期才能结束。因此，受限制性股票的投资者必须认识到，他们在两年之内不能出售这些股票，也就是说，他们必须要面对至少两年的股权持有风险。

即使限制性股票的两年最短持有期结束，要出售这些股票，出售者通常仍需要满足可出售数量方面的限制。（e）条款规定了针对上市企业关联方出售限制性股票的限制。如上市企业的关联方出售其持有的限制性股票，那么，它们就必须遵守可出售数量方面的相关规则。

上市企业发行人的关联方在出售其持有的限制性股票时，它们在此前三个月内通过一次或若干次交易出售的限制性证券总数，不得超过以下三个数量中的较大者：

（e）（1）（i）发行人最新报告或公告披露的已发行同类别股票或股份的 1%。

（e）（1）（ii）在（h）条款规定发布出售通知之前按公历计算的四周时间内，在各大全国性证券交易所或通过该证券自动报价系统（纳斯达克）上进行的同类别证券平均周成交量。

（e）（1）（iii）在（h）条款规定发布出售通知之前按公历计算的四周时间内，按 1934 年《证券交易法》中的 11A3-1（§240.11A3-1）规定通过合并交易报告系统进行的同类别证券平均周成交量。

这些规则之所以被称为滴漏规则，是因为它们规定了一种慢节奏出售限制股的方式，从而最大程度减少限制性股票对正常公开市场的潜在影响。通常，除非符合（k）条款的特殊规定，否则，非关联方出售限制性股票必须遵守相同规则，（k）条款规定如下。

（k）由关联方以外的人终止对出售限制性股票设置的某些限制。本规则条款（c）、（e）、（f）和（h）规定的要求，不适用于出售时不属于发行人的关联方且此前三个月内与发行人不存在关联关系的人，但非上述持有者出售限制性股票仍需要满足禁售期要求，即向发行人或发行人关联方购入相关股票日期中的较晚日期，至少已持有该股票满三年。

换句话说，《144 号规则》对非关联方的禁售期为购买日期后的三年。

关联方需要遵守《144A 规则》，该规则对其以非公开方式向合格机构投资者（可视为充分了解相关知识和信息，因而无须接受《144 号规则》保护的投资者）出售的股票做出了规定。关联方出售限制性股票还需要满足《145 号规则》的要求，该规则旨在为根据 1933 年《证券法》规定注册登记的，通过并购取得股票的投资者提供保护。此外，关联方也可以出售上市企业已在 SEC 有效登记的股票。

通过对 1997 年进行修订之前的《144 号规则》进行分析，我们得到的最终结论是，在取得股票的若干年中，限制性股票的投资者需要接受《144 号规则》的限制，这种限制在取得股票的两年后自动解除。届时，投资者即可出售这些限制性股票，但即便如此，也要遵守上述关于出售数量的限制。对于关联方，禁售期则是三年。

在下面针对限制性股票研究进行的讨论中，对象是由非关联封闭式基金购买的限制性股票。因此，这些限制性股票的禁售期预期是两到三年。换句话说，至少在买入的两年之内，这些限制性股票是缺乏流动性的，而且在三年之后才能自由交易。

我们针对《144 号规则》的讨论已经解释了这一点。毕竟，在大多数限制性股票研究发表的时候，这项规则就已经存在。今天，这些研究已成为区分非上市企业非流动性少数股权的重要依据。随着讨论的深入，我们会看到，这种对比会更为明显。

限制性股票与可自由交易股票

在讨论具体的限制性股票研究及其含义之前，我们首先需要了解限制性股票与可自由交易股票之间的异同。正如我们在讨论开始时指出的那样，除需要符合《144 号规则》规定的限制之外，上市企业的限制性股票在所有方面与上市企业的其他股票没有区别。

限制性股票和可自由交易股票之间有很多相似之处。表 8-1 汇总了两种类型股票在诸多方面的相同点。在此基础上，我们再看看它们之间的主要差异。首先，我们关注的是两者之间的相同点。

表 8-1　限制性股票与可自由交易股票的相同点

投资者在股票交易当日可掌握的信息	
可自由交易股票	限制性股票
上市企业的历史经营业绩	相同
股票的历史表现	相同
分析师的预期	相同
可以获取的公开披露信息	相同
体现在当前股价中的未来业绩预期	相同
根据当前股票价格推算的公众收益预期	相同
市场对可自由交易股票按当时市场价格随时出售的认知（不存在强制持有期，因而无持有期溢价收益）	相同

除需符合《144 号规则》规定的要求之外，上市企业发行的限制性股票与可自由交易股票没有任何区别。表 8-1 从市场参与者和估值分析师角度归纳了两种股票之间的相同点。对限制性股票，有一点是确信无疑的：在交易日，投资者可以获取向公众投资者披露的全部公开交易股票信息。

持有已发行限制性股票同样代表了公众投资者对上市企业拥有所有权，这种权利等价于他们对同一企业的其他投资或在不同交易日进行的投资。

要理解为什么限制性股票相对可自由交易股票通常会折价交易，而且往往会经历大幅折价，我们首先需要了解限制性股票的特殊之处。折价是由于上市企业管理者掌握的信息不同于限制性股票投资者所能获取的信息，如表 8-2 所示。

表 8-2　限制性股票与可自由交易股票

投资者在股票交易当日可掌握的信息	
双方还知道什么？ 限制性股票的发行人（上市企业）	双方还知道什么？ 限制性股票的购买人（投资者）
发行限制性股票得到的收益需用于企业运营、偿还债务或为增长提供融资，发行人无法以更便宜的成本获得这些资金（否则，它们当然会采用成本更低的资金来源） 出售任何商品，性能都是最关键的，股票也一样。与业绩较差的企业相比，有吸引力的发行人可以通过幅度较低的限制性股票折价出售股票	限制性股票的转让需满足 2~3 年（大宗交易则需面对更长的禁售期）的禁售期，而且非限制性股票折价有望提高预期收益，对从非流动性风险增加做出补偿 在购买股票时，业绩较好的企业能吸引更多的买家，价格上涨的空间自然也更大，因此，发行人在出售这些限制性股票时，只需提供有限的限制性股票折价即可

与所有交易一样，发行限制性股票也是两个或两个以上拥有不同利益诉求者

通过协商达成的结果。限制性股票的发行人当然有动机获得最高的发行价（折价最小），而股票购买人则希望支付最低的价格（折价最大）。因此，我们在交易中观察到的限制性股票折价，是当事双方相对谈判实力的写照。

多年来，限制性股票交易是小型上市企业重要的融资渠道来源。随后，我们将详细讨论一下上市企业的业绩问题。但有一点是确定的，如果有其他融资来源的话，企业管理层当然会选择成本更低（无折价）的融资方式。其实，双方都知道这个道理。

买卖双方都知道，投资者持有的股份将被锁定两年甚至更长时间。投资者当然也很清楚，他们的资金将被套牢，买入的股票不能自由交易。他们在投资时就会考虑到这种限制。为什么？预期的禁售期在两年或以上，在这段时间里，他们无法在公开市场上套现投资，因此，他们需要面对公众投资者无须面对的风险。买卖双方都知道这种限制的存在，这也是决定限制性股票交易定价的一个重要因素。

在限制性股票交易定价中，还存在一个重要因素。简单来说，与所有投资一样，业绩是决定交易的基础。我们将会看到，在关于限制性股票的诸多研究中，存在着一个鲜为人知的现象：很多限制性股票发行人的经营业绩其实都差强人意。

在对限制性股票和可自由交易股的分析中，我们发现，只有两个差异会影响到谈判商定的定价及相应的限制性股票折价：

▶ 首先，限制性股票的持有者至少要面对两年的禁售期，然后，他们这笔投资才能有流动性。而可自由交易股票持有者可以随时出售手中的股票，并在三天内收到现金。相比之下，限制性股票投资者的预期持有期更长，需要面对公众投资者无须面对的风险。因此，他们在定价时就要考虑这种风险。在这种情况下，对限制性股票投资者而言，限制性股票折价是他们面对预期持有期较长而要求增加的风险溢价。我们把这种额外增加的风险溢价称为持有期溢价，用来反映其相对于同类可自由交易股票的折价。

▶ 其次，与所有投资一样，对限制性股票投资者来说，对未来业绩的预期同样至关重要。以前的历史业绩是预测未来业绩的基础之一。业绩较好的企业（按历史记录）可能比业绩差的企业有更低的风险预期或更美好的前景。在其他条件相同的情况下，投资者当然愿意为业绩较好的企业设定较低的持有期溢价，因为和表现较差的企业相比，这些企业被视为低风险投资。

归根结底，并非所有的限制性股票折价都是一样的。每笔限制性股票交易的折价都是上市企业和投资者针对表 8-1 和表 8-2 各项要素相互博弈的谈判结果。现在，我们了解了随后即将讨论的这些研究中可观察的限制性股票折价区间背后的基本经济因素。认识这些经济要素，我们就会发现，限制性股票折价区间大不足为奇。预期现金流、风险和增长率等基本估值因素为通过交易观察到的限制性股票折价存在合理性提供了依据。

"希尔伯研究"——限制性股票折价分析的入门

最初的限制性股票研究未能提供充分的业绩数据，无法帮助估值分析师了解业绩对限制性股票折价的影响。在《流动性折价的量化》一书中，我们曾提到"希尔伯研究"，实际上，这项研究几乎是所有限制性股票研究都不会遗漏的参考资料（本章随后的分析也不例外）。"希尔伯研究"提供的数据为我们分析限制性股票发行人的经营业绩和财务状况提供了重要依据。㊀

首先，我们在表 8-3 中对"希尔伯研究"的成果做一下总结。

表 8-3 "希尔伯研究"的成果（数据来自 1981～1988 年）

样本特征	平均值	标准差	区间		剔除最高值的平均值
			低	高	
限制性股票折价（%）	34	24	-13	84	
发行量（百万美元）	4.3	6.6	0.2	40.0	3.8
发行规模（发行股数/总股数）（%）	13.6	10.3	1.0	56.0	
上年收益（百万美元）	0.9	11.7	-0.9	65.0	0.0
收入（百万美元）	40.0	106.0	0.0	595.0	31.8
股权市值（百万美元）	54.0	88.4	4.4	532.0	47.0
样本量：69 个观测值					

如表 8-3 所示，这项研究的平均限制性股票折价为 34%，这与 20 世纪八九十年代其他交易研究得到的平均值是一致的，在这段时期，《144 号规则》

㊀ 图 8-9 引用的数据。

规定的限制性股票禁售期为两年。请注意，"希尔伯研究"得到的标准差为24%，这表明样本存在较大偏离度。实际上，标准差的区间从–13%（相对于企业自由流通股价格的溢价）到84%。既然所有交易均受到相同的禁售期限制，那么，是什么导致限制性股票折价出现如此巨大的差异？

▶ 我们一眼即可看出，上市企业自身的规模差异很大。规模最小的上市企业显然是一家尚未取得收入的初创企业。在样本中，收入最高的企业收入达到5.95亿美元。可见，样本在规模上相去甚远。如果剔除收入最高的企业，那么，平均收入从4000万美元下降到3180万美元。在这种情况下，样本中存在很多小规模股上市企业。

▶ 上市企业的平均发行量为430万美元，平均占参与交易的企业资本总额的13.6%。

▶ 样本中平均上年收益为90万美元。如果排除样本中收益最高的企业，则平均上年收益将降至零。

归根结底，根据表8-3提供的信息，我们看到，平均限制性股票折价为34%，而且围绕平均值变化的幅度很大，同样，上市企业在交易前的业绩波动也很大。

幸运的是，"希尔伯研究"还是为我们提供了很多有价值的信息，让我们得以研究限制性股票折价变动的原因。"希尔伯研究"将69个观测值分为两组。第一组只包括限制性股票折价低于35%的样本，第二个包括限制性股票折价大于35%的样本。如表8-4所示，两个子集的规模基本相同，分别包括34个和35个观测值。

表8-4 "希尔伯研究"的抽样汇总统计数据（数据来自1981～1988年）

样本特征	限制性股票折价 >35%		限制性股票折价 <35%	
	平均值	标准差	平均值	标准差
限制性股票折价（%）	54	13	14	13
发行量（百万美元）	2.7	3.9	5.8	8.2
发行规模（发行股数/总股数）（%）	16.3	12.4	10.9	7.0
上年收益（百万美元）	–1.4	2.7	3.2	15.9
收入（百万美元）	13.9	22.2	65.4	145.0
股权市值（百万美元）	33.8	27.8	74.6	118.0
样本量：69个观测值				

基于上述针对限制性股票与可自由交易股票的对比及一般性规律，我们认为，业绩较好的企业将比业绩较差的企业有更小的限制性股票折价。表 8-4 证实了这一结论。首先，我们看看表 8-4 左侧的数据。

▶ 限制性股票折价大于 35% 的企业，限制性股票平均值为 54%。
▶ 这些企业均存在亏损，平均上年亏损为 140 万美元。
▶ 样本的平均收入为 1390 万美元，平均股权市值为 3380 万美元。限制性股票折价较大的企业为小规模投机型企业。

从投资者角度看，这些企业极有可能有相对较高的风险。

把这些属性与表 8-4 右侧的数据进行比较，可以看到如下情况。

▶ 限制性股票折价低于 35% 的企业，限制性股票折价平均值为 14%。
▶ 这些企业在总体上是盈利的，平均上年收益为 320 万美元。
▶ 样本的平均收入为 6540 万美元，平均股权市值为 7460 万美元。

整体上，限制性股票折价较小的企业在规模上大于限制性股票折价较大的企业，投机性也小得多。

在"希尔伯研究"中，我们看到的远不止一组样本的平均值。"希尔伯研究"表明，限制性股票折价是买卖双方之间博弈谈判的结果，因不同的企业而有所不同。仅仅是这个貌似的事实，就足以让估值分析师认识到，不能轻易依赖基于个别限制性股票研究得到的平均限制性股票折价。

我们把"希尔伯研究"涉及的交易做一下总结。如图 8-2 所示，这些样本实际上可以分为三个组，有三个平均值。

图 8-2 中的数据并不能说明限制性股票平均值折价有多大意义。但是，当"希尔伯研究"将这些样本按限制性股票折价的大小分为两个相关的子集时，情况就完全不同了。在这里，我们可以得到一些显而易见的结论。

▶ 业绩较好企业的限制性股票平均值折价为 14%，而业绩较差的企业的限制性股票平均值折价为 54%。
▶ 总体样本的平均值为 34%，但这并不能解释样本业绩的差异。实际上，总体样本平均值对样本中的这些交易没有任何意义。

- ▶ 投资者的权衡思考过程，显然是对在两年以上预期禁售期内持有限制性股票的风险做出不同的评估。
- ▶ 由于投资者要求取得必要收益率，业绩较好的企业的限制性股票平均值为14%，而业绩较差的企业则为54%。

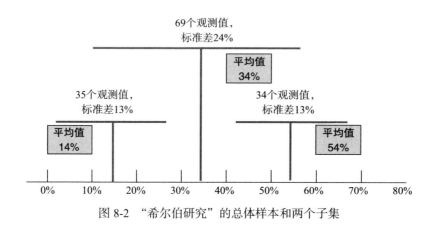

图8-2 "希尔伯研究"的总体样本和两个子集

下面，我们将详细讨论必要收益率的问题，毕竟，它是决定限制性股票估值的一个重要因素。实际上，必要收益率在对私人企业非流动性少数股东股权进行估值时，同样扮演着决定性作用。

深入解析限制性股票折价的根源

凭借"希尔伯研究"下，我们即可深入剖析限制性股票折价的形成原因。

持有期溢价的概念

上市企业发行的非限制性股票可以在市场上自由交易。这类股票的持有人可以随意买卖这些股票。买方支付的是当前市场价格，而卖方在交易发生时即可收到这个价格。除此之外，限制性股票与可自由交易股票完全相同。换句话说，两者唯一的区别在于，对限制性股票的投资在可转让性方面需要受到至少两年的禁售期限判。图8-3有助于我们了解这个概念。

在图8-3的左侧，我们看到的是传统的戈登模型，该模型代表的是上市企业P的股价。图8-3的右侧代表了P发行的限制性股票的股价。尽管戈登模型同样适用于两种股票，但限制性股票折价表明，在决定限制性股票股价的输入变量中，至少应该有一项不同于可自由交易股票。

可自由交易股票：
$$V_{可自由交易} = \frac{CF_{可自由交易}}{R_{可自由交易} - G_{可自由交易}}$$

限制性股票：
$$V_{限制性} = \frac{CF_{限制性}}{R_{限制性} - G_{限制性}}$$

图 8-3　可自由交易股票与限制性股票的基本估值模型

我们注意到，$V_{可自由交易}$通常小于 V_0（因为大多数交易均折价交易），我们可以在图 8-4 中看到这两个股价之间的关系。从交易中观察到的限制性股票票折价相当于限制性股票与可自由交易股票之间的价差。

$$V_{限制性} = V_{可自由交易} - 限制性股票折价$$

图 8-4　限制性股票折价

我们把限制性股票和可自由交易股票之间的价差定义为限制性股票折价，但它到底是如何出现的？如图 8-5 所示，我们找到了形成限制性股票折价的必备条件。

因为 $CF_{限制性} = CF_{可自由交易}$，$R_{限制性} > R_{可自由交易}$，$G_{限制性} = G_{可自由交易}$

所以 $V_{限制性} < V_{可自由交易}$

图 8-5　形成限制性股票折价的必备条件

除一点之外，P 发行的限制性股票在其他所有方面与同类可自由交易股票都是相同的，这一点就是证券法《144 条规则》的限制，具体如下。

▶ 限制性股票和可自由交易股票的 CF 是相同的。
▶ G 对两种类型的股票也是一样的。
▶ $V_{限制性}$小于 $V_{可自由交易}$。由于存在交易差异，因此，限制性股票的市场价格低于可自由交易股票的价格。

协调可自由交易股票和限制性股票差异的唯一方法，就是调整折现率，以体现交易限制和非流动性期限带来的增量风险。图 8-6 显示了这个风险调整过程。

$$V_{限制性} = \frac{CF_{可自由交易}}{(R_{可自由交易} + 持有期溢价 - G_{可自由交易})}$$

图 8-6　限制性股票的风险调整过程

上市企业折现率加持有期溢价为持有期折价，也就是说我们之前观察到的限制性股票折价。如果不存在持有期溢价，那么，限制性股票的股价就应该与同类可自由交易股票的相同。

协商确定的限制性股票折价

在发行限制性股票时，上市企业的管理者和董事有责任为股东取得最高的可能价格（即尽可能小的折价）。限制性股票的投资者主要是公开交易的封闭式基金，同样需要对自己的股东负责，通过与发行人协商而争取最低的价格（即尽可能大的折价）。最终确定的限制性股票发行价格应对全体股东公开披露。

我们已经指出，认识限制性股票折价经济机理的唯一方法，就是要认识到，上市企业限制性股票的投资者需要得到高于可自由交易股票股价所对应的隐含收益率，这也是他们愿意投资限制性股票的前提。持有期溢价或增加的必要收益率（见图 8-6）自然会带来限制性股票折价（见图 8-4）。

流动性折价与限制性股票折价

假设 P 在 1997 年之前发行了限制性股票。戈登模型为我们提供了一个对这些股票进行估值的理论框架。如上所述，P 对未来现金流和增长率的预期已体现在股票的公开交易价格中。这就需要通过折现率协调对未来的这种共识与 P 的当前（可自由交易股票）市场价格（$V_{可自由交易}$）。

限制性股票投资者寻找的信息同样也是导致 P 股票拥有市场价格 $V_{可自由交易}$ 的信息。但是，他们当然不愿意为限制性股票支付市场价格 $V_{可自由交易}$。相反，他们只愿意支付低于 $V_{可自由交易}$ 的 $V_{限制性}$，或者说包含限制性股票折价的价格，如图 8-5 所示。我们在表 8-1 中对限制性股票折价做出了定义。现在，我们可以在图 8-7 中定义流动性折价与限制性股票折价的关系。限制性股票折价显示在右侧，而更常见的流动性折价则显示在左侧。

$$\text{流动性折价} = 1 - \frac{V_{\text{股东}}}{V_{\text{股权(mm)}}} \quad \text{在理论上等价于} \quad \text{限制性股票折价} = 1 - \frac{V_{\text{限制性}}}{V_{\text{可自由交易}}}$$

图 8-7　流动性折价与限制性股票折价

流动性折价与限制性股票折价在理论上是等价的。回顾第 2 章，想想流动性少数股权价值（公开交易或视同可自由交易价值）与非流动性少数股权价值（没有市场的非流动性少数股权价值）之间的关系（见图 2-21）。关注图 2-21 相互关系一列的最下一行。为此，我们提出三个让非流动性少数股权价值低于流动性股权价值的条件。

- ▶ $CF_{\text{股权}}$ 小于或等于 $CF_{\text{股权(mm)}}$。限制性股票与可自由交易股票的预期现金流是相同的。因此，在现金流方面看，两者之间不存在形成价差的基础。
- ▶ G_v 小于或等于上市企业折现率与股息收益率的差额。与现金流一样，限制性股票和可自由交易股票有相同的增长预期，因此，从增长方面看，同样不存在形成价差的基础。
- ▶ $R_{\text{持有期}}$ 大于或等于上市企业的折现率。我们已经指出，限制性股票购买者要求的折现率高于上市企业的折现率，两者之差就是为弥补禁售期持有风险需要的持有期溢价。限制性股票的持有期溢价在概念上等价于综合理论的广义持有期溢价，只不过它对应限制性股票折价。

上述讨论验证了限制性股票折价与广义流动性折价在概念上的等价性。当然，正因为如此，估值分析师才开始考虑以限制性股票交易中观察到的限制性股票折价为基础，估算非上市企业的流动性折价。遗憾的是，限制性股票研究仅关注观察到的限制性股票折价，却未考虑限制性股票交易的真正经济机理。

持有期溢价的衡量

持有期溢价是区分可自由交易股票与限制性股票票价值的唯一因素。理论上，我们把持有期溢价定义为限制性股票投资者要求的超过上市企业折现率水平的部分，以反映超过可自由交易股票持有者风险的增量风险（持有期风险）。这种增量风险会带来限制性股票折价或流动性折价，进而导致限制性股票的发行价格较低。

那么，我们能衡量限制性股票交易的持有期溢价吗？如果能的话，我们该怎样去衡量？持有期溢价到底有多大？当投资者购买新发行的限制性股票时，他们的实际预期持有期是多少？为解答这些问题，我们不能只考虑在特定限制性股票交易中观察到的限制性股票折价，甚至也不是很多交易的平均值。我们不妨用一个例子说明这个问题。

对一笔特定的限制性股票交易，我们做如下假设。

▶ 在交易日，P 的可自由交易股票收盘于每股 10 美元。
▶ 限制性股票的发行价格为每股 7.50 美元，或者说，限制性股票折价为 25%。

这也是大多数限制性股票研究的分析内容。但限制性股票折价毕竟是投资者自己的深思熟虑及与发行人谈判博弈的综合结果。那么，造成限制性股票折价和持有期溢价的原因到底是什么？为理解这个 25% 的基本经济原理，我们还需要看看截至交易日的预期。为此，我们假设如下。

▶ 公开市场定价的隐含股权折现率为 10.0%。
▶ 在可预见的未来不存在预期股息，因此 P 的预期价值增长率为 10.0%，或者说，等于折现率。假设所有投资收益均按折现率重新投资于企业。
▶ 我们知道，按（1997 年之前）《证券法》《144 号规则》的规定，P 的限制性股票至少在两年内不得交易。
▶ 投资者可在两年后分次卖出限制性股票。
▶ 假设投资者买入的限制性股票足够多，在禁售期满之后，需要 10 个季度才能卖出全部。根据这些假设，限制性股票投资者需要在 2.5 年之后才能清空全部持股，或者在买入的 4.5 年后才能实现全部流动性。假设投资者按时间均匀销售股票，预期的平均持有期则为 3.25 年，其中禁售期 2 年，外加 1.25 年的有效变现期，即 2.5 年的一半。

我们确实就不知道 P 限制性股票的实际投资者到底在想什么，但我们完全可以合理地推断出，他们预期的持有期为 3~4 年。当然，也可以假设他们的持有期更长或更短，但归根结底，假设必须有合理的依据。

P 的可自由交易股票股价预期将以每年 10% 的速度升值。我们以图 8-8 表示股价和预期持有期之间的关系。为了更好地说明基础概念，我们在图 8-8 中并未按比例对纵轴进行缩放。我们在纵轴突出显示了可自由交易股票股价（每股 10 美元）和限制性股票股价（每股 7.50 美元）。

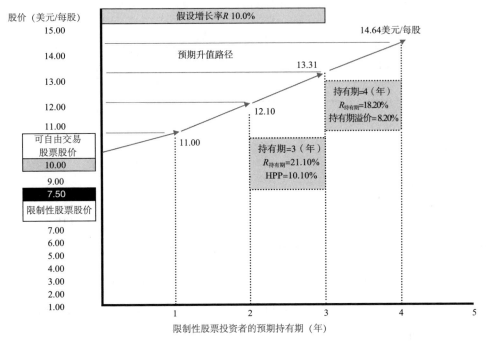

图 8-8　限制性股票股价与可自由交易股票股价

假设股价按复利增长，因此，P 的股价预计将在第一年年底达到每股 11.00 美元，并在随后的三年分别上涨到每股 12.10 美元、13.31 美元和 14.64 美元（即次年年底增长到前一年年底的（1+10%）倍）。图 8-8 中的箭头表示预期会升值，这也是 P 可自由交易股票的预期升值路径。

就分析而言，最关键的问题在于：假设 P 的折现率为 10%，我们可以从限制性股票交易中推断怎样的增量收益或持有期溢价？按照 25% 的限制性股票折价，可以得到每股 7.50 美元的价格。这个答案需要我们对预期持有期做出预测，在这里，我们假设的持有期为 3～4 年。

按我们上述例子中采取的假设，限制性股票投资者的必要收益率的计算过程如表 8-5 所示。股价预计将增长到如图 8-8 所示的未来价格，但投资者实际支付的价格（10 美元 / 股）并不是升值的起点，升值的真正起点是考虑折价后的每股 7.50 美元。限制性股票投资者预计支付的价格为每股 7.50 美元，并得到每股 13.13 美元或 14.64 美元的未来价格，如表 8-5 所示。与这些当前价值和未来价值相对应的，是预期为 3 年和 4 年持有期的投资者要求的必要收益率。

表 8-5 必要收益率的计算

起始股价	股价	
	10.00 美元 / 股	
持有期	3	4
预期未来股价	$(1+R_{持有期})^3$	$(1+R_{持有期})^4$
股价（美元）	13.31	14.64
每股现值（美元）	7.50	7.50
	（每股交易价格）	
潜在的限制性股票折价（%）	25.0	25.0
$R_{持有期}$（投资者要求的必要收益率）（%）	21.1	18.2
减：P 的折现率（%）	10.0	10.0
持有期溢价（%）	11.1	8.2

对必要收益率和持有期溢价的分析给我们提供了有价值的信息，具体如下。

▶ 为吸引投资者购买 P 发行的限制性股票，发行人必须提供 25% 的限制性股票折价。

▶ 投资者在 3 年和 4 年持有期内要求的必要收益率分别为 21.10% 和 18.20%。

▶ 在上述预计持有期内，投资者得到的持有期溢价（超出企业折现率 10% 的超额收益）为 8.20% ~ 11.10%。

与观察到的限制性股票折价相反，上述分析有助于揭示交易中的潜在经济因素，并为评估私人企业的非流动性少数股权价值提供理论基础。随后，我们将进一步详细讨论预期持有期溢价的问题。

对历史（1997 年前）限制性股票研究的总结

我们已深入讨论了什么是限制性股票交易及限制性股票折价衡量的是什么，以及更重要的，它不能衡量什么。到此为止，我们在讨论中仅引用了一项具体的限制性股票研究，即"希尔伯研究"。自美国证监会在 1971 年发布"限制性股票机构投资者研究"（Institutional Investor Restricted Stock Study）以来，针对限制性股票的研究大量出现。在图 8-9 中，我们总结了被估值分析师经常参考的主要历史限制性股票研究成果。

序号	限制性股票研究的名称	引用	发表时间（年）	交易数量	报告日期（年）	中位数	平均值	标准差	区间 低	区间 高
1	证交会的机构投资者研究	a	1971	398	1966~1969	24%	26%	不适用	-15%	80%
2	Gelman研究	b	1972	89	1968~1970	33%	33%	不适用	<15%	>40%
3	Maher研究	c	1976	34	1969~1973	33%	35%	18%	3%	76%
4	Stryker/Pittock研究	d	1983	28	1978~1982	45%	不适用	不适用	7%	91%
5	Silber研究	e	1991	69	1981~1988	不适用	34%	24%	-13%	84%
6	Moroney研究	f	1993	146	1968~1972	34%	35%	18%	-30%	90%
7	Hall/Polacek研究 (FMV)	g	1994	>100	1979~1992	不适用	23%	不适用	不适用	不适用
8	Trout研究	h	1997	60	1968~1972	不适用	34%	不适用	不适用	不适用
9	Management Planning研究	i	1997	49	1980~1995	29%	28%	14%	0%	58%
10	Johnson (BVR) 研究	j	1999	72	1991~1995	不适用	20%	不适用	-10%	60%
11	哥伦比亚财务咨询（1997年之前）	k	2000	23	1996~1997	14%	21%	不适用	1%	68%
12	哥伦比亚财务咨询（1997年之后）	k	2000	15	1997~1998	9%	13%	不适用	0%	30%
				1083+						
订阅服务										
13	FMV数据库（截至2004年）	l	2004	430						
14	美世投资的交易研究（1997年4月之前）	m	2005	248	1980~1997	22%	23%	22%	<-5	>51%
15	美世投资的交易研究（1997年4月之后）	m	2005	182	1997~2005	23%	21%	35%	<-20%	>68%
16	Stout限制性股票研究数据库	l	2019	751	1980~2017	不适用	不适用	不适用	不适用	不适用
	平均值（第1~6行中的前六项研究）					34%	33%			
	平均值（1997年之前）					29%	29%		区间 低	区间 高
	平均值（1997年之后）					16%	17%			
	总平均值					27%	27%		-30%	91%
									（溢价）	

引文

a. Discounts Involved in Purchases of Common Stock (1966–1969), Institutional Study Report of the Securities and Exchange Commission, H.R. Coc. No. 92-64, Part 5, 92nd Congress, 1st Session, 1971, 2444–2456.

b. Gelman, Milton. An Economic Financial Analyst's Approach to Valuing Stock of a Closely Held Company, *Journal of Taxation*, June 1972, pp. 353–354.

c. Maher, Michael J.Discounts for Lack of Marketability for Closely Held Business Interests, Taxes, September 1976, pp. 562–571.

d. Pittock William F，Stryker Charles H. Revenue Ruling 77-287 Revisited, SRC (Standard Research Consultants) Quarterly Reports, Spring 1983.

e. Silber William L. Discounts on Restricted Stock: The Impact of Illiquidity on Stock Prices, *Financial Analysts Journal*, July-August 1991, pp. 60–64.我们在本书第3章对本研究进行了分析。

f. Moroney Robert E. Most Courts Overvalue Closely Held Stock, Taxes, March 1993, 144–154. Maher, Michael J.，"Discounts for Lack of Marketability for Closely Held Business Interests," Taxes, September 1976, pp. 562–571.

g. Hall Lance S,Polacek Timothy C.Strategies for Obtaining the Largest Valuation Discounts,Estate Planning, January/February 1994, pp. 38–44.

h. Trout Robert, R. Estimation of the Discount Associated with Restricted Securities, Taxes, June 1997, pp. 381–384.

i. Management Planning, Inc. Analysis of Restricted Stocks of Public Companies,Published in Chapter 12 of: Mercer, Z. Christopher, Quantifying Marketability Discounts, (Memphis, Peabody Publishing, LP, 1997), pp. 359–384.该研究对49项交易的相关数据进行了详细分析。MPI研究最早发表于该杂志。

j. Johnson Bruce.estricted Stock Discounts, 1991–1995, Shannon Pratt's Business Valuation Update, Vol. 5 No. 3, March, 1999, pp. 1–3, and "Quantitative Support for Discounts for Lack of Marketability," Business Valuation Review, December 1999, pp. 152–155.

k. CFAI Study, Aschwald, Kathryn F.Restricted Stock Discounts Decline as Result of 1-Year Holding Period: Studies After 1990 No Longer Relevant'for Lack of Marketability Discounts, Shannon Pratt's Business Valuation Update, Vol. 6, No. 5, May 2000, pp. 1–5.

l. 2017年之前，FMV数据库可在www.bvresources.com网站获取；2017年之后，由于FMV被Stout收购，该数据库由Stout在同一网站提供。

m. Mercer Z. Christopher Valuing Shareholder Cash Flows (Memphis, Peabody Publishing, LP, 2005), Chapter 5, Review of the FMV Opinions Study, pp. 156–170. 该分析检验了FMV数据库（该数据库到2005年初存在），并分别对2年（1997年4月之前）和1年（1997年4月之后）的禁售期进行了限制性股票研究。我们在本书第3章对美世分析的结果进行了总结，并针对2年禁售期进行了着重分析。

注：1.本书以前的几个版本均采纳了Willamette Management Associates研究的成果。由于我们已无法确定该研究的最初来源，因此，该研究未被纳入本图。平均限制性股票折价为31%，因此，该研究对本图表的整体分析几乎没有任何影响。

2.依据取得的数据，本书第3章对美世投资的《流动性折价的量化》一书之前出版的所有限制性股票研究（Memphis, Peabody Publishing, LP, 1997）进行了深入审查。但是从原理上说，《流动性折价的量化》一书可以称得上是本书的源泉。

图 8-9　历史限制性股票研究成果

历史研究概述

在图 8-9 中，第 1～12 行对 1971～2000 年针对限制性股票发表的 12 项研究进行了总结。这些研究的对象均为发生在 1997 年 4 月 29 日之前的交易，也就是在这一天，美国证监会发布的《144 号规则》规定，限制性股票的禁售期从 2 年缩短为 1 年。其中，哥伦比亚财务咨询（1997 年之后）涵盖了发生在 1997 年 4 月 29 日之后的部分交易。

在图 8-9 "订阅服务"下包括 4 个项目。FMV 在 20 世纪 90 年代开始创建限制性股票数据库，并通过网站 www.bvresources.com 对外出售数据服务。数据库本身并不专用于限制性股票研究，但可以帮助用户独立进行研究。在 FMV 被 Stout 收购之后，上述数据库也被"Stout 限制性股票票研究数据库"取代。

几十年来，很多估值分析师在通过限制性股票研究推导流动性折价时，所依赖的信息远少于图 8-9 归集的信息。那么，从图 8-9 中，我们能了解到什么？

- 只有很少的研究，引用了少数交易。图 8-9 中的交易总数超过 1083 笔。
- 这些交易覆盖的时间段为 31 年（1966～1997 年）。
- 很多估值分析师用来为流动性折价提供依据的信息大多位于第 1～6 行。在这个区域显示了 1993 年及之前发表的研究的平均值和中位数。这些研究的结论验证了一个人们反复提及的观点："集中趋势"为 35%～45%。相关研究的平均值分别为 34%（中位数）和 33%（平均值），这也是为什么人们始终相信对于私人企业的非流动性少数股权价值来说，流动性折价达到或超过 35% 是合理的。
- 图 8-9 的最后两列为这些研究得到的限制性股票折价区间。如图 8-9 所示，区间的最低值为 –30%（相当于 30% 的溢价），最高值为 91%（位于图 8-9 中的右下角）。研究得到的区间很大，其中包括"希尔伯研究"（上文已讨论）中的详细分析，确实值得估值分析师做全面分析。
- 1997 年之前交易的平均值（平均值的平均）为 29%，全部研究的总平均值为 27%。1997 年之后交易的平均值为 16%～17%。但大多数估值分析师并没有把关注点放在 1997 年之后的交易上。
- 美世投资于 1997 年出版的《流动性折价的量化》一书，对 1997 年及之前的所有研究进行了总结和分析。

归根结底，无论是平均值、中位数、区间还是其他任何形式，限制性股票折价都不能直接帮助估值分析师对私人企业的非流动性少数股权流动性折价做出合理评估。通过深入的分析及对有效持有期的估算，限制性股票折价可以揭示限制性股票对应的持有期溢价，但本身并不能直接转化为非上市企业的流动性折价。

使用限制性股票折价是市场法估值的一种形式，但并不满足目前基准上市企业法的要求。然而，如上述分析所表明的那样，估值分析师还在使用这些过时研究的平均值和中位数。

对 FMV 数据库及 STOUT 限制性股票研究数据库的回顾

图 8-9 中的订阅服务实际上是同一研究在两个不同时点的延续。FMV 数据库覆盖的交易从 1980 年开始，并一直持续到 2004 年；合计包括截至 2004 年的 430 笔限制性股票交易。

Stout 于 2017 年收购 FMV，并就此取得 FMV 数据库。目前，Stout 限制性股票研究数据库还在更新，并在更名时增加了限制性股票数据。用户可通过企业估值资源网付费订阅 Stout 限制性股票研究数据库。目前，Stout 限制性股票研究数据库包含了 751 笔限制性股票交易的信息。

在 2005 年出版的《股东现金流估值》一书中，美世投资介绍了一项针对 FMV 数据库中截至 2004 年 430 笔限制性股票交易进行的研究。在这项研究中，美世投资对 FMV 数据库提供的截至 1997 年 4 月 28 日的 248 笔交易进行了研究。此外，研究还着重分析了 FMV 数据库中发生在该日期之后的 182 笔交易。研究的核心集中于发生在 1997 年之前的交易（针对 2 年禁售期的分析）——当时《144 号规则》规定的基本禁售期还是 2 年。为此，我们将提供针对 1997 年之后交易（针对 1 年禁售期的分析）研究得到的部分结论。

FMV 和 Stout 数据库及相应的时间（根据美世投资 2005 年的研究）

如上所述，FMV 和 Stout 数据库可按研究期划分为两类：为期 2 年的研究期，即《144 号规则》规定限制性股票基本禁售期为 2 年（截至 1997 年 4 月 29 日）时发生的交易；为期 1 年的研究期，包含《144 号规则》将限制性股票基本禁售期缩短为 1 年后发生的交易。两类研究包含的交易数量如表 8-6 所示。

表 8-6　两类研究包含的交易数量

2 年禁售期部分		1 年禁售期部分	
年份	交易数量	年份	交易数量
1980	3	1997	7
1981	2	1998	23
1982	7	1999	71
1983	6	2000	79
1984	5	2001	2
1985	12	2002	0
1986	12	2003	0
1987	12	2004	0
1988	9		182
1989	3		
1990	9		
1991	15	数据库中的交易总数	
1992	24		430
1993	32		
1994	20		
1995	39		
1996	31		
1997	7		
	248		

FMV 数据库的 2 年禁售期部分，绝大多数交易发生在 20 世纪 90 年代。而在 1 年禁售期研究中，绝大多数交易则是在所谓的"互联网"泡沫破裂之前发生的。在 2001 年至 2004 年 5 月期间，该数据库未记录任何一笔交易。

把 FMV 数据库中的交易直接当作基准上市企业或基准交易的做法，似乎无法满足基准交易与估值日期相近的常规性标准。

FMV 和 Stout 数据库及行业

FMV 和 Stout 数据库也可以按行业分类。一个可用的数据点是发行人在每次交易中的四位数 SIC 代码。表 8-7 归集了 FMV 和 Stout 数据库中的行业分类结果。

表 8-7　行业分类（截至 2004 年）

禁售期为 2 年的部分		
发生在 1997 年 4 月 29 日之前的交易		
2 位数的 SIC 代码	交易数量	2 位数 SIC 的分类说明
38	35	测量、分析与控制仪器
28	28	化学品及相关产品
36	27	电子及其他电子设备和组件，计算机除外
87	24	工程、会计、研究、管理及相关服务
73	21	商业服务
67	16	控股及其他投资机构
35	12	工业、商业机械及计算机设备
13	11	石油天然气勘探提炼
48	11	通信
25	63	其他
合计	248	
禁售期为 1 年的部分		
发生在 1997 年 4 月 29 日之后的交易		
2 位数的 SIC 代码	交易数量	2 位数 SIC 的分类说明
73	54	商业服务
38	27	测量、分析与控制仪器
28	26	化学品及相关产品
87	22	工程、会计、研究、管理及相关服务
36	10	电子及其他电子设备和组件，计算机除外
17	43	其他
合计	182	

与 FMV 和 Stout 数据库的任何一部分相关的企业所反映的行业多元化程度都很低。这一事实限制了限制性股票数据库作为开发指导性交易工具的有效性，指导性交易在行业方面类似于给定主题的私人企业。

为便于查看，我们按 2 位数 SIC 代码对交易进行了排序。在 2 年禁售期部分中，9 个行业发生了 185 笔交易，在全部 248 笔交易中占据 75%。其余 63 笔交易分布在其他 25 个行业中。有趣的是，在 SIC 代码为 28 的行业内发生的 28 笔交易中，18 笔交易所在的细分板块 SIC 代码为 2834（生物制药）。在 SIC 代码为 87 的行业内发生的 24 笔交易中，15 笔交易的细分板块 SIC 代码为 8731（服务、商业、物理和生物学研究）。可见，在 FMV 和 Stout 数据库中，2 年禁售期部分的行业集中度较高。

数据库中的 1 年禁售期部分甚至更为集中，基本只分布在少数几个行业内。在全部 182 笔交易中，超过 75% 的交易发生在 5 个 SIC 代码行业内。

在 FMV 和 Stout 数据库的这两个部分中，交易涉及企业的行业多元化特征很不明显。这个事实也制约了限制性股票交易数据库的实用性。

我们的初衷是以限制性股票数据库作为一种工具，为既定非上市目标企业寻找同行业或类似行业的基准交易，但上述事实显然限制了限制性股票数据库在这方面的实用性。

研究的总平均值

我们首先从 FMV 和 Stout 数据库中的总体中位数和平均值汇总部分开始，看看 2 年禁售期部分和 1 年禁售期部分。我们把结果汇总到表 8-8 中。表 8-8 中显示了与三个基准估值日期相对应的三个限制性股票折价。通过对限制性股票折价根据发行前一个月、交易当月及交易下个月的价格计算得到。按照当时 FMV 发表的文章和演讲，分析的重点在随后月份的定价上，这也是我们在表 8-8 之后的关注点。

表 8-8　结果汇总（2004 年）

	2 年禁售期部分		
	发行前 1 个月	交易当月	交易下个月
中位数	16.7%	20.0%	22.0%
平均值	18.2%	21.9%	22.5%
标准差	16.7%	16.0%	21.5%
	1 年禁售期部分		
	发行前 1 个月	交易当月	交易下个月
中位数	11.7%	21.8%	23.0%
平均值	11.2%	24.1%	20.7%
标准差	29.4%	22.4%	35.2%

在 2 年禁售期部分，随后月份的限制性股票折价中位值及平均值分别为 22.0% 和 22.5%，标准差为 21.5%，表示限制性股票折价的波动程度。

在 1 年禁售期部分中，相应的限制性股票折价中位数和平均值分别为 23.0% 和 20.7%。有趣的是，1 年禁售期限制性股票折价的标准差为 35.2%，高于年禁售期的标准差。还需要注意的是，对于发生在 1997 年以后的交易，由于禁售期相对较短,平均值高于 2 年禁售期的平均值。这让某些估值分析师感到不可思议,因为出于常识,他们始终知道,在其他条件相同的情况下,如果预期持有期相对较短,由于承受非流动性风险也相对较小,应拥有较小的限制性股票折价。

这种明显的异常现象很可能归结于 1997 年后上市企业性质的变化。1997 年之前的上市企业相比,这些上市企业的平均规模更小,盈利性更差,价格波动更大,而且风险水平更高。

FMV 数据库 2 年禁售期部分的五分位数分析

接下来,我们将更详细地探讨相关企业的运营性质,以及其在运营特征和限制性股票折价等方面展现出的关系。

为此,我们把 2 年禁售期的交易划分为六个组。我们把所有溢价(即负折价)交易汇总起来,然后把剩余交易分成五个所含交易数量相同的组。我们之所以进行溢价调整,是因为存在显而易见的作用力或要素影响着这些交易,因此,我们认为,对这些交易进行独立试验或许可以找出更有价值的信息。表 8-9 显示了 2 年禁售期部分的五分位数分析结果。

表 8-9　2 年禁售期部分的五分位数分析结果(1982 ~ 1997 年 4 月)

	溢价交易	第一个五分位数	第二个五分位数	第三个五分位数	第四个五分位数	第五个五分位数	总体中位数
限制性股票折价中位数(%)	-5.4	4.9	16.9	26.0	34.7	51.0	22.0
交易数量	23	45	45	45	45	45	248
限制性股票的发行量			每组发行量的中位数				
发行量(百万美元)	9.6	8.0	5.9	4.5	2.5	2.8	4.7
占发行股份的企业百分比(%)	103	7.9	12.5	10.1	8.7	14.7	10.8
交易前经营数据			每组经营数据的中位数				
股票市值(百万美元)	100.4	115.4	72.9	46.8	31.4	25.4	51.6
账面价值(百万美元)	8.0	20.2	5.6	10.4	4.5	3.5	7.0
市净率	6.6	5.7	5.0	4.6	6.8	7.5	5.8
资产总额(百万美元)	19.4	38.7	14.6	23.5	10.1	6.9	15.6
收入总额(百万美元)	15.0	29.8	11.9	25.4	9.8	5.6	12.8
EBITDA(百万美元)	0.8	1.3	0.3	0.8	-0.5	-0.4	-0.4
净利润(百万美元)	-1.2	-1.0	-0.8	-0.7	-1.3	-0.9	-0.9
毛利率(%)	-0.4	1.7	-4.5	10.0	-8.0	-8.1	-2.8
股息收益率(%)	0.0	0.0	0.0	0.0	0.0	0.0	0.0

在表 8-9 的左上方，我们看到，在 1997 年之前发生的 248 笔交易中，有 23 笔交易出现负折价（即出现了超过市场价格的溢价），溢价的中位数为 –5.4%。之所以会出现溢价交易，或是因购买价格本身就高于市场价格，或是因股价在公告日与 FMV 研究中的随后月份定价之间出现下跌，也可能是两者兼而有之。当然，由于确实无从知晓溢价交易的真正原因，可以把它们分开处理。

把剩余的 225 笔交易再五等分，每组包括 45 笔交易。在表 8-9 上面的中间部分，我们可以看到，第一组的中位数为 4.9%，而第五组的中位数为 51.0%。从五分位数分析中，我们可以得到如下结论。

▶ 股票市值的中位数从 1.15 亿美元（第一组）稳步下降到 2540 万美元（最后一组）。限制性股票折价总体上与发行人以市值衡量的规模呈负相关。
▶ 限制性股票折价与按收入衡量的规模不存在类似的相关性。
▶ 每个五分位数组的中位数对应的企业均在亏损。在 1997 年之前的 248 个观察对象中，只有 98 家企业处于盈利状态，这意味着大约 60% 的交易主体为亏损企业。
▶ 每个组对应的股息收益率中位数为 0%，在被研究的 248 笔交易中，只有 24 家企业发放了股息。

以上市企业的标准看（收入的中位数为 1280 万美元），2 年禁售期研究涉及的企业规模都很小。它们的市净率（股价/账面价值）中位数为 5.8，这表明在上市企业的价值总额中，有很大一部分来自商誉和其他无形资产。因此，这项分析的一个基本结论是，2 年禁售期研究的对象均为规模非常小的企业，市场赋予它们的价值基本来自无形资产。对作为估值对象的非上市企业而言，这样的投资特征显然不具有普遍性。

对 FMV 和 Stout 数据库的收入分析表明，被研究的典型交易与当下的很多非上市企业缺乏可比性。

FMV 和 Stout 数据库的潜在必要收益率及持有期溢价分析

流动性折价分析的目的，就是确定最能体现目标企业及被估值股权基本经济因素的折现率。迄今为止的分析表明，FMV 和 Stout 数据库对基准上市企业分析的作用非常有限，因为这种分析的标准是在业务特征方面具有可比性，且基准交易的定价日接近于估值日期。如上所述，FMV 和 Stout 数据库（包括 2 年禁售期部分和 1 年禁售期部分）并不能为大多数目标企业的估值提供有价值的可比信息。

我们曾建议，可以把限制性股票研究用作实际交易中存在限制性股票折价且区间范围较大的证据。我们在前述"希尔伯研究"的介绍中探讨过这个问题。此外，我们还建议，可以利用这些研究（无论是使用平均值还是个别交易价格）推导各种交易的潜在必要收益率。

通过对 FMV 和 Stout 数据库中的 2 年禁售期部分进行五分位数分析，我们可以看到，潜在必要收益率分析是如何进行的。如表 8-10 所示，我们假设发行人的正常化市场价格为每股 1.00 美元，在扣除这个基准之后，我们重新表述了表 8-9 中的五分位数限制性股票折价。除罗列相关数字之外，我们还将对表 8-10 中的每一行做详细解析。

表 8-10　潜在持有期溢价分析

	折现率 /5%	溢价交易	第一个五分位数	第二个五分位数	第三个五分位数	第四个五分位数	第五个五分位数	总体中位数
1								
2	正常化市场价格（美元/股）	1.000	1.000	1.000	1.000	1.000	1.000	1.000
3	限制性股票折价中位数（%）	−5.4	4.9	15.9	25.0	34.7	51.0	22.2
4	潜在交易价格（美元/股）	1.054	0.951	0.841	0.750	0.653	0.490	0.778
5	清盘所需的季度数量（按《144 条规则》计算得到）	3.58	5.25	5.4	7.32	7.86	10.9	5.53
6	潜在持有期（年）	2.45	2.66	2.68	2.92	2.98	3.36	2.69
7	预期未来价值（以 1.00 美元/股为基准）	1.408	1.450	1.453	1.503	1.517	1.600	1.457
8	潜在预期（年度）收益率（%）	12.6	17.2	22.7	26.9	32.7	42.2	26.2
9	减：基准必要收益率（%）	15.0	15.0	15.0	15.0	15.0	15.0	15.0
10	潜在持有期溢价（%）	−2.4	2.2	7.7	11.9	17.7	27.2	11.2

注：假设限制性股票发行人的折现率（基准必要收益率）为 15%。

在下面的评论中，我们首先逐行分析，并在详细说明计算过程之后，对表 8-10 中的总体结果做出评价。如下案例计算以第一个五分位数组包含的交易为基础。段落的数字对应表 8-10 中的每一行。

1. 折现率（基准必要收益率）。在分析中，我们假设上市企业的折现率为

15.0%。为此，我们必须选择投资者要求取得的必要收益率，在此基础上，才能估算出限制性股票定价中隐含的持有期溢价。尽管这里采用的是统一假设，但我们还是针对一系列假定折现率对最终持有期溢价（第10行）进行了检验，而且最终得到的持有期溢价几乎不变。

2. 对股价进行正常化。为便于分析，我们将所有上市企业的市场价格正常化为每股1.00美元。

3. 每个五分位数组的限制性股票折价中位数。第三个五分位数组限制性股票折价的中位数（不包括溢价交易），结果单独显示。最右一列为总体中位数。

4. 潜在交易价格。潜在交易价格是指正常化市场价格减去相应五分位数组中位数。比如，第一个五分位数组的中位数为4.9%。因此，按每股1.00美元的正常化市场价格，减去相应的4.9%中位数，结果为0.951美元，也就是潜在交易价格。

5. 清盘（全部限制性股票）所需的季度数量。FMV和Stout数据库为每笔交易提供这个数据。

6. 以年为单位表示的潜在持有期。每个五分位数对应的潜在持有期均以第一个五分位数为基础确定。首先，根据《144条规则》的规定，针对1997年之前的全部交易确定一个2年的基准持有期。在第一个五分位数，清空全部限制性股票的时间为5.25个季度（对应第5行）。2.66个季度的潜在持有期计算方法为：以2年的基准持有期为基础，加5.25个季度除以4（得到年数）后再除以2（得到中位数）的结果。计算过程为：2.0+[（5.25／4）/2]=2.66，如第6行所示。

7. 预期未来价值。假定正常化市场价格（第2行的1.000美元／股）在潜在持有期（第6行的2.66年）内按折现率（第1行的15%）继续增长。因此，预期未来价值为$1.00 \times (1+15\%)^{2.66} = 1.450$（美元／股）。

8. 潜在预期（年度）收益率。在第一个五分位数上，投资者的预期未来价值按4.9%的限制性股票折价计算，为每股1.45美元。现值是投资者按限制性股票折价4.9%支付的价格（即每股0.951美元），如第4行所示。按既定的现值和预期未来价值，我们可以计算出2.66年（第6行）预期持有期内的收益率，即$[(1+15\%)^{持有期} \div (1-限制性股票折价)]^{1/持有期} - 1$。最终得到的收益率为17.20%（第8行）。这是有道理的，因为预期的可自由交易（非限制性）股票收益率为15.00%，而折价后的定价为限制性股票投资者带来溢价。

9. 基准必要收益率（第 1 行）。为清晰起见，我们把减法的基数确定为可自由交易股票要求的必要收益率。

10. 潜在持有期溢价。对第一个五分位数，扣除基准必要收益率，得到的潜在持有期溢价为 2.20%，如第 10 行所示。计算过程如下：第 8 行的 17.20% 减去第 9 行的基准必要收益率 15.00%。

现在，我们可以探讨表 8-10 所述分析对整个经济和金融的影响。

▶ 第一个、第二个、第三个五分位数组对应的潜在预期收益率（限制性股票折价中位数为 15% 或更低）在 17.20% ~ 26.90% 的范围内。这些预期收益率是限制性股票投资者对持有期风险的预期。

▶ 第一个、第二个和第三个五分位数组对应的潜在持有期溢价（扣除 15% 的折现率）约在 2.20% ~ 11.90% 之间。

▶ 研究中的两年禁售期部分（最后一列，第 10 行）的总体潜在持有期收益中位数为 26.20%，而持有期溢价的中位数为 11.20%。

▶ 溢价交易（第 1 列）的潜在预期收益率较低，而第四个和第五个五分位数组对应的折价交易则拥有较高的潜在预期收益率。

这些预期收益率的中位数和预期持有期溢价（见第 9 章 QMDM 中的 $R_{持有期}$ 和持有期溢价）反映了限制股票交易的性质及上市企业的基本特征。在对私人企业非流动性股权进行估值时，可以把这些潜在收益率作为参照点。

从潜在必要收益率而不是可观察限制性股票折价角度理解限制性股票交易更有意义。

▶ 任何限制性股票折价或其平均值都没有直接的经济内涵。限制性股票折价衡量的是两个价格的差异，它依赖于两个不同的价格而存在。

▶ 市场参与者，尤其是上市企业限制性股票的投资者，不会根据其他交易的绝对限制性股票折价进行决策。虽然协商确定的价格最终会体现出折价（正、零或负），但是按照我们的经验，定价决策的基础是预期持有期内的预期必要收益率。

▶ 量化模型（如 QMDM）中使用的潜在必要收益率，可以让估值分析师在确定流动性折价时模拟假想投资者和实际投资者的观点。

拟 IPO 折价

在 20 世纪 80 年代，估值分析师对非上市企业在首次公开发行之前进行的非流动性股权交易很感兴趣。他们发现，这些拟 IPO 交易价格相比随后的 IPO 公开发行价格会出现折价，而且往往是大幅折价。这促使估值分析师开始研究所谓的拟 IPO 折价。

什么是拟 IPO 折价

拟 IPO 折价衡量了同一家企业在如下两个时点的价格差：首先是企业在 IPO 前的非流动少数股权交易价格，其次是该企业随后进行 IPO 时的公开发行价格。

图 8-10 描述了拟 IPO 折价的计算方法。在这个例子中，IPO 之前的交易价格（拆分后）为每股 6.50 美元，IPO 公开发行价格为每股 13.00 美元。

$$\text{拟IPO折价} = 1 - \frac{\text{IPO之前的交易价格}}{\text{IPO公开发行价格}} = 1 - \frac{6.50}{13.00} = 50\%$$

图 8-10　拟 IPO 折价

在这个例子中，通过计算得到的拟 IPO 折价为 50%，与许多拟 IPO 研究提出的拟 IPO 折价中位数及平均值一致。那么，在对非上市企业的非流动性少数股权进行估值时，这个拟 IPO 折价意味着什么或者说有什么启示？

与控制权溢价和限制性股票折价一样，拟 IPO 折价同样衡量了两个价格之间的差额。我们从这个定义和相关例子中获取的信息仅限于如下内容。

- 交易发生在进行 IPO 之前的某个时点。
- IPO 前的交易价格为每股 6.50 美元。
- IPO 公开发行价格为每股 13.00 美元。
- IPO 前的交易价格为每股 6.50 美元，比 IPO 公开发行价格低 50%。
- IPO 公开发行价格比 IPO 前交易价格高出 6.50 美元，或者说比 IPO 前交易价格高出 100%。

这个拟 IPO 折价的例子不能为非上市企业流动性折价提供任何直接的经济信息。此外，任何拟 IPO 折价数据集的平均值也不能提供直接经济信息。

拟 IPO 研究

近年来已出现了很多针对拟 IPO 的研究。《财务评估：应用与模型》[一]一书对这些研究进行了很好的总结。这些研究如下。

- 埃默里研究：埃默里撰写了一系列分析拟 IPO 折价的文章，对 1980～2000 年的拟 IPO 交易进行了研究，并以这些研究为基础进行了其他工作。就总体而言，埃默里研究调查了企业在 IPO 之前 5 个月内发生的交易。这些研究得到的中位数和平均值通常在 40%～50%。

- 威拉米特研究。威拉米特管理协会对 1975～2002 年发生的交易进行了一系列研究。在此期间，拟 IPO 折价的中位数有所不同，但大多集中在 40%～50%。

- 希奇纳与莫里斯的研究：这些研究是由希奇纳与莫里斯完成的。希奇纳与莫里斯最早的研究就是对埃默里的研究数据进行更深入的分析。他们的研究重点关注了 1995～1996 年的交易，这一点与埃默里的研究相似。这些研究得到的结论同样不出所料：拟 IPO 折价的平均值在 40%～50%。

- 估值咨询企业的研究与数据库：正如希奇纳在文章中做出的总结，基于 IPO 之前不同时间段（0～3 个月、4～6 个月、7～9 个月、10～12 个月及 IPO 前的 1～2 年），估值咨询企业的研究给出了拟 IPO 折价。1995～2006 年，平均值从 64% 下降到 24%；1999～2008 年，平均值从 59% 下降到 19%。估值咨询企业的非流动性折价研究与数据库目前包含 14 000 多笔交易，其中包括近 1500 笔美国以外的交易。该数据库包括交易所涉及的行业或业务、描述、收入、营业利润、营业利润率、资产、交易日期、IPO 日期及 NAICS 或 SIC 代码。

拟 IPO 交易的制度环境

对于有上市意愿的私人企业，管理者和董事往往希望在 IPO 之前的一段时间内收购企业的股权或其他权益。但股票必须按公允市场价值发行，并符合财务

[一] Hitchner, James R. Financial Valuation: Applications and Models[M]. 3rd ed.Hoboken, NJ: John Wiley & Sons, 2011, pp. 382-391.

报告和税收等方面的要求。这些交易的价格通常低于后续 IPO 的价格。在这种情况下，估值报告通常用于记录 IPO 前交易中股权的公允市场价值。

但相对于 IPO 定价，IPO 之前发生的交易受诸多因素驱使，因此，直接把这些交易与其他非上市企业的股权交易进行对比，显然不够严谨。

基于综合理论的拟 IPO 折价

我们可以在综合理论框架下理解拟 IPO 折价。

▶ 对于控制权溢价，我们得到的结论是，它主要来自现金流的增加，或者说相当于戈登模型中分子（现金流）的增加。

▶ 对于限制性股票折价，我们曾指出，它是限制性股票相对于可自由交易股票（在相关持有期内）增加的风险造成的，也就是说相当于增加戈登模型中的分母（折现率）。

现在，我们再以相同逻辑分析一下拟 IPO 折价。IPO 前的交易价格（在上文示例中为每股 6.50 美元）实际上是按基准性的流动性少数股权或财务性控制权价值对拟上市企业进行估值的结果。在此基础上，通过适当的流动性折价，即可得到拟上市企业的公开发行价格。

图 8-11 中的拟 IPO 折价与图 8-10 基本相同，唯一的差异是，图 8-11 在 IPO 之前对非流动性少数股权进行了（显性或隐性）估值，并且应用（或者至少考虑）了适当的流动性折价。

$$拟IPO折价 = 1 - \left(\frac{V_{拟IPO流动性少数股权} \times (1 - 流动性折价_{拟IPO})}{V_{IPO流动性少数股权}} \right) = 1 - \left(\frac{V_{股权}}{V_{IPO流动性少数股权}} \right)$$

图 8-11　在综合理论背景下进行的拟 IPO 折价分析

我们着重关注 $V_{拟IPO流动性少数股权}$，即拟 IPO 估值。这个估值的基本要素是什么？现在，我们首先从如图 8-12 所示的公式开始。在这个例子中，我们的关注点是进行流动性折价之前的流动性少数股权价值。我们将这个公式与决定 IPO 公开发行价格的基准价值进行比较，后者也就是所谓的 IPO 时点的少数股权价值（$V_{IPO流动性少数股权}$），IPO 前后的估值比较如图 8-12 所示。

$$V_{\text{拟IPO流动性少数股权}} = \frac{\text{CF}_{\text{拟IPO流动性少数股权}}}{R_{\text{拟IPO流动性少数股权}} - G_{\text{拟IPO流动性少数股权}}} = \frac{1.00}{15\% - 5\%} = 10.00$$

$$V_{\text{IPO流动性少数股权}} = \frac{\text{CF}_{\text{IPO流动性少数股权}}}{R_{\text{IPO流动性少数股权}} - G_{\text{IPO流动性少数股权}}} = \frac{1.04}{14\% - 6\%} = 13.00$$

图 8-12 IPO 前后的估值比较

拟 IPO 估值是对企业当日的预期现金流进行资本化得到的。折现率为适用拟上市企业的折现率，预期增长率按同样方式分析。

IPO 公开发行价格是对 IPO 后预期现金流进行资本化得到的，它反映了 IPO 新筹集资金的收益率，折现率是公开市场投资者的预期必要收益率。鉴于通过 IPO 筹集新资金及未来更容易获得资金的预期，这个必要收益率会适当降低。由于 IPO 带来了新的资金，预期增长率也可能会有所不同。

对于如图 8-12 所示的拟 IPO 估值，我们并未考虑流动性折价的影响。对此，我们在图 8-13 中考虑了这一分析。

拟IPO	$\text{CF}_{\text{拟IPO流动性少数股权}}$	$R_{\text{拟IPO流动性少数股权}}$	$G_{\text{拟IPO流动性少数股权}}$	资本化率	估值倍数
	1.00美元/股	15.0%	5.0%	10.0%	10.0
IPO的影响	$\Delta\text{CF}_{\text{流动性少数股权}}$	$\Delta R_{\text{流动性少数股权}}$	$\Delta G_{\text{流动性少数股权}}$		
	0.04美元/股	−1.00%	1.00%		
IPO	$\text{CF}_{\text{IPO流动性少数股权}}$	$R_{\text{IPO流动性少数股权}}$	$G_{\text{IPO流动性少数股权}}$	资本化率	估值倍数
	1.04美元/股	14.00%	6.00%	8.0%	12.5

图 8-13 IPO 前后的估值假设——流动性少数股权价值层级

对于拟 IPO 估值，我们在图 8-13 的顶部假设，拟 IPO 流动性少数股权的现金流为每股 1.00 美元。拟 IPO 估值采用的折现率为 15.0%，预期增长率为 5.0%。由此得到的资本化率为 10.0%（15.0%–5.0%），估值倍数为 10.0 倍（1/10.0%）。

在图 8-13 中间部分，我们假设，由于 IPO 给企业注入了新的资本金，现金流预计将增加 4%。此外，我们还进一步假设，在 IPO 之后，由于投资者要求取得的必要收益率下降，折现率也下降 1%。最后，我们假设，由于 IPO 带来的增量资本，企业的预期增长率将增长 1%。

在图 8-13 中，按第二行的变化值调整第一行的拟 IPO 估值，即可得到 IPO 时点的流动性少数股权现金流（$CF_{IPO流动性少数股权}$）为每股 1.04 美元，折现率为 14%，预期增长率为 6%。由此得到的资本化率为 8.0%，估值倍数为 12.5。

估值倍数从拟 IPO 时的 10 增加到 12.5，这就是所谓的"IPO 加速"（IPO pickup），企业在上市时通常会出现这种现象。

将企业的拟 IPO 估值与 IPO 时的估值进行比较，即可得出构成如图 8-14 所示的拟 IPO 折价的组成部分。这些估值假设与图 8-13 相符合。此外，我们还假设，适用于企业拟 IPO 估值的流动性折价为 35%。

$$V_{拟IPO流动性少数股权} = \frac{CF_{拟IPO流动性少数股权}}{R_{拟IPO流动性少数股权} - G_{拟IPO流动性少数股权}} = \frac{1.00}{15\% - 5\%} = 10.00$$

$$流动性折价_{拟IPO} = 35\% = 3.50$$

$$V_{拟IPO流动性少数股权} = 6.50$$

$$V_{IPO流动性少数股权} = \frac{CF_{IPO流动性少数股权}}{R_{IPO流动性少数股权} - G_{IPO流动性少数股权}} = \frac{1.04}{14\% - 6\%} = 13.00$$

图 8-14 拟 IPO 折价的组成部分

这两个估值概念显示出，在对私人企业非流动性少数股权进行估值时，为什么不应把拟 IPO 研究作为估算流动性折价的基础。首先，我们对如下三个估值结论进行检验。

▶ 拟 IPO 估值在流动性少数股权价值层级为每股 10 美元。适用于拟 IPO 现金流的市盈率是 10.0。
▶ 按照 35% 的流动性折价，非流动性少数股权价值层级的拟 IPO 交易价格为每股 6.50 美元。
▶ IPO 的公开发行价格为每股 13.00 美元。

图 8-15 显示了从交易中观察到的拟 IPO 折价组成部分。

与图 8-10 一样，计算得到的拟 IPO 折价为 50%。但在这里，我们有一系列合理假设来支持这个结论。如图 8-15 所示，拟 IPO 流动性折价的幅度会影响最终得到的拟 IPO 折价。还需说明的是，作为 IPO 后折现率和预期增长率变化的最终结果，IPO 加速导致的估值倍数的增长也会带来影响。最后，因 IPO 带来的预期现金流净增长还会带来其他影响。

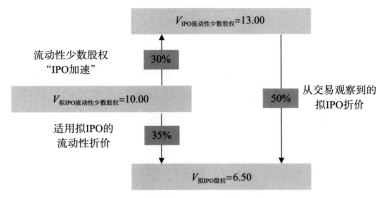

图 8-15 拟 IPO 折价的组成部分

譬如，如果假设图 8-15 中的流动性折价为 0%，而不是 35%，其他保持不变，由此得到的拟 IPO 折价为 23.1%。这表明，按上述假设，IPO 和现金流加速合并带来的折现率为 23.1%。这进一步表明，通过交易观察到的拟 IPO 折价存在，主要部分（近一半）还是由于来自 IPO 本身的积极效应，而不是流动性的提高。

在拟 IPO 交易和拟 IPO 折价中，存在大量的可变部分。因此，以交易中观察到的拟 IPO 折价为基础，估算非上市企业非流动性少数股权价值，显然是不恰当的。在上面这个简单的示例中，我们计算得到的拟 IPO 折价为 50%。在拜尔德咨询公司的研究中，拟 IPO 折价的长期平均值约为 45%。这些研究的基准 IPO 定价（或折价）与目标企业的拟 IPO 估值差异如下。

- ▶ 预期现金流的增加。
- ▶ 预期风险的降低。
- ▶ 预期增长率的提高。
- ▶ 拟 IPO 估值的流动性折价。
- ▶ IPO 之前以股票分割形式发行的新股。
- ▶ 以发行新股为企业筹集的新资金，稀释了现有股东的股权。
- ▶ IPO 之前交易与 IPO 之间的间隔。

估值分析师既不能假设这些要素维持不变，也无法对它们做出合理解释，因此，在对非上市企业的非流动性少数股权进行估值时，自然也无法利用这些拟IPO折价研究为流动性折价提供有效证据。

本章小结

在确定非上市企业非流动性少数股权的流动性折价时，限制性股票和拟IPO折价研究是最常见的市场证据来源。但是，正如我们在本章中已证明的那样，这些研究观察到的折价并不能为以下应用提供直接的经济信息。

- ▶ 对于限制性股票研究，观察到的折价最终取决于预期持有期及相对于基本收益率的持有期溢价。这两个因素是限制性股票折价存在的根源。在估计非上市企业非流动性少数股权的收益时，尽管潜在持有期溢价可以提供有效的基准，但是要确定适当的流动性折价，还需要明确其他参数（包括实现流动性的预期时间、未来的资本增值及不可流动期间的现金流）。在对非上市企业中的非流动性少数股权进行估值时，显然不适合直接采用观察到的限制性股票折价。我们将在第9章中介绍其他参数。
- ▶ 拟IPO折价把非流动性少数股权的交易价格与同一家企业随后的IPO公开发行价格联系到一起。但IPO显然会改变企业的性质。因此，从交易中观察到的折价既包括流动性不足的影响，也包括企业特征变化造成的结果。由于估值分析师往往无法合理区别这两个部分，在对非上市企业的非流动性少数股权进行估值时，观察到的拟IPO折价不能提供任何相关证据。

在后续各章中，我们将探讨QMDM。按照该模型，估值分析师可借助对预期现金流、风险和增长率的综合分析，确定适用于非上市企业非流动性少数股权的流动性折价。

| 第 9 章 |

QMDM 简介

本章简介

在本书的第二部分中，我们从流动性少数股权、财务性控制权和战略性控制权等若干层面解读了综合理论对目标企业整体估值的影响。评估企业整体价值是评估企业股权价值的起点。失去了所依附的基准价值，折价或溢价就没有任何意义。在本章中，我们讨论的话题是流动性折价。我们将会看到，流动性折价所依附的基本价值是财务性控制权（流动性少数股权价值）。

在第三部分中，我们的注意力将转向综合理论与私人企业非流动性少数股权价值层级的交叉点。因为股东强调的是非流动性少数股权价值层级的价值，而不是整个企业的价值，所以我们认为股东层级的价值等同于非流动性少数股权价值。

按照综合理论，影响股东价值的三个要素与第二部分针对整体企业的讨论是相同的：预期现金流、风险和增长率。要在股东层级得出合理的估值结论，估值分析师评估各要素的依据是目标企业的股权价值，而不是企业整体价值。针对非流动性少数股权的所有预期均来自针对整体企业的相应预期。在这种情况下，我们需要分析目标企业股权的三个基本要素：预期现金流，预期的增长率或资本增值，在预期持有期内真正实现预期现金流和增长率的风险。

在本章中，我们将着手解决如下问题。

▶ 估值分析师在股东层级应考虑哪种估值方法？
▶ 股东层级的现金流折现分析需要哪些输入变量？
▶ 哪些经济因素会造成流动性折价？

在第 10 章和第 11 章，我们将深入探讨 QMDM 的输入变量和使用方式。

适用于股东层级的估值方法

与其他任何资产一样，在分析非流动少数股权价值层级的目标股权价值时，估值分析师应考虑三种估值方法的适用性。

资产基础法

按照资产基础法，估值分析师按扣除负债后的企业基础资产净值确定估值指标。对于经营性企业的非流动性少数股权，一般不适合采用资产基础法，因为少数股权无权直接获取或自行决定企业的基础资产和负债。这并不是说，基础资产的价值不会影响非流动性少数股权价值；而是说，基础资产的价值不适合作为衡量非流动性少数股权价值的基础。

市场法

在采用市场法进行估值时，需要将目标股权与类似企业的股权或真实的股权交易进行比较。在采用市场法时，估值分析师通常会考虑多种估值方法，综合确定非流动性少数股权价值。

目标企业中之前的交易

首先，估值分析师可以分析目标企业之前在类似条件下进行的非流动性少数股权交易，从而确定目标股权的估值指标。尽管从理论上确实不乏吸引力，但这种方法在实务中鲜有成效，毕竟，可观察的交易数量往往有限，参与各方从事交易的动机各有不同；而且在估值日之前完全有可能没有发生过类似交易。按这种方法，估值分析师首先应调查之前发生的交易，并对这些交易与当前估值目标的相关性做出评估。

限制性股票及 IPO 之前的交易

估值分析师也可以分析流动性特征不同的类似资产交易，得出可比交易的折价与企业价值之比，从而确定适用于目标股权的折价。在第 8 章中，我们曾讨论过依赖限制性股票和拟 IPO 交易（两者均为基准上市企业法的具体形式）数据的风险。

根据我们的判断，市场法下的估值方法很少适用于估算经营性企业非流动性少数股权价值。

收益法

在收益法中，估值分析师需要把预期经济收益转化为价值。从表面上看，这种方法适用于大量资产，当然也包括经营性企业的非流动少数股权。FASB 对资产的定义也说明了收益法的普遍适用性："资产是特定实体基于过去交易或事件可能获得或控制的未来经济利益"（见 FASB 第 7 号《财务会计概念公告》）。

DCF 模型是收益法的基本表达形式。估值分析师可使用 DCF 模型在企业整体价值背景下估算非流动性少数股权价值。在使用现金流折现法对目标股权进行估值时，流动性折价描述了股权层级与企业层级之间的关系。换句话说，流动性折价是估值结果，而不是输入变量。

在实务中，使用现金流折现法的最大挑战，就是为模型指定合理适当的输入变量。虽然收益法在理论基础上无懈可击，但不合理的输入变量将带来不可靠的结果。但恰如我们将在第三部分所阐述的那样，这一挑战完全是可以克服的。按照以往的经验，我们可以采用某些方法在股东层级为现金流折现法确定适当准确（但绝非精确）的输入变量。

在实务中，我们发现，指定 DCF 输入变量更适合市场法所对应的假设。市场法需要以大量的假设为基础，不管是否需要对这些假设明确说明。比如，在估值分析师将限制性股票或拟 IPO 研究得到的流动性折价用于流动性少数股权估值时，这个流动性折价相当于有效持有期内的收益率。遗憾的是，尽管这些输入变量对目标股权的任何投资者而言均至关重要，但相关研究鲜有提及收益率或持有期的长短。

简言之，我们发现，收益法是评估经营性企业非流动性少数股权价值最可靠的方法。

股东层级的 DCF 模型

QMDM 是适用于股东层级的 DCF 模型。该模型为分析、预测股东层级现金流并对其进行折现提供了一种标准格式，它几乎适用于所有经营性企业或资产持有实体的非流动性少数股权的估值。[一]

QMDM 的输入变量类似于企业层级的传统 DCF 模型。表 9-1 对 QMDM 和传统企业层级 DCF 模型的假设进行了比较。

在传统的 DCF 模型中，所有输入变量均针对非上市企业少数股东的特征进行了相应的调整。尽管 QMDM 直接对非流动性少数股权进行估值，但前提是在目标企业同时进行估值。这当然是必要的，因为股东对股权现金流、风险和增长的预期与整体企业的预期密不可分。

表 9-1 企业层级和股东层级的 DCF 模型假设

企业层级的 DCF 假设	股东层级的 DCF 假设（QMDM）
预测期	1. 预期持有期
预期期中现金流	2. 预期股息收益率（预测期内）
	3. 预期股息增长率
	4. 收到股息的时间点（年中或年末）
预期终值	5. 预期持有期价值增长率（预测期末）
	6. 针对预期企业价值的溢价或折价
折现率	7. 预期持有期必要收益率

QMDM 的基本结构

在第 4 章中，我们探讨了 DCF 模型的原理。图 9-1 总结了企业层级的两阶段 DCF 模型。

[一] Mercer, Z. Christopher, *Quantifying Marketability Discounts: Developing and Supporting Marketability Discounts in the Appraisal and Closely Held Business Interests* (Peabody Publishing, LP, 1997).

$$V_0 = \sum_{i=1}^{f} \left(\frac{CF_0 \times (1+G)^i}{(1+r)^i} \right) + \left(\frac{CF_0 \times (1+G)^{f+1}/(r-G)}{(1+r)^f} \right)$$
$$\underbrace{\qquad\qquad\qquad}_{\text{期中现金流的现值}} \qquad \underbrace{\qquad\qquad}_{\text{终值的现值}}$$

图 9-1　企业层级的两阶段 DCF 模型

回顾一下第 4 章的讨论，表达式中的第一项为期中现金流的现值，对应于有限预测期期中现金流的现值，第二项为终值的现值，对应于有限预测期之后的全部预期现金流的现值。折现率（r）是与产生预期现金流的风险相对应的折现率，该模型假设，在有限预测期后，现金流以交易恒定比例（G）永续增长。

图 9-2 通过对适用于企业层级的 DCF 模型进行调整，得到针对股东层级非流动性少数股权的 DCF 模型。

$$V_{\text{股权}} = \sum_{i=1}^{f} \left(\frac{CF_{\text{股东}} \times (1+G_d)^i}{(1+R_{\text{持有期}})^i} \right) + \left(\frac{V_{\text{股权}} \times (1+P/D\%)}{(1+R_{\text{持有期}})^f} \right)$$
$$\underbrace{\qquad\qquad\qquad}_{\text{期中现金流的现值}} \qquad \underbrace{\qquad\qquad}_{\text{终值的现值}}$$

图 9-2　股东层级的两阶段 DCF 模型

图 9-2 包含了图 9-1 中的各股东层级输入变量。

1. **预期持有期**：预期持有期终止于公式所对应的期末；换句话说，是指非流动性少数股权投资者预计发生流动性事件的时点，借此，他们将按持股比例在剩余企业现金流中取得其享有部分的现值。当然，持有期基本无法精确预见。因此，估值分析师必须像潜在投资者那样，对所有可能影响目标股权持有期的相关要素做出评估，从而对这个持有期范围做出合理判断。

2. **预期股息收益率**：预期股息收益率从当前流动性少数股权价值（$V_{\text{股权(mm)}}$）角度定义了初始预期股东现金流（$CF_{\text{股东}}$）。如果没有预期股息收益率，那么，期中现金流的现值为 0，目标股权价值将完全依赖于预期终值的现值。

3. **预期股息收益增长率**：预期股息收益增长率定义的是剩余期中现金流相对于股东现金流（$CF_{\text{股东}}$）的预期股息收益增长率（G_d）。在图 9-2 所示的表达式中，就总体而言，输入变量 1～3 共同确定了第一项（期中现金流的现值）的分子，资产在预期持有期取得的预期股息收益。

4. **收到股息收益的时间点**：预期股息收益分配的现值在一定程度上取决于股东预期收到股息的时间。时间点假设体系体现在分母中的折现期（i）。

5. **预期持有期价值增长率**：预期持有期价值增长率（G_v）定义了终值相对于当前股权价值总额（$V_{股权(mm)}$）的预期年资本增长率，它是对股权进行估值的起点。

6. **针对预期企业价值的溢价或折价**：一个最基本的假设是，在持有期末，股东将在流动性少数股权价值基础上按持股比例在股权价值（$V_{股权(mm)}$）中取得相应的份额。但是在某些情况下，对估值分析师来说，更可取的方式是假设，股东取得的实际终值代表相对于总股权价值的溢价或折价（见图9-2的"1+P/D%"）。输入变量5和6共同确定了图9-2第二项（终值的现值）的分子。

7. **预期持有期必要收益率**：预期持有期必要收益率（$R_{持有期}$）是针对预期股东现金流的折现率，是两个部分的总和：①股权折现率；②补偿投资者因持有非流动少数股权带来的额外风险所需要的持有期溢价。

图 9-1 和图 9-2 共同表明，在使用收益法的情况下，可以按照对整体企业估值的方式采用 DCF 模型，对非流动性少数股权进行估值。

如图 9-3 所示，流动性折价是按图 9-1 和图 9-2 所确定价值之间的关系定义的。⊖

$$DLOM = 1 - \frac{V_{股东}}{V_{股权(mm)}}$$

图 9-3　流动性折价

如图 9-3 所示的关系验证并最终确定了由综合理论得到的结论，即流动性折价是估值分析的结果，而不是估值分析的输入变量。在图 9-3 中，流动性折价描述了股东价值（$V_{股东}$）与按持股比例在总股权价值中所占有部分（$V_{股权(mm)}$）的差额。图 9-3 还表明，直接以限制性股票或拟 IPO 研究的交易数据而估算流动性折价是徒劳的。综合理论表明，从理论上来说，直接估算股东价值（在股权价值总额范围内）比使用流动性折价间接确定股东价值更有优势。

⊖ 估值分析师似乎在流动性折价和缺乏流动性折价这两个概念上存在分歧。很多人在流动性折价和 DLOM 上确实存在偏颇。但不管选择哪个说法，两者在基础概念上是相同的。

QMDM 的原理解析

在下面的例子中，基于流动性少数股权的企业折现率为 16.0%，预期增长率为 6.0%，预期现金流为每股 0.10 美元。因此，基准价值为每股 1.00 美元，即 0.10 /（16.0%–6.0%）。通过图 9-4 所示的简单示例，我们可以用 DCF 模型简要说明 QMDM 的各项输入变量。在如下分析中，我们将使用这个例子说明构成流动性折价的经济因素。相对于 1.00 美元 / 股的基准价值，我们得到的流动性折价为 24.6%。

在实务中，我们需要按一系列的潜在持有期和持有期的必要收益率计算股东层级的价值和相应的流动性折价。为简单起见，我们以图 9-4 说明单个持有期的计算方法。

1. **预期持有期**：按照 10 年的预期持有期，可以确定一个独立的预测期长度，并与股东预期获得相应预计终值的时间点相互对应。

2. **预期股息收益率**：为了便于解释和说明，我们按相对股东按持股比例在基准价值 1.00 美元中的比例（$V_{股权（mm）}$=1.00 美元）确定股东价值。在这个示例中，按 10% 的预期股息收益率，我们可以确定 0.10 美元的初始股东现金流（1.00 美元乘以 10%）。

3. **预期股息增长率**：股息收益的预期增长率（5%）是指后续预期期中现金流相对于初始预期 0.10 美元的比率。

4. **收到股息的时间点**：在这个例子中，按年末收到现金流的假设，我们将期中现金流的折现期定义为 1 年、2 年……依此类推。

5. **预期持有期价值增长率**：按照预期持有期价值增长率（5%），我们可以确定持有期结束时的预期股权价值（1.63 美元）。

6. **针对预期企业价值的溢价或折价**：在这个例子中，我们没有假设针对企业价值的溢价或折价。如果做相应假设的话，那么，应在预期股权价值基础上增加或扣减相应的溢价或折价。

7. **预期持有期必要收益率**：持有期的必要收益率为 20%，它确定了适用于各预期期中股息收益及终值的现值因子。

QMDM 的输入变量定义了适用于股东层级 DCF 模型的预期现金流以及相应的现值因子。如图 9-4 的底部所示，以现值因子对各现金流进行折现的方法与针

234 | 第三部分 股东现金流的估算 |

股东层级的DCF（QMDM）输入变量

1.预期持有期：	10年
2.预期股息收益率：	10.0%
3.预期股息增长率：	5.0%
4.收到股息的时间点：	期末
5.预期持有期价值增长率：	5.0%
6.针对预期企业价值的溢价或折价：	0.0%
7.预期持有期必要收益率：	20.0%

股权价值（美元）
正常化后为1.00美元
（流动性少数股权价值）

```
                                                                              1.629
                                                                      1.551
                                                               1.477
                                                        1.407
                                                 1.340
                                         1.276
                                  1.216
                           1.158
                    1.103
             1.050
      1.000
```

	0	1	2	3	4	5	6	7	8	9	10
期中股息分配（期中现金流）（美元）		0.100	0.105	0.110	0.116	0.122	0.128	0.134	0.141	0.148	0.155
期中现金流和终值的现值（美元）		1.00	2.00	3.00	4.00	5.00	6.00	7.00	8.00	9.00	10.00
		0.833 3	0.694 4	0.578 7	0.482 3	0.401 9	0.334 9	0.279 1	0.232 6	0.193 8	0.161 5
		0.083	0.073	0.064	0.056	0.049	0.043	0.037	0.033	0.029	0.025
											0.161 5
											0.263

		占比
折现期（期中现金流）		
现值因子（期中现金流）	0.491	65.1%
现值因子（期末现金流）	0.263	34.9%
非流动性少数股权价值（美元）	**0.754**	**100.0%**

流动性折价的推导

流动性少数股权价值（股权价值）（美元）	1.000
减：非流动性少数股权价值（股东价值）（美元）	0.754
流动性折价（绝对值）（美元）	0.246
流动性折价（相对值）（%）	24.6

图 9-4 QMDM 的示例

对整个企业的估值没有任何不同。目标非流动少数股权价值（0.754 美元）为期中现金流的现值（0.491 美元）和终值的现值（0.263 美元）之和。相应的流动性折价为基准价值（1.00 美元）的 24.6%，绝对值为 0.754 美元，折价描述（而不是定义）了股东层级价值和企业层级价值之间的关系。

造成流动性折价的经济因素

在解释 QMDM 的原理之后，我们的关注点将转向估值分析师面对的一个基本问题：造成流动性折价的经济因素是什么？了解流动性折价存在的理由至关重要，因此，我们应对特定目标股权的相关事实和环境影响流动性折价幅度的方式做出评估。

导致流动性折价的包括两个基本经济因素：代理成本和额外的持有期风险。随后，我们将深入探讨这两个因素。

代理成本

通过代理成本一词，我们描述了这样一种情形：从股东角度来看，他们预期取得的现金流少于按比例应在企业全部现金流中享有的份额。如第 2 章所述，在非上市企业中，小股东主要承担两种代理成本。

不按比例分配

在一些非上市企业，控股股东一直在享受超过同等职务市场水平的超额收益。如果存在这种情况的话，实际上就是存在不按持股比例对正常化企业现金流进行的分配。因此，这些分配必然有损于少数股权价值。作为超额收益支付的资金既不能按持股比例公平分配，也不能用于再投资，而这两者却是推动少数股权价值在持有期内预期增长的基本动力。

次优的再投资

当企业管理层将现金流再投资于预期收益率低于资本成本的项目或资产时，就会出现次优的再投资。我们曾在第 4 章中讨论过次优投资的负面影响。而持续性的次优投资，必然会抑制少数股东在持有期年内的预期价值增长。

额外的持有期风险

在非上市企业中，非流动性少数股权的投资者承受的风险可能高于企业的整体风险。作为计算 WACC 的一个重要参数，必要收益率完全依赖于估值分析师对企业风险水平的评估。由于少数股权缺乏流动性，少数股权投资者可能要面对额外的持有期风险，包括持有期的不确定性及转让股权的合同限制；对税收转移实体而言，当派息不足以支付股东承担的转移税负债时，他们还要面对现金流倒流的风险。这些风险与我们在第 8 章中分析限制性股票研究时讨论的风险是相同的。

综合示例

为解释代理成本与额外的持有期风险对流动性折价的影响，我们将讲述一个综合示例。

基本案例：无流动性折价

不妨考虑这样一种假设，不存在引发流动性折价的经济因素，因此，股东价值等于相应的企业价值。

假设可采用单期资本化法定义作为基准的股权价值，假设折现率为 16%，永续增长率为 6%。如果不存在持有非流动性少数股权带来的代理成本或额外的持有期风险，那么，我们可将股东层级 DCF 模型的输入变量汇总在图 9-5 中。

对比非流动性少数股权投资者的预期总收益来源（派息和资本增值）与企业的基准折现率，即可看出不存在代理成本的情景。不按比例进行的分配会减少可供分配的收益，而次优的再投资则会降低预期的资本增值率或价值增长率。在这个例子中，预期股息收益率（10%）和持有期价值增长率（6%）之和等于折现率（16%）。

如果不存在与目标企业非流动性少数股权相关的额外的持有期风险，那么，持有期的必要收益率等于折现率。换句话说，持有目标企业非流动少数股权的投资者只能取得基准收益率，即流动性少数股权享有的收益率，而不会获得溢价收益。在不存在代理成本和持有期额外风险的情况下，按股东层级 DCF 模型得出的估值结论为 1.00 美元，这意味着，在流动性少数股权层级上，相当于股权价值不存在折价。

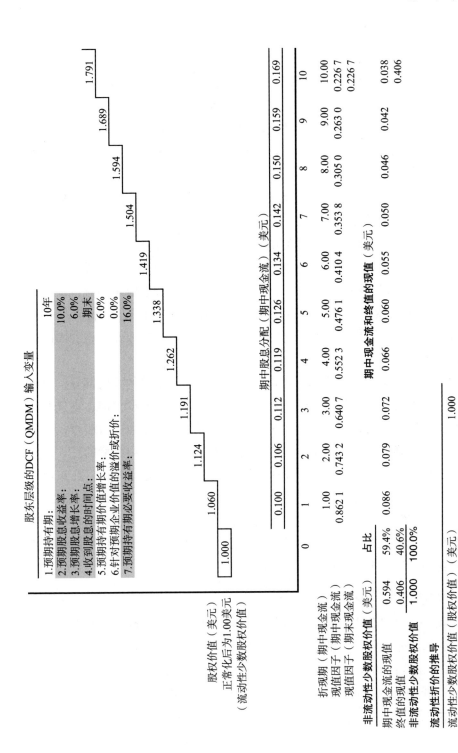

图 9-5 无代理成本或额外的持有期风险的 QMDM

代理成本的影响

现在，我们可以对代理成本在预期持有期对流动性折价的影响进行单独分析。在上述示例中，估值分析师认为次优的再投资对企业现金流水平很有限，仅导致价值增长率（和股息收益率）增长率从6%下调至5%。次优的再投资的影响体现于预期终值1.629美元（见图9-4）；而在没有代理成本的情况下，预期终值为1.791美元（见图9-5）。

就价值而言，代理成本占市场流动性折价的5.7%，这个比例不包括额外的持有期风险带来的影响（见图9-6）。

这个例子证实，次优的再投资的影响不仅仅局限于非流动性少数股权投资者所取得的收益率。与控股股东享有的抵消性薪酬（譬如超额收益）等代理成本不同，次优的再投资不仅会伤及少数股东的回报，也会降低控股股东的收益率。针对这种对未来现金流现值的负面影响，我们已在第4章中进行了讨论。换句话说，尽管可以控制企业，但是在较长时间内，控股股东取得的收益率也会因次优的再投资而受损。

但这并不是说，不应把次优的再投资影响作为流动性折价的构成部分。上市企业的价值，或者说作为衡量流动性折价基准的流动性少数股权价值，不仅取决于正常化的当前运营状况，还依赖于正常化的再投资。上市企业少数股权投资者享有的流动性足以确保上市企业不会进行次优的再投资。但需要提醒的是，这并不等于说，上市企业的投资永远不会带来次优结果。相反，这只是说，在正常情况下，无须做出业绩不佳的预期。如果上市企业真的遭遇业绩低谷，那么，公开交易股票的价格就会下跌，从而形成替换现任管理层职务的压力，而新任管理者必然会对股东利益做出迅速响应。虽然上市企业长期从事次优的再投资的个案或许存在，但我们仍建议把这种情况当作一般性规则的例外。

额外的持有期风险的影响

同样，我们也可以分离出预期持有期内的额外风险对流动性折价的影响。在这个例子中，估值分析师得出的结论是，额外的持有期风险导致基准折现率增加了4%，因此，最终的持有期必要收益率为20%。为单独体现额外的持有期风险带来的影响，我们把预期价值（及股息收益）增长率重置为6%。调整后的数据如图9-7所示。

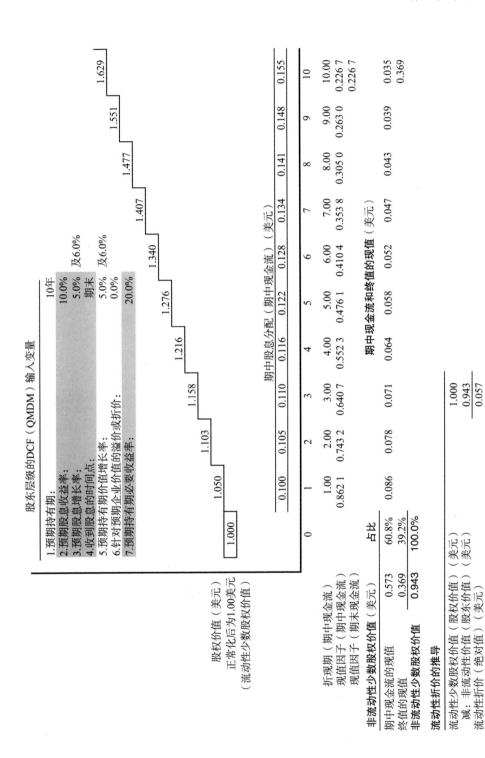

图 9-6 存在代理成本的 QMDM

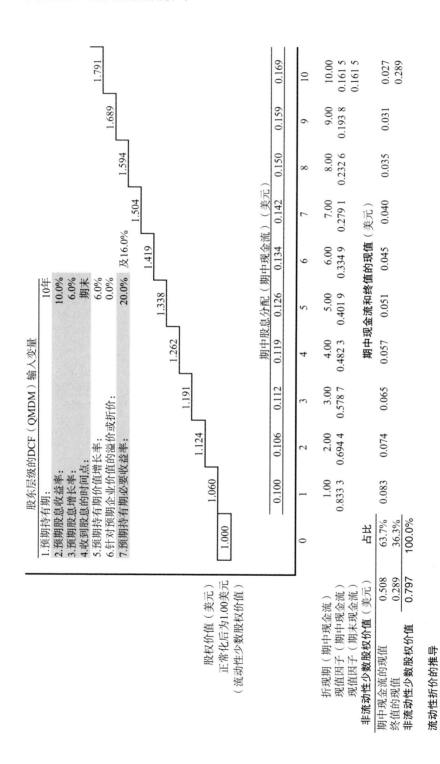

图 9-7 存在额外的持有期风险的 QMDM

额外的持有期风险带来的影响最终体现为现值因子的降低。在剔除图 9-6 代理成本的影响之后，反映额外的持有期风险的收益溢价最终形成了 20.3% 的流动性折价（见图 9-7）。

从概念上讲，在上市企业限制性股票交易中观察到的折价，实际上仅仅是整体市场折价的一部分。在实务中，我们在这一点上不能采取教条式做法，毕竟，发行限制性股票的上市企业，主要是一些在低效市场交易且财务状况不佳的小规模企业，因此，前面提到的各项原则或许还不足以完全剔除预期代理成本的实质性影响。

对总体流动性折价的综合影响

在较低的预期价值及股息收益率增长率与较高的持有期必要收益率共存的情况下，即可得到如图 9-4 所示的股东层级的 QMDM，也就是说，最终的流动性折价为 24.6%。需要提醒的是，由于较低的现值因子和预期现金流并存，最终的整体流动性折价略低于代理成本与额外的持有期风险对应的流动性折价之和（5.7%+20.3%）。

上述分析表明，在研究适用于非流动性少数股权的流动性折价时，任何定性讨论都需要考虑到两个方面的因素：①具体的代理成本，即少数股权投资者承担的代理成本的性质和持续性；②具体的持有期风险，即潜在投资者以较高必要收益率形式向卖方索取的补偿。

综合分析

上述针对 QMDM 的分析在图 9-8 中加以总结。在图 9-8 中，我们对各要素进行了重新排序，即首先显示的是股权价值（流动性折价为 0%）；其次是存在次优的再投资的情况，即因次优的再投资破坏价值增长率而带来了 5.7% 的流动性折价；再次是指存在额外的持有期风险的情况，持有期必要收益率的提高带来了 20.3% 的流动性折价；最后我们考虑次优的再投资和额外的持有期风险并存带来的综合影响，两者带来的总体流动性折价为 24.6%。

图 9-8 表明，在 QMDM 中，每个假设都至关重要。此外，它还揭示出各假设之间相互影响并共同影响最终的流动性折价。

图 9-8 中第四列显示的流动性折价为 24.6%，它包括了代理成本和股东层级风险增加带来的综合影响。

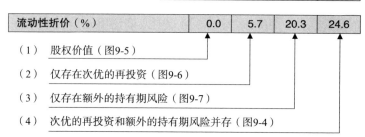

		(1)	(2)	(3)	(4)
1.预期持有期	年	10	10	10	10
2.预期股息收益率（%）	股息收益率（%）	10.0	10.0	10.0	10.0
3.预期股息增长率（%）	增长率（%）	6.0	5.0	6.0	5.0
4.收到股息的时间点	时点	E	E	E	E
5.预期持有期价值增长率（%）	价值增长率G_v（%）	6.0	5.0	6.0	5.0
6.针对预期企业价值的溢价或折价（%）	溢价/折价（%）	0.0	0.0	0.0	0.0
7.预期持有期必要收益率（%）	低	16.0	16.0	20.0	20.0
流动性折价（%）		0.0	5.7	20.3	24.6

（1）　股权价值（图9-5）
（2）　仅存在次优的再投资（图9-6）
（3）　仅存在额外的持有期风险（图9-7）
（4）　次优的再投资和额外的持有期风险并存（图9-4）

图 9-8　代理成本和额外的持有期风险对流动性折价的影响

本章小结

在本章中，我们在综合理论背景下探讨了企业与股东两个层级的价值之间的关系。作为股东层级的 DCF 模型，QMDM 是针对经营性企业和资产持有实体非流动少数股权估值而量身定做的模型。

驱动股东价值与整体企业价值的要素完全相同：预期现金流、风险和增长率。由于代理成本和额外的持有期风险的存在，非流动少数股权价值通常小于其按持股比例在股权价值中应有的价值。

| 附录 9A |

流通性与流动性

概述

流通性（marketability）与流动性（liquidity）是同一件事情吗？可在市场上交易的资产是否会无流动性？或者说，流动性资产可能无法在市场上交易吗？

按照惯例，估值分析师直接在非上市企业少数股权基础上扣除流通性折价。那么，他们是否应对缺乏流动性而计提折价？某些企业的股权是否应同时考虑流通性折价和独立的非流动性折价？是否应该在控制性股权层级考虑缺乏流动性造成的折价？在过去的 20 年中，很少有人对流通性和流动性这两个概念做过认真的推敲。下面，我们将利用综合理论的原理来分析这个问题。

概念定义

作为分析的起点，我们首先评价一下估值文献对流通性和流动性这两个概念做出的定义。

国际企业估值术语表（IGBVT）

《国际企业估值术语表》（IGBVT）由美国注册会计师协会（AICPA）、美国评估师协会（ASA）、加拿大特许商业估值师学会（CICBV）和美国注册估值分析师学会（NACVA）等几家北美地区主要专业协会颁布并执行。

表 9A-1 是 IGBVT 对流动性和流通性给出的定义。

表 9A-1 《国际企业估值术语表》（IGBVT）对流动性和流通性的定义

术语	定义
流动性	将财产快速转换为现金或用于**支付负债**的能力
流通性	以**最小成本**将财产快速转换为现金的能力

在流通性的定义中，引入了资产向现金转换的成本概念，这是流动性定义中所没有包含的。因此，如果一项资产只能以高成本快速转换为现金，那么，该资产可能具有流动性，但不具有流通性。另外，流动性定义还包括使用财产支付债务的能力，这是流通性所不包括的要素。坦率地说，我们也无从确切定义这种差异到底意味着什么。

IGBVT 将缺乏流通性折价定义为"因缺乏市场流通性而从企业股权价值中予以扣除的金额或扣除比例"。该术语表显然不包括另行定义的缺乏流动性折价。

ASA 的企业估值标准

在适用的企业估值标准中，ASA 发布的术语表在包含 IGBVT 的基础上，补充了更多的术语；并针对流通性和流动性这两个概念提供了更多的解释。[注]表 9A-2 是 ASA 对流通性和流动性给出的特殊定义。

表 9A-2 ASA 术语表中对流通性和流动性的定义

术语	定义
流动性	将资产、企业、企业股权、有价证券或无形资产随时转换为现金且本金不会受到明显损失的能力
流通性	转让资产、企业、企业股权、有价证券或无形资产的能力和难易程度（或适销性）

两套定义在用词上的相同点仅限于资产形态的表述。

▶ 与流通性定义不同的是，流动性的定义明确提及在"本金不会受到明显损失"的情况下将资产转换为现金。对于具体的财产类别，"本金损失"

○ ASA 术语表为可交易性和流动性分别给出了专门定义。一个定义与 IGBVT 相同，而另一个则是 ASA 专有的定义。

主要指价值的减少。
- 尽管流动性表面上是一个二元命题（一种资产具有或不具有某种"能力"），但流通性所涉及的转让"能力和难易程度"，似乎让我们体会到一种连贯性。换句话说，个别资产在转让"能力和难易程度"方面高低不同。
- 简言之，与 IGBVT 一样，我们同样无法轻而易举地澄清这种定义上的差异意味着什么。比如，通过将成本要素融入流动性的定义，ASA 采用的定义说明，只有在"本金受到明显损失"的情况下才能转换为现金的资产不具有流动性，但这种资产仍有保留一定程度的流通性。实际上，这恰恰与 IGBVT 的结论相反，后者把流通性与以"最小成本"转换为现金的能力联系起来。

与 IGBVT 进一步形成鲜明对比的是，ASA 术语表还对缺乏流动性的情况定义了相应的折价。表 9A-3 对 ASA 术语表针对缺乏流动性折价和缺乏流通性折价的定义进行了比较。

表 9A-3　ASA 术语表对缺乏流动性折价和缺乏流通性折价的定义

术语	定义
缺乏流动性折价	将资产、企业、企业股权、有价证券或无形资产随时转换为现金且本金不会受到明显损失的能力
缺乏流通性折价	转让资产、企业、企业股权、有价证券或无形资产的能力和难易程度（或适销性）

在估值折价这个环节，两个概念在定义上是统一的，而且两者都强调，折价的本意在于反映"相对"差异。"相对"差异衡量的是相对属性所依据的基准或标准。需要提醒的是，这两个定义均未明确流通性或流动性所依据的相应基准或标准。

- 从传统上说，考量流通性的基准是流通性少数（或可自由交易）股权价值。换句话说，与公开市场上的股票相比，目标股权的流通性如何？如第 2 章所述，综合理论表明，流通性折价源于目标（非流通性）股权与基准（可自由交易）少数股权之间在现金流、风险或增长率预期方面的差异。公开市场之所以能为认识流通性提供基准，并不是因为公开市场反映了某种理想化的流通性标准，而是因为折价所依附的基准价值本身就是流通性少数股权价值。

▶ 对于因缺乏流动性而造成的新型折价，在理论上可适用于流通性少数股权、财务性控制权或战略性控制权层级的基准价值。但是要确定这种折价，首先需要确定导致其出现的现金流、风险或增长率差异（相当于基准价值）。

在以下部分中，我们将利用综合理论说明，在流通性少数股权价值层级或控制性股权价值层级上，是否存在缺乏流动性折价的理论基础。

流通性少数股权价值层级的流动性折价

图 9A-1 总结了流通性少数股权价值的计算模型。

	计算公式	相互关系	价值含义
流通性少数股权价值（基于股权）	$\dfrac{CF_{股权(mm)}}{R_{股权(mm)} - G_{CF股权(mm)}}$	$G_{CF股权(mm)} = R_{股权(mm)} - \dfrac{CF_{股权(mm)}}{V_{股权(mm)}}$	$V_{股权(mm)}$是确定其他股权价值的基准（视同自由交易价值）

图 9A-1　流通性少数股权价值的计算模型

那么，怎样才能相对较快地把少数股权转换为现金？下面，我们将依次考虑计算模型中的每一个输入变量。

▶ 现金流（$CF_{股权(mm)}$）。$CF_{股权(mm)}$代表归属整体企业股权的正常化现金流。在流通性少数股权价值层级，企业价值代表的是未来全部（永续）预期现金流的现值，如下两种情况可能会导致"非流动性"少数股权的预期现金流增加：①"非流动性"导致预期持有期延长；②由于未按比例分配收益或其他代理成本，"非流动性"少数股权持有者预期取得的现金流低于其按持股比例应得的份额。

▶ 风险（$R_{股权(mm)}$）。折现率是风险的集中体现。与流通性少数股权相比，"非流动性"少数股权的持有者可能需要承担更大的风险。在承担高风险的情况下，对适用于期中现金流及预测期期末终值的$R_{股权(mm)}$采取溢价收益完全合理。

▶ 现金流增长率（$G_{CF股权(mm)}$）。现金流的预期增长对应于预期持有期内的预期价值增长。如果不存在代理成本，譬如不存在不按比例进行的收益分配或次优的再投资，即现金流按低于股权成本的收益率进行再投资，那么，我们即可认为"非流动性"少数股权价值增长应与基准价值（流动性少数股权价值）保持一致。

上述讨论表明，无论是流通性少数股权缺乏流动性带来的折价，还是缺乏流通性带来的折价，两者的诱因完全相同。换句话说，缺乏流动性折价与缺乏流通性折价不存在区别。特别是前文所述的定义混同，流通性少数股权价值层级的缺乏流动性折价并无理论基础。

控制性股权层级的缺乏流动性折价

缺乏流动性折价可能适用于控制性股权层级的价值。毕竟，不同于在公开股票市场上交易的少数股权，非上市企业的控制性股权不可能轻而易举地转换为现金。尽管这个说法的正确性毋庸置疑，但实际上毫无意义。

如前所述，估值折价体现的是目标股权与折价所依附的基准价值在现金流、风险和增长率等方面的差异。离开了这个基准价值，折价（或溢价）没有其他意义，也就是说，溢价或折价本身是不能独立存在的。因此，在我们考虑控制性股权流动性折价的适用性时，目标股权相对于可自由交易股份的流动性没有任何实际意义，因为这并不是溢价或折价存在的基础。

相反，我们应该设法明确目标控制性股权和基准控制权价值之间的相对流动性差异。这个所谓的基准价值到底是在财务性控制权价值层级，还是在战略性控制权价值层级，都不会影响结论。图 9A-2 总结了财务性控制权价值的计算模型。

	计算公式	相互关系	价值含义
财务性控制权价值（基于股权）	$\dfrac{CF_{股权（财务）}}{R_{股权（财务）} - G_{CF股权（财务）}}$	$CF_{股权（财务）} \geqslant CF_{股权（mm）}$ $G_{CF股权（财务）} \geqslant G_{CF股权（mm）}$ $R_{股权（财务）} \approx R_{股权（mm）}$	$CF_{股权（财务）} \geqslant CF_{股权（mm）}$

图 9A-2　财务性控制权价值的计算模型

为了在概念上保持一致，缺乏流动性折价需体现出在现金流、风险或增长率方面与基准财务性控制权价值的差异。⊖

⊖ 以下讨论等同于战略性控制权层级的价值。

▶ 现金流（$G_{CF\text{股权（财务）}}$）。$G_{CF\text{股权（财务）}}$代表的是归属整体企业股权的正常化现金流。与少数股权相反，对于控制性股权的持有者，永远不允许其他人采取非按比例分配之类的潜在逆向决策。控制性股权所面对的"流动性"不会影响归属于该股权的预期现金流。此外，由于控制性股权持有者在未来流动性事件的发生时间上拥有自由裁量权，不论控制性股权的"流动性"如何，未来现金流都不确定。简言之，在控制性股权层级，现金流预期绝不是存在流动性折价的理由。

▶ 风险（$R_{\text{股权（财务）}}$）。与流通性少数股权一样，折现率同样也是风险的集中体现。但由于控股股东有权做出各项运营和企业治理决策，不管目标股权所面对的"流动性"如何，都没有理由假设折现率存在溢价。换句话说，在控制性股权层级，不存在可造成缺乏流动性折价的风险差异。

▶ 增长（$G_{CF\text{股权（财务）}}$）。同样，由于控股股东对所有收益分配和再投资决策拥有自由裁量权，他们所认为的"流动性"不会影响当期现金流或是这些现金流的预期增长率。在这种情况下，当然也就没有理由假设，在控制性股权层级，增长预期差异就会带来流动性折价。

小结

我们认为，在少数股权层级，缺乏流动性与缺乏流通性带来的常规性折价并无区别。如存在缺乏流动性折价，那么，它就应该与缺乏流通性带来的折价完全相同。利用综合理论进行的分析表明，在控制性股权层级，不存在缺乏流动性折价的理论基础。在实务中，估值分析师使用流动性折价，其实是为了方便。

▶ 如果基准控制权股权价格太高，那么，最终（扣除折价后）价值正确，可能只是偶然。

▶ 如果基准控制权股权价格正确合理，那么，由此所得的（扣除折价后）价值将被低估。

在主张对控制性股权采用缺乏流动性折价的倡导者看来，他们最常提到的一个证据就是：相对于上市企业中的少数股权，控制性股权的流动性天然不足。因此，对于缺乏流动性折价所依附的基准价值，最好应参照企业控制性股权的交易市场进行估值。在这种情况下，目标股权与基准价值之间自然不存在现金流、风险或增长率差异，而缺乏流动性折价当然也就失去了存在的依据。

此外，控制性股权的出售过程往往是很漫长的，这显然不支持缺乏流动性折价的存在。首先，在营销期间，控制性股权的卖方继续享受与股权相关的全部利益，不管这个营销期到底会持续多久。其次，我们可以合理假设，控制权股权交易发生在估值日期，也就是说，所有必要的营销活动均发生在该日期之前。

综合理论表明，缺乏流动性折价不存在理论基础，这一点不同于适用于少数股权的流通性折价。㊀

㊀ 换句话说，流通性折价是造成流动性折价的原因，流动性折价并不是一个可以独立存在的概念。但考虑到与估值实务的吻合，我们在本书中采用估值分析师的语言，将这种由流通性引发的折价统称为流动性折价。——译者注

| 第 10 章 |

针对 QMDM 假设的深入讨论

本章简介

在第 9 章中,我们介绍了使用收益法进行估值的优势,尤其是以现金流折现法对非流动性少数股权进行估值所具有的优点。在股东层级上,我们认为,QMDM 是一种简洁清晰的 DCF 模型,并就此简要概述了该模型的必要假设。在本章中,我们将进一步详细探讨 QMDM 的假设。

本章讨论的主题如下。

- ▶ 讨论各假设的背景及基本原理。
- ▶ 针对经营性企业的非流动性少数股权,说明各假设在确定流动性折价过程中的相对重要性。
- ▶ 根据估值分析师对各假设的调整,分析 QMDM 得出的结论对相关假设的敏感性。
- ▶ 为估值分析师提供实务指南,帮助他们制定适用于具体估值环境的假设。

在本章中,我们将解决如下问题。

- 预期持有期到底取决于目标股权的特征，还是目标股权的当前所有者？
- 在评估预期持有期时应考虑哪些因素？
- 是否有必要精确估计预期持有期的期限？
- S 类企业在股息收益率上与 C 类企业相比如何？
- 上市企业的预期价值增长与非上市企业有何不同？
- 哪些特定因素会导致持有期溢价？
- 如何评估预期持有期必要收益率的合理性？
- QMDM 对假设的变化是否过于敏感？

假设 1：预期持有期

在构建企业层级 DCF 模型时，估值分析师首先需要确定预测期范围，或者说有限预测期的时长。股东层级的 DCF 模型同样如此。在 QMDM 中，这个预测期的时长被称为预期持有期。预期持有期是指掌握充分信息的理性买方或卖方认为目标股权保持不易销售状态的时间跨度。也可以把预期持有期视为投资者预期实现投资目标的期限，这个目标通常不是折现值。需要提醒的是，预期持有期是目标股权的一种属性，它未必与任何特定买方或卖方（包括当前所有者）期望的持有期相同。

流动性和预期持有期

公开股票市场为评估目标股权的流动性提供了基准参照。对于交投活跃的股份，持有者可随时按市场价格向经纪人下达销售订单，并在几天内取得销售收入。当然，这只是一般情况，例外是存在的。如果企业股份的市场交易冷淡或缺乏流动性，那么，就有可能无法迅速实现买卖双方的匹配。即使对于流动性很高的企业，如果出售方不提供"大宗交易"折价，也可能难以在短时间内进行大宗股份的交易。此外，大宗交易订单还有可能给大盘股的股价造成负面影响。但是在一般情况下，公开股票市场可以提供现成的流动性，因此，它也是非流动性少数股权投资的一般参照标准。

如果非上市企业的股份没有活跃的交易市场，那么，股份在何时及如何获得流动性这个问题上，就需要投资者面临极大的不确定性。在存在这种不确定性的情况下，非上市企业股份的价值就取决于其未来现金流的现值。因此，估值分析师必须特殊考虑投资的预期持有期，也就是说，目标股权预期维持不可流动状态的时间。

目标股权实现流动性的途径如下。

- **出售企业**。通常，买方会按相同的价格和条款购买企业已发行的全部流通股，或者采取出售资产的形式，而后分配收益（扣除负债），并清算企业。但无论哪种情况，目标企业都会为原股东所持有的股权提供流动性。如本书第二部分所述，潜在的买方可能是战略投资者，也可能是财务投资者，譬如公开股票市场基金。
- **定期或不定期的回购活动**。近年来，追随许多上市企业的做法，股份回购计划在非上市企业中也开始越来越受欢迎。许多非上市企业向现有股东回购股份，随着企业成熟，再把这些股份卖给新股东，从而达到股份"循环再利用"的目的。在缺少吸引力的再投资机会时，非上市企业可以发起股份回购计划，从而为其他股东带来更高的收益。
- **出售给其他投资者**。企业可以把股份出售给其他希望投资本企业的投资者。尽管没有活跃的市场，但非上市企业偶尔也会找到少数股权的投资者，而且他们会以相对较为优惠的条件购买股份。有些私募股权企业专门收购非上市企业的少数股权。
- **向企业或其他股东出售股份**。按相同条款（即按非优惠定价）将股份出售给企业或其他股东。
- **股权买卖协议**。很多企业与其股东签署股份买卖协议。这些协议约定当事双方在特定情况下买卖股份的义务。股份买卖协议依靠多种机制确定交易价格，而且通常会要求对企业进行一次或多次估值。㊀
- **IPO**。少数股东可能有机会参与公开发行，这样，他们持有的股份在IPO后即可上市公开交易。但只有极少数非上市企业有资格成为IPO候选人。考虑到IPO数量的下降及达到拟上市企业的门槛不断提高，通过IPO为非上市企业股东实现流动性的可能性也最小。

㊀ Mercer, Z. Christopher, *Buy-Sell Agreements for Closely Held and Family Business Owners* (Peabody Publishing LP, 2010).

少数投资者还可以在其他情况下出售其持有的非上市企业股份，但出售股份对他们有利的情况却少之又少。问题的关键在于，投资者必须接受，目标投资何时（或者是否有可能）可进入市场流通这个问题存在极大的不确定性。投资者会进一步预期，鉴于这种不确定性的存在，他们可能不得不在几年内甚至更长时间内持有这笔投资。

估计预期持有期时应考虑的因素

在其他条件相同的情况下，持有期的延长会降低股东预期现金流的现值，从而造成更高的流动性折价。投资者在预测持有期时，考虑更多的是定性因素，而非定量因素。按照特定估值项目的事实和环境，估值分析师可以对预期持有期相对较短、相对较长或介于两者之间的各种可能性做出评估。尽管对持有期的预期是主观性的，但这种判断与如下因素存在合乎逻辑的因果关系。

- **以往的所有权政策**。如果以往存在内部人持股的情况——无论是在家庭内部还是少数股东或管理者范围内，那么，企业股份进入市场自由交易的可能性不会太大。另外，如果投资者群体包括风险投资者或私募股权机构，那么，企业就有可能面对在既定时间内（通常为 3～7 年）实现流动性的压力。
- **股份买卖协议或其他股东协议**。股份买卖协议可能会从有意愿的投资者角度定义企业价值，也有可能大幅削减企业的预期未来价值，最终取决于协议的具体性质。其他股东协议也会影响到股份的流动性，但其重要性还需认真剖析。比如，如果存在不利于投资者的股份买卖协议，那么，足以导致投资者在企业出售或 IPO 之前不会取得有利的流动性机会。另一个不利于投资者的例子是，新投资者在取得股份时，必须接受限制其未来流动性选择的条款。
- **管理者或所有权的继承**。虽然永远都无从确切得知，实现流动性的有利机会会在何时出现，但某些条件确实会增加企业出售或其他合理退出的机会。①如果关键管理人员身体状况不佳，那么，实现流动性的概率就会增加。需要提醒的是，尽管关键人物的存在对未来实现流动性而言可能是有利的，但如果没有有效的继任计划缓冲这种对关键人物的依赖性，就有可能削弱企业层级的总体估值。②股东的衰老可能预示着企业有可能IPO，尤其是在所有者没有子嗣或其他继任者接管企业的情况下。③如果知道企业所有者存在短期流动性需求（比如个人财务问题）的话，就表示企业被出售的概率很大，或者存在其他增加流动性的机会。

- **控股股东的业务计划和可能采取的退出策略**。如果控股股东存在可预见时间内出售企业的具体计划，那么就可以合理预测预期持有期的外部限制因素。但即使存在这样的计划，投资者也可能需要采取对冲措施，毕竟，此类计划经常会发生变化。
- **主动出售或是被收购的可能性增加**。企业可能正处于生命周期中最适合退出的阶段。因此，对于一家有市场吸引力的企业而言，即使管理层和股东坚持认为企业应继续维持非上市状态，但企业被出售的可能性依旧高于相对平庸的其他企业。很多企业的出售确实可能出乎意料，但有吸引力的企业更有可能收到不期而遇的收购要约。
- **涉及少数股权的交易历史**。如果一家企业或其部分股东曾按较低价格向其他有流动性需求的股东收购股份，那么，长期规划的必要性就显而易见了。另外，良性的内部交易历史也增加了形成目标股权内部市场的可能性。

持有期的区间性

在第9章的示例中，为便于解释QMDM的原理，我们把预期持有期假设为一个孤立的数字。但是在实务中，预期持有期往往是一个区间性概念。为了估计可能的预期持有期区间，我们认为，对与目标股权有关的某些事实进行分析，往往可以为估值分析师提供可靠的证据。因此，在估值分析师采用的尽职调查问卷中，应包含有助于厘清这些重要事实的问题。市场参与者和估值分析师可能考虑到的关键事实如下。

- **担任管理职位的主要股东年龄，以及是否有称职继任者的人选**。
- **不担任管理职位的主要股东年龄**。通过股东群体和管理团队内部的年龄结构，可以合理推断出企业是否存在被出售的可能。

- **主要股东在独立于目标企业情况下的财务状况**。如果股东的财务状况主要依赖于目标企业的企业价值，而不是目标企业当期的收益分配，那么，目标企业在近期内被出售的可能性就较大。尽管这类信息并非总能得到，但对市场参与者或估值分析师而言，这无疑是他们最想知道的事情。在家族性的有限合伙企业中，如果老一代合伙人离世，那么，合伙人自身财务状况会严重影响继任普通合伙人面临的压力。
- **主要股东或管理者对企业未来的设想**。如果现任股东或管理者在未来3～5年内准备出售企业或将退休的计划公之于众，那么，这些计划必将会对持有期预期带来一定的影响。另外，如果现任股东或管理者打算"坚持到底"，那么投资者就有理由预期更长的持有期。
- **家族成员或股东之间的关系**。现有股东之间的紧张关系可能会给潜在投资者的利益带来负面影响，但这样的关系也会增大企业出售或实施其他股权交易的可能性，从而为现有中小股东创造未来获得流动性的机会。
- **目标企业所在行业的总体状况**。很多行业已进入整合阶段甚至已基本完成整合。比如，在过去的几十年中，美国的银行数量呈持续下降态势，以并购为主要方式，美国银行每年减少约4%。这至少在一定程度上可以解释，银行的流动性折价为什么往往会低于非金融企业。如果企业位于快速整合的行业中，那么，不论现任管理层或股东的意图如何，也不管他们口头上怎么说，这一事实必定会增加企业出售的可能性。结合影响估值的其他要素，行业整合很可能会让人们有足够理由对持有期做出相对较短的预期。另外，当行业已进入衰老或走到尽头，那么，为股东创造流动性的机会当然也就不太可能出现了。
- **目标企业进行资本重组（或注资）的历史或在可预见的未来进行资本重组（或注资）的可能性**。大规模资本重组为少数股东抵制交易创造了机会，从而让他们有机会寻求法庭援助，根据一轮或多轮估值确定所持有股份的公允价值。根据企业所在的州，保护持异议者权利的司法解释可能会给中小股东带来有利的估值，这种情况有可能让目标股权以对投资者较为有利的条件进入流通领域。

预期持有期的区间

市场参与者和估值分析师必须确定预期持有期。确定一个具体的预期持有期几乎永远都是不可能的，但至少可以对这个期限做出相对合理的判断，将预期持有期确定为相对较短（5年或更短）、相对较长（超过10年）或是介于两者之间。在实务中，我们往往倾向于将预期持有期确定为一个相对合理的区间，并同时估算出预期持有期必要收益率的区间；在此基础上，针对具体案例确定可采用的流动性折价。

如果找不到能为目标股权实现流动性的预期持有期（比如在未来5年内）提供依据的事实，那么，我们往往先假定5～10年的区间。然后，再根据考虑特定流动性折价的预期持有期必要收益率对估计的合理性进行检验。尽管这个假设不具有普遍适用性，但它确实可以给估值分析师提供一个基准，从而对较短和较长的持有期进行比较，并据此对预期持有期进行合理调整。

据我们所知，目前还没有人对非上市企业现有股东的存续期进行学术研究。研究家族企业的专业人士认为，能成功过渡给第二代家族成员的私人企业寥寥无几。作为一种基准性观点，这意味着，大多数企业至少需20年的时间才会经历一次控制权变更。

根据对非上市企业的研究，我们得到的结论是，企业控制权的半衰期可能在8～10年。在这一期间，很多企业可能会被出售、资本重组或与其他实体合并，完成控制权的更迭。显而易见，有些企业经历这些的时间可能会早一点，有些可能会晚一点。

归根结底，估值分析师都需要根据具体案例所面对的事实和环境，对预期持有期的区间得到合理结论。估值分析师当然无法得知未知的事情。但他们至少可以根据某个基准确定，预期的持有期是会相对较短，或是相对较长。此外，考虑到特定环境所面对的事实，他们往往可以进一步细化或缩小预期持有期的区间。总之，估值分析师必须对预期持有期做出明确的假设。⊖估值分析师的目标就是

⊖ 如第8章所述，即使采用限制性股票研究的结论，估值分析师仍需要对预期持有期做出估计。反之，如果仅参照这些研究来选择流动性折价，那么，他们实际上就是对预期持有期和预期持有期必要收益率做出了隐含（甚至是无法认可）的假设。简言之，没有明确做出假设不等于没有假设。只要认可流动性折价的存在，就是在对预期持有期、期中分配和必要收益率做出某种假设。因此，如果没有在估值报告中明文阐述这些重要的假设，对估值报告的使用者而言，可能就是一种误导。

充分了解在特定投资时所面对的事实和环境，并据此对预期持有期做出合理的假设。

假设 2A：预期股息收益率

在使用股东层级的 DCF 模型时，估值分析师必须预测预期持有期内的期中现金流。在其他条件相同的情况下，与没有股息收益的类似投资相比，预期的股息分配会减少流动性折价。换句话说，期中现金流至少会直接构成企业股权现金流的一部分。

C 类企业（股份有限企业）向股东分配股息，而 S 类企业及其他税收转移实体则直接分配收益。在本书中，我们对股息和收益的分配不做区分，因为在 QMDM 中，所有股息和收益分配均按基准进行调整。

预期股息收益率的确定

估值分析师基于如下要素对特定目标股权的预期期中现金流（及流动性少数股权收益率）做出估计。

- **股息分配的历史**。如果企业有很长的股息分配历史，那么，估值分析师就可以合乎逻辑地推断，这项政策将会延续到未来。管理层通常会声称，在可预见的未来，他们会继续沿用以往的政策。此外，现金流和资产负债表的状况也会表明，在没有对股东分配股息的情况下，企业的现金积累会达到异常高的水平。
- **对股息的优先请求权**。有的时候，某些类别的所有权对股息分配享有优先请求权，这就会形成一种持续分配股息的明确预期（或者说，会减少可分配给其他类别股权的现金流）。
- **目标企业的其他特征**。有的时候，因为企业把可用现金流全部用于偿还未偿还债务，所以以前没有支付过股息。在估值日，如果企业已偿还全部债务，或债务已降至目标水平，那么，我们就有理由预期企业会向股东分配股息。在正常分配之外或正常无任何派息的情况下，企业偶尔也可能会一次性进行股息分配。如果能在估值日合理预见到这种分配，那么，估值分析师就可以单独估计这种分配对股东价值及相应未来价值增长的影响。此外，企业还会定期进行支付股息，尽管这个期限可能很长，也就是说，定期支付不等于经常。如果这种非常规收益分配在数量上不容忽视，那么，估值分析师可能需要对它们进行单独估计；或者根据以往不规则的收益分配历史，估算一个收益分配的平均水平。

▶ **控股股东的特征**。控股股东或其家族成员的情况也可能说明未来分配股息收益的概率有多大。较高的现金流或生活标准可能表明，未来进行定期派息的可能性较大。同样，如果目标企业由一家控股企业控制，那么，该控股企业偿还债务的需求就会增加目标企业向少数股东支付股息的可能性。

▶ **目标企业的税收特征**。通过税收转移实体，估值分析师可以把预期现金分配转化为 C 类企业的等价收益分配。通过这样的操作，我们即可改善各类企业之间的可比性。在某些情况下——比如所得税负债超过现金分配时，C 类企业的等价股息收益率可能为负数。

调整目标企业的税收特征

对 C 类企业而言，在向股东分配收益之前，首先需要对其收入缴纳联邦及州所得税。当 C 类企业向其股东实际支付股息时，企业应对股息收益按适用于股东的股息所得税税率代为征税。因此，我们认为，在 C 类企业，股东接受的股息收益是已缴纳企业所得税但尚未缴纳个人所得税的。

C 类企业

对 C 类企业，预期股息收益率的计算相对较为简单，即股息收益率是预期股息除以为获得该收益所需要的当期流动性少数股权价值。如图 10-1 所示，一家 C 类企业的预期股息为每股 0.45 美元（年度股息），流动性少数股权的市值为每股 10.00 美元。因此，这家 C 类企业的预期股息收益率为 4.5%。

$$\text{预期股息收益率} = \frac{\text{预期股息}}{V_{\text{股权(mm)}}} = \frac{0.45}{10.00} = 4.5\%$$

图 10-1 预期股息收益率（C 类企业）

S 类企业及其他税收转移实体⊖

尽管很多非上市企业均采用 S 类企业的组织形式，但上市企业绝对不可能采取这种组织形式。因此，与上市企业相关的任何市场证据只能来自 C 类企业。⊖ 由此，我们建议，对于 S 类企业及其他税收转移实体的收益分配，均应以 C 类企业的等价收益分配为基础。这样，就可以在 S 类企业股东的个人税前收益与 C 类企业股东的个人税前收益之间建立可比性。可以选择 QMDM 作为一种收益量化模型——该模型将目标股权的潜在收益与可比公开交易及非公开投资的预期收益进行比较，因此，合理的可比收益率应该是 C 类企业的等价股息收益率。

对 S 类企业及其他税收转移实体，股东按其在企业（或其他实体）的持股比例参与企业的收益分配。收益从 S 类企业"转嫁"给其股东，然后股东按各自的个人所得税税率对其取得的收益纳税。为便于讨论，我们对 S 类企业的收益分配假设也适用于其他税收转移实体，包括合伙企业、有限合伙企业和有限责任企业等。

某些情况下，S 类企业对股东的收益分配为缴纳企业税之后但尚未缴纳个人所得税之后的收益。但这个特征忽略了一个经济现实：在现实中，S 类企业总会向股东分配足够的收益，让他们有能力偿付企业转移给个人的"企业"税。如果分配不足，心怀不悦的股东就有可能采取措施，推翻 S 企业的组织结构。

考虑到"企业"税已从 S 类企业流向其股东，因此，在取得足以支付税款的收益分配之前，股东本身是没有经济收益的。但是在收益分配超过需要缴纳的税款时，股东对取得的超额分配部分是"免税"的，无须对这部分收益代企业纳税。因此，S 类企业的派息与 C 类企业的派息不具有可比性，前者无须缴纳企业

⊖ 在第 12 章，我们将采用综合理论对 S 类企业进行估值。有人可能会质疑，如果税收转移实体的中期现金分配受税收影响，则必然会得出这样的结论：QMDM 分析必须考虑终值（或退出价值）的所得税情况。我们不同意这种观点。由于大量的历史和当前股票收益数据均与 C 类企业的投资收益（缴纳个人所得税之前的收益）有关，而且投资者取得的股息通常需要全额纳税，应把期中现金派息重述为 C 类企业的完全应税等价收益率。出于诸多因素的影响，C 类企业出售股票的收入或清算收入可能少于完全应税的应税收入，或是承受非常高的有效税率。但总收益统计数字毕竟以公开披露的股票价格为基础，而不是个别投资者取得的净收益。在大多数情况下，任何预测与退出价值相关的特殊税收优惠或负债的过程，都包括对潜在买卖双方进行的猜测。如果特殊税收事项已确定，而且易于量化、分析，就有必要将这些事实纳入 QMDM 分析中。

⊖ 对于某些公开交易的实体，如房地产投资信托基金（REIT）和业主有限合伙（master limited partnership），都具有与税收转移实体更相似的特殊税收属性。但是在大多数情况下，上市企业均为 C 类企业。

税，而后者则需要向股东征税。

如图 10-2 所示，通过对 C 类企业针对个人股息的税率进行逆运算，可以由缴纳企业及个人所得税后的收益推算出税前收益，从而得到与 S 类企业等价的 C 类企业股息收益率。

$$C类企业的等价股息收益率 = \frac{收益分配总额 - (税前收益 \times 个人所得税税率)}{(1 - 针对个人股息的税率)}$$

图 10-2　由税收转移实体得到的 C 类企业的等价股息收益率

利用如图 10-3 所示的公式对 S 类企业预期股息收益率进行倒推，即可得到 C 类企业的等价股息收益率。图 10-3 为推导 C 类企业的等价股息收益率的过程。

$$预期股息收益率 = \frac{C类企业的等价股息收益率}{V_{股权(mm)}}$$

图 10-3　S 类企业预期股息收益率

图 10-4 为针对 S 类企业的 C 类企业的等价股息收益率的计算过程。

		计算	
1	S类企业的税前收益	1.00美元	估值分析师的估计
2	个人联邦税率	37.0%	
3	针对个人股息的州税率	6.0%	
4	乘：混合边际税率	40.8%	联邦税率×(1-州税率)+州税率
5	转移税	0.408美元	第1行×第4行
6	预期派息比例	80.0%	估值分析师估计的预期派息比例
7	预期派息金额	0.800美元	第1行×第6行
8	减：转移税	-0.408美元	第5行
9	=税后股息	0.392美元	
10	税后股息	0.392美元	第9行
11	针对C类企业股息的综合税率（包括医疗保险附加费）	25.8%　　74.2% （个人综合税率）	1-个人综合税率
12	=C类企业的等价股息	0.529美元	税后股息÷针对C类企业股息的混合税率
13	C类企业的等价股息	0.529美元	第12行
14	除：流动性少数股权的每股价值	10.00美元	估值分析师的估计
15	C类企业的等价股息收益率	5.30%	C类企业的等价数据（取整）

图 10-4　针对税收转移实体的 C 类企业的等价股息收益率的计算过程

▶ 如图 10-4 所示，计算 C 类企业的等价股息收益率的出发点是 S 类企业的税前收益 1.00 美元（第 1 行）。

▶ 按混合边际税率（第 2～5 行）估算，由企业转移给股东的每股转移税为 0.408 美元。图 10-4 中的税率做了简化处理，以便于说明问题；在实务中，估值分析师需单独估算适用于具体估值项目的税率。

▶ 基于第 6 行的预期派息比例（占税前收益的 80%），从而确定预期派息金额（第 7 行）。

▶ 从税前收益中减去估计的转移税，得到 S 类企业的税后股息为 0.392 美元（第 8～9 行）。

▶ 根据扣除转移税之后的税后股息倒推出等价股息，即将税后股息除以（1－个人综合税率），从而得到 C 类企业的等价股息为 0.529 美元（第 10～12 行）。

▶ 将 C 类企业的等价股息收益除以估值分析师对流动性少数股权的估值结论（每股价值），即可得到 C 类企业的等价股息收益率为 5.3%（第 13～15 行）。

需要提醒的是，与税收转移实体对应的 C 类企业的等价股息与普通个人所得税税率及企业所得税税率之差呈负相关。由于选择 S 类企业组织形式的最终目的是避免股息双重征税，在针对个人股息收益的税率超过企业税率时，增量税收就会抵消规避针对个人股息收益的税率所带来的收益。所以，2017 年《减税与就业法案》降低了企业税率，实际上也就削弱了 S 类企业这种企业组织形式的相对优势。

S 类企业的股息收益率可能为负数

如图 10-5 所示的 C 类企业的等价股息收益率计算过程中，尽管这家 S 类企业可以把针对企业收益的纳税义务转移给股东，但该企业未向股东分配任何收益。在这种情况下，S 类企业的股东就必须单独支付需缴纳的税款，从而使得最终得到的 C 类企业的等价股息收益率为负数。⊖ 如果这种情况预期延续的话，必然会对无收益分配的 S 类企业少数股东价值产生负面影响。

⊖ 考虑到 C 类企业的等价股息收益率不能为负数，因此，估值分析师可能会选择不"扣除"这个推导出来的负收益率，或者对负的股息收益率不予考虑。

			计算	
1	S类企业的税前收益		1.00美元/股	估值分析师的估计
2	个人联邦税率	37.0%		
3	针对个人股息的州税率	6.0%		
4	乘：混合边际税率		40.8%	联邦税率×（1–州税率）+州税率
5	转移税		0.408美元	第1行×第4行
6	预期派息比例	0.0%		估值分析师估计的预期派息比例
7	预期派息金额		0.000美元	第1行×第6行
8	减：转移税		–0.408美元	第5行
9	=税后股息		–0.408美元	
10	税后股息		–0.408美元	第9行
11	针对C类企业股息的综合税率 （包括医疗保险附加费）（个人综合税率）	25.8%	74.2%	（1–个人综合税率）
12	=C类企业的等价股息		–0.550美元	税后股息÷针对C类企业股息的混合税率
13	C类企业的等价股息		–0.550美元	第12行
14	除：流动性少数股权的每股价值		10.00美元	估值分析师的估计
15	C类企业的等价股息收益率		–5.50%	C类企业的等价数据（取整）

图 10-5　针对税收转移实体的 C 类企业的等价股息收益率计算过程（无派息）

利用 QMDM，估值分析师不仅能考虑 S 类企业（以及向股东转移）收益带来的积极影响，还能考虑非正常情况（即没有向股东转移收益，或向股东转移的收益不足以支付企业所得税）对税收的负面影响。如果 C 类企业的等价股息收益率为负数，那么，就需要从预期持有期末终值的现值中减去这个预期现金流的现值。

针对关于税收等价收益的结论

在确定 S 类企业及其他税收转移实体的股息收益时，估值分析师务必非常谨慎，而且必须像假设的投资者那样，充分考虑影响 S 类企业和 C 类企业的各项现行税法。

对于股息分配政策不确定的税收转移实体，投资者肯定会认真权衡投资非流动性股权的利弊，毕竟，在这种情况下，他们可能每年都要承担为企业收益征税的潜在义务，但没有从企业得到相应的收益分配来支付这些税负。这当然会影响估值，而且在对税收转移实体的少数股权估值时，必须审慎考虑这种情况。实际上，对税收转移实体的投资者而言，只要股息分配与纳税的时间错配给股东/纳税人带来不便（且有可能让他们付出更高的成本），那么，投资承受负税收影响的风险就必然大于零。

不过，我们在这里讨论与税收转移实体对应的 C 类企业的等价股息收益率，最重要的就是要强调在使用 QMDM 时，应按模型对股息收益率的假设，把税收转移实体的股息分配转换为 C 类企业的等价股息收益率。这样，针对 S 类企业这种组织形式及大多数税收转移方式，估值分析师就可以合理考虑它们在预期持有期内给股东带来的税收收益。

假设 2B：预期股息增长率

对很多向股东定期支付股息或分配收益的经营性实体而言，我们完全有理由假设，股息可能会随着企业的成长而增加。因此，根据 QMDM，估值分析师必须对预期股息增长率做出合理假设。实际上，有了预期股息增长率，即可为股东层级的 DCF 模型指定预期持有期内的期中现金流。尽管这个假设通常不会对 QMDM 的计算造成重大影响，但还是要充分理解这个模型的每一个变量。

针对预期股息增长率，估值分析师需根据与目标股权有关的事实和背景，做出如下四个潜在假设之一。

- **股息按预期持有期价值增长率的速度同步增长（即假设预期股息收益率恒定）**。如果预期收益和预期价值以基本相同的速度同步增长，那么，股息按预期持有期价值增长率速度增长的假设是合理的。
- **股息将按收入的增长速度保持增长（即假设股息支付率恒定）**。在某些情况下，股息增长反映目标企业预期收入增长的假设是合理的。实际上，很多企业的预期股息增长率确实和收入增长挂钩。
- **股息不会增加（即假设股息金额恒定）**。某些企业始终采取每年相同金额股息或每股股息的做法。如果预期这种政策在预期持有期内不太可能改变，那么，假设股息维持零增长的假设或许是合适的。此外，如果企业历年支付的股息变化不动，而且估值分析师也一直采用历史股息的某个平均值作为对未来股息的最佳估计，那么，采取零增长假设同样是合理的。
- **股息将按其他某个速度维持增长**。某些特殊条件可能会决定与之相适合的其他股息增长假设。比如，如果一家企业马上将还清大笔债务，而且由此释放出的现金流可用于支付更高的股息,那么,对增长率采取多种估计可能是合理的。另外,让股息的增长速度低于收入或价值的增长速度,或许符合企业的融资规划。

综上所述,针对预期股息增长率的假设通常不会对 QMDM 的流动性折价估值结论带来重大影响。但估值分析师还是要对其做出具体估计,从而创建一个全面的股东层级 DCF 模型。

假设 2C:收到股息的时间点

与所有 DCF 模型一样,估值分析师必须为 QMDM 确定收到期中现金流的时间。熟悉企业层级 DCF 模型的估值分析师当然了解这个假设的重要性。

同样,可以假设收到股息的时间点为每年的年末或年中(以此来模拟全年收到的股息)。考虑到股息对高收益实体中非流动少数股权价值的重要性,估值分析师必须明确这个假设,以及选择年末和年中取得股息的原因。取得时间点的假设可能会对最终的流动性折价造成显著影响,具体程度取决于股息收益率的大小。

假设 3A:预期持有期价值增长率

QMDM 的第三个假设是预期持有期价值增长率。预期持有期价值增长率定义了股东层级 DCF 模型中的终值。

在使用 QMDM 之前,估值分析师需根据流动性少数股权价值($V_{股权(mm)}$)确定与企业预期收益、现金流及风险相吻合的估值指标。图 10-6 总结了终值的计算过程。

$$终值 = V_{股权(mm)} \times (1+G_V)^{持有期}$$

图 10-6 终值的计算过程

如下所述,QMDM 假设,预期持有期结束后,流动性是在流动性少数股权价值层级上实现的，但模型也允许估值分析师在必要时调整这一假设。

影响预期持有期价值增长率的因素

估值分析师可参照几个基准点估算预期持有期价值增长率。在大多数采用收益法进行的估值中，估值分析师需对收益或现金流增长率做出具体估计。如采用未来收益折现法，则需对有限预测期内的具体增长率做出假设。如使用戈登模型估计终值，那么需要对超出有限预测期之后的预期长期增长率进行假设。

上市企业投资者取得的收益可以划分为两个部分：当期收入（或股息收益率）与资本增值（或价值增长率）。因此，对上市企业而言，预期持有期价值增长率应等于必要收益率超过预期股息收益率的差额。而对于非上市企业，潜在的代理成本却有可能会打破这种关系。我们把代理成本划分为两类，两者均会增加针对目标少数股权的流动性折价。

▶ **不按比例对企业股权现金流进行分配**。在非上市企业，所有者或管理者偶尔会采用超过市场一般水平的薪酬、特权或某种关联方交易，将正常化的企业股权现金流以非比例方式转移给自己。对正常化企业股权现金流采取的这种非按比例分配，会减少归属于股东的期中现金流，从而提高相应的流动性折价。

▶ **对企业现金流进行的次优的再投资**。按针对整体企业的估值法，需要假设现金流按持股比例分配给股东，或以折现率进行再投资。如果不满足这些条件，即可认为管理层进行了次优的再投资。某些非上市企业的管理者始终未能表现出应有的能力，或不愿意按必要收益率对未分配收益进行再投资。这既可能是源自过度风险规避心理的影响（大量积累低收益的超额资产），也可能是出于打造企业帝国的野心（长期为收购或新项目支付超额成本）。但无论何种理由，次优的再投资都会减少股东层级 DCF 模型中的预期终值，从而增加应采用的流动性折价。

需要提醒的是，预期次优的再投资造成的损失需由全体控股股东和少数股东承担。从控股股东角度看，企业价值依赖于正常化现金流及对未分配收益的有效再投资，毕竟，这是企业出售时可以得到的价值。但企业的未来价值会因次优的再投资的预期而被削弱。在非上市企业，控股股东与少数股东之间的差别在于，前者有权通过改变再投资政策或收益分配政策避免潜在价值受到削减。而后者没有这个权力和能力。因此，在确定适用于非流动性少数股权的流动性折价时，估值分析师需要考虑这种影响。

预期持有期价值增长率的估算

估算终值是使用股东层级 DCF 模型的关键步骤。按照 QMDM，由价值的预期增长率可以确定预计终值。估值分析师会面对很多可能发生的情景，导致他们需按照具体情况对预期持有期价值增长率做出不同的假设。在这里，我们将讨论几种可能发生的情况，并在不同情况下为估计预期持有期价值增长率提出建议。

▶ **股息政策会影响预期持有期价值增长率。** 某些由少数股东控制的企业会把全部或大部分收益分配给股东。在其他条件相同的情况下，预期持有期价值增长率与预期股息收益率成反比。如果企业把留存收益再投资到有吸引力的资本项目，自然有助于实现更高的价值增长率。由于股息收益和资本增值是股东的全部收益来源，预期持有期价值增长率在理论上应等于必要收益率与预期股息收益率之差。但是在实务中，这种概念上的关系会因为如下两种情况而被破坏。①如果已通过正常化调整反映了对个别股东或管理者的非按比例分配（超额收益是最常见的例子），那么，非按比例分配的预期自然就会降低预期持有期价值增长率，就好像它们已构成预期股息收益率的一个组成部分。在其他条件相同的情况下，非按比例分配引发的价值增长率降低，会带来较高的流动性折价。尽管非按比例分配不会影响企业本身的价值，但会给非流动少数股权价值造成负面影响。②有些企业长期将收益再投资于收益率低于 WACC 或必要收益率的资产。比如，对某些企业来说，这种恶习表现为收购与企业经营无关的资产（譬如度假村），而对另一些企业而言，低收益率可能是囤积大量现金或建立证券投资组合的结果。但无论是哪种情况，它们对预期价值增长的影响是潜移默化的，在短期内可能并不明显，因为再投资的资产没有离开企业，但对未来收益的拖累注定会降低预期持有期价值增长率。在这种情况下，通过企业披露的历史增长或增长预期，可以为估值分析师对预期持有期价值增长率进行必要的下调提供依据。归根结底，在估计股息收益率对预期持有期价值增长率的影响时，始终需要做出合情合理的专业判断。与其他假设一样，估值分析师同样需要尽可能地站在市场参与者立场做出假设，而不是片面追求缺乏依据的精确性。

▶ **对基础资产的评估可为确定预期持有期价值增长率提供证据**。对于持有资产的实体，评估基础资产可以为确定潜在的预期持有期价值增长率提供佐证。事实证明，在很多情况下，与基础资产的评估师进行讨论（或阅读现有的估值报告），将为评估资产持有实体价值的分析师确定合理的预期持有期价值增长率提供参照。

▶ **杠杆的改变会影响预期持有期价值增长率**。对采用财务杠杆的企业，随着债务的偿还，股权价值的增长速度可能会超过资产的增长速度。比如，对资产持有实体，房地产评估师可能认为特定资产价值的增长率为 5%～6%。但是，如果有限合伙企业以杠杆融资购置这项不动产，且相应的抵押贷款可 15 年分期偿还，那么，随着债务的逐渐偿还，按照对合伙企业持股比例确定的价值增长速度预期将超过基础不动产的价值增长速度。因此，估值分析师可以在单独计算预期资产增长率和债务偿还率的基础上进行估算。

▶ **投资组合结构会影响预期持有期价值增长率**。资产控股实体的投资组合结构可以为预期增长率提供证据。假设有一家有限合伙企业，持有大盘股上市企业 1 亿美元的股份。这类股票的多元化投资组合的预期总收益率约在 8%，而预期持有期价值增长率取决于合伙企业的股息支付政策。另外，如果全部收益均用于分配，那么，固定收益证券组合的价值可能不会增长。如果将股权收益作为留存收益，企业价值就会实现增长，但增长速度低于相应的股权投资组合。对持有多个资产类别的实体而言，预期持有期价值增长率应为各类别资产预期持有期价值增长率的加权平均值。这表明，未来的管理理念也会影响到预期的价值增长。因此，估值分析师应通过适当的调查问询，对管理者的未来意向做出合理预期。不论是否有明确表述，资产控股实体的未来均在很大程度上依赖于投资政策（即企业规划），因此，估值分析师最好和管理者对预期投资政策展开讨论。

敏感性与预期持有期价值增长率

与所有 DCF 模型一样，按 QMDM 得到的估值结论同样对预计终值非常敏感。为体现这种敏感性，在表 10-1 中，我们对根据不同预期持有期价值增长率和预期持有期得到的流动性折价进行了比较。在这个例子中，我们假设企业对股东不派息，且持有期内的必要收益率固定为 20%。

表 10-1 给出了不同假设下计算得到的流动性折价。当预期持有期价值增长率从 4% 变为 8% 或从 12% 变为 15% 时，不同假设对应的流动性折价似乎很不同。同样，预期持有期的变化同样不可忽视。因此，尽管模型对这些变化是"敏感"的，但需要澄清的是，预期持有期价值增长率的显著变化会带来价值的明显变化。此外，预期持有期的显著变化也会给价值带来重大影响。

表 10-1 流动性折价对预期持有期价值增长率和预期持有期的敏感性

预期持有期价值增长率	持有期（年）				
	3	5	7	10	15
	流动性折价（无股息分配）				
4%	35%	51%	63%	76%	88%
8%	27%	41%	52%	65%	79%
10%	23%	35%	46%	58%	73%
12%	19%	29%	38%	50%	64%
15%	12%	19%	26%	35%	47%
预期持有期必要收益率 = 20%					

注：在所有情况下，股息收益率均为 0%。

估值分析师和很多估值报告的用户都很清楚，在根据企业层级的现金流折现法进行估值时，估值结论对关键变量假设的调整高度敏感，包括收入增长、预期利润率、折现率、资本结构假设，以及估计终值所采用的现金流增长预期。毕竟，对估值假设的敏感性是估值实践的一个方面。关键在于，必须根据相应的事实和背景做出最合乎逻辑的假设。考虑到 QMDM 是基于股东层级的 DCF 模型，估值结论对假设变化的敏感性自然也就不足为奇了。

归根结底，估值分析师必须基于对目标投资事实及背景的充分理解，对预期持有期价值增长率做出与潜在投资者（无论是假设还是真实的投资者）一致的判断。

假设 3B：对终值的调整

由预期持有期价值增长率可以得到流动性少数股权层级的终值。在此基础上，通过相关假设确定相当于终值的溢价或折价，以及对流动性少数股权价值（基准价值）的比率。在某些情况下，流动性可能会在预期持有期结束时在不同价值水平上得以实现，具体取决于具体估值项目的实际情况。比如，企业可能出售给战略投资者。或者，如果合伙企业在预期持有期结束时清算，那么，少数股权折价就有可能相应减少。在这些条件下，估值分析师可能会得到预期溢价的结论。最后，事实可能会表明，在流动性实现时，流动性少数股权会出现折价。譬如，使用股权买卖协议时就会出现这种情况。在无相反假设的情况下，QMDM 最终将确定流动性少数股权价值层级。

假设 4：预期持有期必要收益率

要使用 DCF 模型时，首先需要估算期中股权现金流和持有期期末的终值，而后，估值分析师还需要确定折现率的数值。

在 QMDM 中，我们把这个折现率称为 $R_{持有期}$。对于非上市企业，除企业的总体基本风险之外，少数股东还要承担投资非流动性（或缺乏流通性）少数股权带来的潜在风险。[一]因此，按照 QMDM，适当的折现率应是企业全部股权的必要收益率（$R_{股权(mm)}$）与弥补流动性不足这一特殊风险所需要的持有期溢价之和，即 $R_{持有期} = R_{股权(mm)} +$ 持有期溢价。

随后，我们将回顾支持持有期溢价的存在并验证其潜在规模的市场证据。在分析现有市场证据之前，我们首先简要介绍几个概念性问题。

▶ 如果掌握了相关事实，市场参与者是否会独立对风险做出评估？答案是当然会。毕竟，交易的任何当事方都要面对一系列影响交易价格的特殊事实和因素。

[一] 有些估值分析师会区分股权的流通性和流动性。但我们发现，这样的努力在实务中完全没有说服力，并且最终是没有必要的。在将非上市企业的少数股权与上市企业的可比少数股权进行比较时，流通性和流动性完全是相同的概念。针对非上市企业的少数股权与流动性少数股权（视同可自由交易）的比较，同样不存在流通性和流动性的区别。参见附录 9A。

- 是否存在非流动性少数股权真正独立转让的交易？答案是是的。如下讨论的现有市场证据均来自此类交易。
- 在财务、估值和经济理论的框架下，估值分析师能否模拟现实生活中非上市企业少数股权交易双方的真实想法？答案是当然会。无论目标资产的性质如何，这都是估值分析师所做工作的精髓。

在本章前文中，我们介绍了投资非上市企业非流动少数股权具有的现金流属性。现在，我们的讨论转向投资者对这种股权投资的收益预期及相应的市场证据。

有关持有期溢价的市场证据

限制性股票折价

针对持有期溢价的市场证据，最有说服力的来源就是针对上市企业限制性股票交易的数据。我们曾在第 8 章中详细讨论过相关的限制性股票研究。

上市合伙企业的收益

Partnership Profiles 公司（PPI）是位于得克萨斯州达拉斯市的一家咨询公司，针对有限合伙企业二级市场投资者对收益率的预期，该公司每年发布一份年度研究报告。㊀ 与 1994～2018 年期间的有限合伙企业公开交易数据调查预期收益率结论相关的假设如下。

- 预期的未来收益分配率按历史水平确定，并在合伙企业预期清算前，预期年增长率为 2.5%。
- 在预计的清算日之前，假设合伙企业的债务按年度均匀摊销，并预计将在清算日之前偿还全部剩余债务。
- 合伙企业资产的基准价值预计每年增长 2.5%。
- PPI 对清算时点的预测以截至每年 4～5 月的投资者预期为基础。自 1995 年起，很多合伙企业开始公开宣布清算意向。从 1994 年到最近几年这段时期，预期的清算时间已从 10 年逐渐缩短到 4 年左右。

这些假设实际上与 QMDM 的假设完全一致。按照 QMDM，估值分析师依

㊀ *2019 Rate of Return Study: Publicly-Held Real Estate Limited Partnerships and Real Estate Investment Trusts*. 发布者：Partnership Profiles, http://www.partnershipProfiles.com。

据对风险、预期现金流、预期持有期及价值增长预期得到目标股权的价格，并在此基础上确定少数股权的流动性折价。同样，PPI 在研究中首先收集有限合伙企业股权的市场交易价格，并根据对预期现金流、价值增长率和预期持有期做出的假设，从而得到潜在的必要收益率。

基于这些假设，PPI 计算出针对清算合伙企业的预期收益率。它把研究样本分为两组：进行收益分配的合伙企业；不进行收益分配的合伙企业。分配收益样本组的年均预期收益率一般在 17%～21%；而未分配收益样本组的年均预期收益通常接近 25%（尽管个人样本的结果远离这个区间）。这表明，从投资者角度来看，定期分派可降低投资流动性不足带来的风险。PPI 提供的数据还验证了财务杠杆与预期收益率之间的正相关性，也就是说，高杠杆率合伙企业的预期收益率明显高于低杠杆率合伙企业的预期收益率。

总而言之，PPI 研究得到的数据为估值分析师提供了宝贵的市场证据。在估算 QMDM 所要求的预期持有期收益率范围时，他们可以利用这些数据对估算结果的整体合理性做出判断。

风险投资基金的收益率

风险投资基金首先取得有限合伙人投入的资金，然后再投资于各个发展阶段的初创企业。风险投资基金本身寿命期通常为 10 年，而其所做投资的预期持有期一般为 3～7 年。尽管存在针对风险投资基金有限合伙股份的二级市场，但这个市场的规模毕竟非常有限，因此，有限合伙人的投资基本上是没有流动性的。为此，为确定有限流动性资产的投资预期收益溢价提供合理的依据，风险投资基金已实现收益率或许是最有效的市场证据。

汤森路透风险投资指数（Thomson Reuters Venture Capital Index，TRVCI）衡量了由风险投资基金持股的美国本土非上市风投企业的企业价值。通过该指数，可以反映美国风险投资资本持股非上市企业的风险及收益特征。

图 10-7 对 TRVCI 和纳斯达克综合指数过去 10 年的收益率进行了比较。尽管两个指数的收益率大体相关，但 TRVCI 在每个分析期内均体现出较高的收益率。在"大萧条"之后，该指数的收益溢价率为 5%～8%。

收益溢价的一部分可能归结于较高的投资风险，但数据表明，非流动性资产的投资者确实存在收益溢价预期。

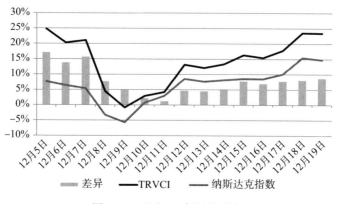

图 10-7 过去 10 年的收益率

私募股权基金的收益率

私募股权基金与风险投资基金有很多相似之处，只不过前者投资于较为成熟的企业，并大量使用财务杠杆为有限合伙人提供更高的收益率。

康桥汇世一直在密切跟踪美国私募股权基金的收益情况，其发布的美国私募股权指数（US Private Equity Index）对 1486 家美国私募股权基金有限合伙人取得的净收益（扣除收费）进行研究。除此之外，康桥汇世还通过修正后的公开市场等价指数（Modifed Public Market Equivalent，mPME），计算出各种公开市场指数的收益率。康桥汇世对 mPME 描述如下。⊖

> mPME 的计算旨在通过对非上市企业与上市企业之间的比较，力求在公开市场环境中复制非上市投资的业绩表现。首先，按私募股权基金的现金流预测买卖公开指数的股份，并根据私募股权基金的收益分配比例计算指数的收益分配率；mPME 的净资产价值（即公开等价实体所持股份的价值）是 mPME 现金流和公开指数收益率的函数。mPME 规避了某些公开市场等价指数方法固有的"负 NAV"问题，其次，通过假设将投资非公开市场的资金投入到公开市场，估算这笔资金可在公开市场上取得的收益率，从而为这笔非公开市场投资找到等价的公开市场收益率。按这种方法，实际非公开市场投资的收益率与 mPME 得到的等价公开市场收益率之间的差异，体现为以基点为单位的增值。

⊖ "US Private Equity: Index and Selected Benchmark Statistics"，由 Cambridge Associates 发布。数据截至 2018 年 12 月 31 日。"业绩衡量方法的说明"，第 24 页。

表 10-2 对这种方法进行了总结，在现有的最长投资期限（25 年）内，非公开市场投资超过标普 500 指数的增值幅度约为 4.90%。

表 10-2 不同持有期的私募股权基金收益溢价

投资期限	1 年期	3 年期	5 年期	10 年期	15 年期	20 年期	25 年期
美国私募股权指数	10.7%	14.1%	11.8%	14.3%	13.4%	12.0%	13.2%
mPME	-4.3%	9.5%	8.7%	13.9%	8.4%	7.1%	8.3%
增值（溢价）	15.0%	4.5%	3.1%	0.5%	4.9%	4.9%	4.9%

资料来源：康桥汇世发布的《美国私募股权：指数和精选基准统计报告》（US Private Equity: Index and Selected Benchmark Statistics），数据截至 2018 年 12 月 31 日，第 7 页。

由上述针对风险投资收益率的讨论可见，实际观察到的收益溢价会反映相对缺乏流动性以外的因素（譬如财务杠杆的增加）。但这些数据的确表明，流动性有限的投资确实拥有较高的历史收益率。

估算持有期溢价

在本部分，我们将回顾造成预期持有期溢价的某些特定股东风险。诸多限制性股票研究对大多数风险要素进行了讨论。股东层级的具体风险如下。

▶ **持有期的不确定性**。考虑到需要面对持有期较长且无法确定的风险，投资者必然要求取得额外赔偿。这种风险在某种程度上是可以缓解的，具体取决于持有期可确定的程度或不确定性可降低的程度。在无流动性的预期持有期较长时，投资者就需要面临目标企业或自身情况的不利变化。相对于流动性较好的类似投资，理性的投资者自然会要求更高的收益回报。⊖

⊖ 在 2001 年发表的"企业价值和流动性折价"（Firm Value and Marketability Discounts，*Journal of Corporation Law* 27 (1, Fall 2001): 89-115）一文中，穆克什·巴贾吉、大卫·丹尼斯、斯蒂芬·菲利斯和阿图尔亚·萨林指出，"客户效应"可能会最大限度减少预期持有期对价值的影响。"由于限制性股票的收购者往往是不够重视流动性的机构投资者，如人寿保险企业和养老基金等，这类投资者似乎不太可能因为不能迅速转让投资而较高的流动性折价。"实际上，巴贾吉的研究参考了一篇文章，即 Michael Hertzel and Richard L. Smith, "Market Discounts and Shareholder Gains for Placing Equity Privately" *Journal of Finance* 48 (1993): 459-469。两篇论文均试图以回归分析法从诸多因素中提炼出股份公开登记单独对价值带来的影响（Hertzel 和 Smith 的结论为 13.2%，Bajaj 为 7.2%）。应注意的是，这两项研究得到的全部限制性股票折价率平均值分别为 20.1% 和 22.2%。两篇文章均提出很多因素来解释观察到的折价总额与"流动性"部分的差异，包括信息成本、监控成本和财务困境（即非流动期间带来的额外风险）。实际上，这恰恰是在使用 QMDM 估计自由交易股权的流动性折价时需要考虑的风险要素。

▶ **期中现金流的可能性**。股息收益率可能对流动性折价的大小产生重大影响。有些企业拥有定期、可预测的股息分配历史,但也有企业鲜有派息记录。缺少预期期中现金流自然会增加投资风险,进而提高潜在投资者对总收益率的预期。换句话说,总收益被推迟到在未来某个不确定时间点发生流动性事件的时刻。因此,我们认为,如果一笔投资没有带来股息收益的前景或前景有限,就应该适当提高必要收益率。这个观点与前述 PPI 的数据一致,这些数据表明,当合伙企业不分配收益时,其预期收益率高于分配收益的合伙企业。

在这里,还有两点需要澄清。①针对税收转移实体(如 S 类企业、有限合伙企业或有限责任企业),期中现金流的不确定性通常较高。企业层级取得应税收益,但现金分配却不足以让投资者足额支付个人所得税负债的情况是真实存在的。当然,通过合理分担所得税负债的协议,可以最大限度降低个人承担实体纳税义务与实际收益时间错配带来的风险。②在评估这些风险时,估值分析师应在接受少数股东无权制定股息政策这一事实的同时,充分考虑企业向股东分配股息的历史记录,以及未来派发股息的前景。

▶ **实现流动性的前景**。目标企业是否有可能进行 IPO[⊖]?企业是否会成为有吸引力的收购对象?哪些行业趋势会鼓励企业整体出售?管理层是否有出售企业的计划?考虑到企业的历史,企业被出售的概率有多大?如果股权实现流动性的前景很有限,那么,就有必要为持有期必要收益率采取相应的风险溢价。

▶ **合理退出的不确定性**。当目标股权取得流动性时,折价"退出"的可能性有多大?如果企业以往的实践表明,中小股东始终处于不利地位,那么,未来出现这种情况的可能性就很大。在评估折价退出的可能性时,少数股权的实际交易历史非常重要。此外,少数股权持有者基本无力保证企业整体出售时能取得最优定价。

▶ **限制性协议**。很多非上市企业采用股东协议或章程条款对股份转让进行限制。对股权的潜在或实际买家来说,这些规定明显构成了风险来源。很多限制性协议甚至是非常盛行的"优先购买权"条款,通常为股东或

⊖ 近年来,每年进行的 IPO 数量均在 100~200 家波动,这表明合格的拟上市企业数量非常有限。

企业提供按要约价格购买股权的权利，除非他们放弃这项权利，否则，这些股权不可自由转让。由此可见，这些协议或条款可能对企业市场前景造成冰冻效应。

为什么？简言之，要真正了解一家非上市企业，显然需要大量的工作和分析。资深投资者进行尽职调查既费时又费钱。如果价格有足够吸引力，内部人当然会行使优先购买权将股权敛入囊中，外部人为什么还要浪费时间和金钱去评估这笔没有结果的投资？反之，如果价格没有吸引力，任何人都不会投资。因此，这种限制可能会影响到持有期必要收益率。

▶ **信息与监督费用**。正如我们在针对限制性协议进行的讨论中所言，即便是准备投资非上市企业，也需要支付实实在在的成本。在很多情况下，未来收回投资前期调查成本或后续跟踪费用的机会并不大。为补偿这些风险，投资者通常会要求更高的收益溢价，相当于对企业价值的折价。

上述只是股东风险的部分例证，潜在的股东风险远不止于此。如果其他事实和条件表明存在其他特定股东风险，那么，估值分析师在确定持有期必要收益率时应该考虑到这些风险。

估计持有期必要收益率的基本原则

在使用股东层级的 DCF 模型时，估值分析师面对的挑战之一，就是把已识别的股东风险转化为一系列持有期溢价。从经验出发，这项工作显然没有捷径可循。

▶ **估值分析师的经验和判断**。接触多种多样的估值事实和条件，了解不同价值结论之间是如何相互关联的，这些经历和知识非常有意义。但如果没有相应事实和条件及外部证据予以支持，"根据我们的专业判断"之类的措辞毫无意义。当实践方法存在问题的时候，实践当然不会完美。

▶ **与各种限制性股票研究给出的收益率进行比较**。对于流动性折价，各种限制性股票研究的平均折价并无助于我们解决问题（比如，在业务特性、时间、预期持有期及其他因素等方面缺乏可比性），但回顾一下第 8 章，我们曾讨论过如何由这些研究的平均折价推导潜在的必要收益率和预期持有期。

▶ **与其他市场证据进行比较**。针对上市不动产合伙企业的股权交易，PPI 提供了大量的当前及历史收益率数据。此外，正如本章前文所述，还有大量来自风险资本和私募股权基金的市场证据可供参考。因此，以这些预期收益率数据为基准，估值分析师得以对假想的股东风险溢价及由此得到的持有期必要收益率进行检验。

▶ **常识性**。在做出判断时，估值分析师必须利用最基本的常识。假设有两笔投资，其中一笔投资的价值年增长率为 6%，另一笔投资的价值年增长率同样为 6%，但每年支付 6% 的股息收益。按常识判断，当两笔投资拥有相近的预期持有期时，它们的流动性折价必然存在实质性差异。

▶ **合理性**。常识性和合理性往往是并存的。《收入裁决 59-60》建议估值分析师应充分利用常识、理性判断及合理性三大关键要素。在利用 QMDM 确定流动性折价时，我们可以通过计算潜在的股息收益率、持有期内的潜在收益率或其他相关性指标，对估值结论的合理性做出评估。

归根结底，持有期溢价类似于确定企业折现率所需要的企业特定风险溢价。虽然没有直接市场证据为确定具体估值的溢价提供佐证，但大多数估值分析师还是乐于估计这种企业的特定风险溢价。但无论如何，都需要估值分析师从经验、判断、常识、合理性，以及与其他市场收益率的比较出发，制定合理的估值假设。

确定持有期必要收益率的方法

我们在表 10-3 中列出 20 多种企业层级的潜在风险要素。由于该表涵盖了估值项目的各种具体事实和环境要素，估值分析师可以把该表用作最基础的核对清单。

表 10-3　持有期必要收益率的计算过程

	持有期必要收益率的构成要素		区间	
			低	高
1	长期政府债券的到期收益率		3.00%	3.00%
2	Ibbotson 咨询公司发布的普通股溢价	6.00%		
3	乘：市场贝塔系数	1.00		
4	等于：按贝塔系数调整后的普通股溢价	6.00%		
5	加：小盘股溢价	5.00%		
6	加：企业特定风险	2.00%		
7	等于：总股本溢价		13.00%	13.00%
8	**基本持有期必要收益率**		16.00%	16.00%
	投资者针对投资的特定风险溢价：			
9	加：预期持有期的不确定性		1.00%	2.00%
10	加：信息获取成本溢价		1.00%	1.00%
11	加：预期持有期的监控成本溢价		1.00%	1.00%
12	加：针对较大规模股权进行的调整		0.50%	1.00%
13	加：优先购买权对转让的限制		0.50%	1.00%
14	加：不利退出可能性带来的不确定性		0.00%	0.00%
15	加：不利现金流的可能性		0.00%	0.00%
16	加：更严格的转让限制		0.00%	0.00%
17	加：资产组合缺乏多样性		0.00%	0.00%
18	加：资产组合缺乏吸引力		0.00%	0.00%
19	加：未来投资策略风险带来的不确定性		0.00%	0.00%
20	加：成为合并/出售/收购/IPO对象的可能性不大		0.00%	0.00%
21	加：成为合并/出售/收购对象的可能性较大		0.00%	0.00%
22	加：买卖协议造成的不确定性		0.00%	0.00%
23	加：成为贷款抵押品带来的限制		0.00%	0.00%
24	加：股东数量较少		0.00%	0.00%
25	加：预期期中现金流不足		0.00%	0.00%
26	加：投资在总体上缺乏流动性		0.00%	0.00%
27	加：其他		0.00%	0.00%
28	**该实体特定投资者的总风险溢价**		4.00%	6.00%
29	**估计持有期必要收益率**		20.00%	22.00%
30	**取整后**		20.00%	22.00%
31	**预期持有期必要收益率区间的中点**			21.0%

确定持有期必要收益率的起点，就是流动性少数股权价值层级的预期股权收益率，它也是 WACC 累加法所需要的基本输入变量。按表 10-3（第 1～8 行），我们可以得到 16.0% 的股权折现率（基本持有期必要收益率）。在这个基本折现率的基础上，我们再增加一个风险增量（即持有期溢价），以体现与非流动少数股权投资相关的特定风险。

如表 10-3 所示，我们可以看到如何确定 QMDM 所需要的持有期必要收益率。该示例考虑了五个具体要素（第 9～13 行），这些要素包括：预期持有期的不确定性、信息获取成本溢价、预期持有期的监控成本溢价、针对较大规模股权进行的调整、优先购买权对转让的限制。在一份估值报告中，永远不太可能出现说明未选择要素的文字。

需要提醒的是，我们已根据表 10-3 中的特定风险要素确定了一系列持有期收益率。这当然是我们有意而为之的，因为它表明，潜在买方必须面对目前股权因缺乏流动性而带来的不确定性。需要进一步体现的是我们为五种股东风险分别选择的特定风险要素。考虑到缺少能为股东特定风险要素提供指导的历史研究或市场证据，估值分析师必须从常识、判断及合理性原则出发，对它们做出估计。如前所述，我们已经考虑过限制性股票研究建议采用的收益率大小，这些研究当然是有意义的。但需要重申的是，估值分析师在确定折现率的过程中，同样需要做出这些判断。

表 10-3 采用了第 11 章的案例。我们以 C 类企业为例，目前股权是对该企业持有的 20% 少数股权。企业的整体估值为 1000 万美元。在这个例子中，采用的投资者特定风险要素如下。

- **预期持有期的不确定性**。这是一个普遍存在的风险要素，它考虑的是预期持有期长度的不确定性。
- **信息获取成本溢价**。要深入了解一家少数股东持股的企业及与这笔投资相关事实和环境，当然需要大量的工作。对于非流动性股权投资，除增加必要收益率之外，基本不存在其他收回信息成本的机会。估值过程表明，为做出合理的投资决策，需要为获取非上市企业相关信息投入必要的成本。
- 预期持有期的监控成本溢价。与获取信息相关的一项成本是投资后的持续监控成本。同样，收回成本的唯一机会就是增加必要收益率。
- 针对较大规模股权进行的调整。公允市场价值是自愿买方和自愿卖方之间签署股权转让协议的基础。在这种情况下，估值分析师需考虑潜在买方与潜在卖方的来源。由于目标股权的流动性少数股权价值为 200 万美元（20% 的持股比例乘以 1000 万美元的企业价值），在考虑流动性折价后，目标股权的价值应远远超过 100 万美元。按这样的交易规模，潜在买方的范围仅限于少数个人投资者或机构投资者——有能力在投资组合内长期持有这个数量级非流动性股权的投资者。
- 优先购买权对转让的限制。当目标企业设置优先购买权条款时，就会进一步限制目前股权的流动性。这就需要在收益率中对此给予相应的补偿。

需要提醒的是，在估计特定投资者的风险溢价时，必须对这些因素做出专门的判断。在这个例子中，我们确定的持有期溢价区间为 4.0%～6.0%，并由此得到的持有期必要收益率区间为 20%～22%，持有期必要收益率的中位数为 21%。在这里，不妨回忆一下前面讨论的公式：$R_{持有期}=R_{股权(mm)}+$ 持有期溢价。那么，4.0%～6.0% 的溢价到底来自何处？这个溢价是在估值对象的具体事实和环境及本章前述可替代收益率基础上确定的。

在第 5 章中，我们曾提到专业判断在估计企业折现率过程中的作用。在讨论持有期溢价这个话题时，判断的作用同样不可小觑。对此，我们再次重申：无论是估计折现率还是持有期溢价，尽管无法做到绝对精确，但估值分析师至少可以做到估计合理。

简言之，在确定企业折现率过程中可以接受估值分析师的判断，但在估计股东层级的折现率时却对他们的判断提出质疑，当然是前后矛盾的。

本章小结

作为一个标准化的股东层级 DCF 模型，QMDM 适用于对非上市企业的少数股权进行估值。⊖使用该模型所需要的假设与企业层面折现现金流模型的假设

⊖ 对于本书所介绍的 QMDM，可在如下网址取得 Excel 格式的相应版本：www.mercercapital.com 或 www.chrismercer.net。

——对应。此外，在利用 QMDM 进行估值时，价值结论的敏感性特征与企业层级的 DCF 模型是一致的。

表 10-4 概括了 QMDM 对各种假设（输入变量）变化的敏感性。请注意，这里所说的敏感性是相对于非流动少数股权（而非流动性折价）而言。

表 10-4 QMDM 对输入变量的敏感性

股东层级 DCF 模型（QMDM）的输入变量	敏感性特征
1- 预期持有期	缺乏可流动性的较长持有期，会降低非流动性少数股权价值
2A- 预期股息收益率	目标股权的价值与预期期中现金流的水平正相关
2B- 预期股息增长率	目标股权的价值与预期期中现金流的增长率正相关
2C- 收到股息的时间点	采用年中收到股息的惯例时，目标股权的价值相对较高
3A- 预期持有期价值增长率	较高的价值增长率会提高终值及目标股权的现值
3B- 对终值的调整	溢价会增加目标股权的价值，折价则会降低目标股权的价值
4- 预期持有期必要收益率	目标的价值与折现率成反比

为此，我们建议，QMDM 的用户应采用不同的假设组合进行尝试，以便更好地理解目标股权估值结论的敏感性。

| 第 11 章 |

QMDM 的实践运用

本章简介

实际上,股东层级 DCF 模型采用的假设适用于所有估值情境。在为具体估值项目制定个别假设的时候,估值分析师必须考虑造成流动性折价的潜在经济因素。尽管在一个或几个输入变量上可能会存在不同观点,但建立 QMDM 的初衷,就是鼓励相对各方对目标股权的具体事实和环境进行分析,从而为相关假设提供依据。

本章共三节。第一节介绍了使用 QMDM 对非流动少数股权估值的综合示例。第二节包括 5 个采用 QMDM 的简单示例,利用该模型对经济特征明显不同的非流动性少数股权进行估值。在第三节中,我们将在《美国评估行业统一执业标准》(USPAP) 的框架内对 QMDM 进行讨论。

使用 QMDM 的综合示例

在本节中,我们将利用 QMDM,循序渐进地估算针对非流动少数股权的流动性折价。首先，不妨回想一下股东层级 DCF 模型（QMDM）的 7 个输入变量，如表 11-1 所示。

表 11-1　QMDM 的 7 个输入变量

企业层级 DCF 模型的假设	股东层级 DCF 模型（QMDM）的假设
预测期	1- 预期持有期
预期期中现金流	2A- 预期股息收益率
	2B- 预期股息增长率
	2C- 收到股息的时间点（年中或年末）
预期终值	3A- 预期持有期价值增长率
	3B- 对终值的调整
折现率	4- 预期持有期必要收益率

有了这些一般性输入变量，我们即可分析一个评估案例，并依据与目标企业及特定目标股权相关的具体事实和环境，为 QMDM 拟定合理的假设。假设背景信息如下所示。

- 估值分析师刚刚对一家经营性 C 类企业进行估值，估值结论为 1000 万美元，相当于每股 1.00 美元（按流动少数股权价值衡量）。该企业次年的预计净收益为 100 万美元。股权价值按 16% 的股权折现率和 6% 的预期收益增长率计算，100 万美元 /（16%–10%）=1000 万美元。为方便讨论，我们假设估值结论合理。
- 该企业按季度向股东分配股息，派息额相当于年度净收益的 40%（假设 2A）。这项政策是在几年前制定的，预计将延续下去。按照这项政策，股息收益率为 4%（每股 0.04 美元的股息除以每股 1.00 美元的流动性少数股权价值）。
- 预期股息增长率约为 6%（假设 2B）。
- 该企业历来没有对增长进行大规模的再投资，而是将净利润转为超额资产（在估值年度的特殊股息支付资产购置成本）。预计企业在未来年度不会派发特别股息。考虑到企业预期会积累超额资产，因此，企业的预期价值增长率（假设 3A）为 10%（超过 6% 的预期股息增长率，但低于对 4% 股息收益率进行调整的折现率 16%）。

- 该企业每年向主要股东提供年度财务报表，但披露的内容仅限于财务事项。每年的 4 月，企业提供截至上一年 12 月 31 日的审计后财务报表。企业未向股东提供关于财务状况和经营成果的解释，也未提及针对未来前景的讨论。被估值的股权占企业全部所有权的 20%。目标股权按持股比例享有总股权价值的 20%，即 200 万美元，因此，目标股权属于大宗股权，从而导致上市难度较大（假设 4）。目标股权是企业中最大的少数股权。此外，企业的控股股东拥有企业 67% 的股份，另外还有 40 名少数股东。企业设置优先购买权条款，因此，企业及其他股东有权按目标股权对外部投资者发出的真实要约价格，优先购买目标股权。在目标股权持有者公布出售要约后，企业和其他股东享有 120 天的审查期，也就是说，目标股权有 120 天的禁售期（假设 4，会影响持有期必要收益率）。
- 目标企业处于整合行业，因而出售的可能性较大。控股股东现年 55 岁，他表示将在 65 岁左右退休（届时将整体出售该企业）。但熟悉这位股东人认为，只要他还活着，就不太可能放弃自己的企业（假设 1）。

本示例的具体 QMDM 假设

基于上述假定的事实和背景，我们将利用 QMDM 在非流动少数股权价值层级进行估值。表 11-2 总结了该示例为 QMDM 的具体假设。

表 11-2 QMDM 的具体假设

企业层级 DCF 模型的假设	股东层级 DCF 模型（QMDM）的假设	输入变量	
预测期	1- 预期持有期	低	5
		高	10
预期期中现金流	2A- 预期股息收益率	收益率	4.0%
	2B- 预期股息增长率	增长率	6.0%
	2C- 收到股息的时间点（年中或年末）	时间点	年中
预期终值	3A- 预期持有期价值增长率		10.0%
	3B- 对终值的调整	溢价/折价	0.0%
折现率	4- 预期持有期必要收益率	低	20.0%
		高	22.0%

- 假设 1：预期持有期。根据全部事实和环境，估值分析师估计的预期持有期为 5~10 年。该假设基于如下事实：控股股东表示，他计划在这个期限结束后退休，但需要考虑的一个重要因素是，在企业的管理团队中，没有人相信他会履行这个设想。此外，该假设还考虑了企业所处的行业目前正处于整合阶段，而这家企业显然是非常有吸引力的被收购目标。

- 假设 2A：预期股息收益率。根据企业目前按净利润的 40% 派发股息的政策，考虑到企业目前的净利润 100 万美元，预期的股息为 40 万美元。将 40 万美元股息除以流动少数股权价值 1000 万美元，得到的预期股息收益率为 4.0%。

- 假设 2B：预期股息增长率。根据企业以往的历史及与管理层的讨论，企业很可能会维持当前的股息派发率，这表明，股息很可能与净利润同步增长，或者说，每年按 6.0% 左右的速度增长。

- 假设 2C：收到股息的时间点（年中或年末）。由于企业按季度宣布和发放股息，股息根据年中发放的惯例预测。

- 假设 3A：预期持有期价值增长率。预期持有期价值增长率为 10%，在对股息进行调整之后，该估计值介于预期股息增长率（按估值分析师对企业的整体估值结果确定）与企业折现率之间。需提醒的是，在这种情况下，由于控股股东将留存收益用于再投资的预计收益率低于必要收益率，未来企业的价值将小于企业价值。尽管控股股东随时可以出售企业，但他仍选择采取以轻松的方式经营这家企业。此外，除非出售企业或彻底转变经营理念，否则，他将面对（未来）价值增长率低于最优最佳价值增长率的不利局面。换句话说，控股股东将获得与少数股东相同的预期收益率（预期持有期价值增长率 10% 与预期股息收益率 4% 之和，而不是折现率 16%）。

- 假设 3B：对终值的调整。在对企业的流动性少数股权进行估值时，由于估值分析师进行了适当的正常化调整，可认为在流动性少数股权价值层级，出现明显财务性控制权溢价的空间很小。在这种情况下，预期流动少数股权价值不会产生相应的溢价或折价。

- 假设 4：预期持有期必要收益率。我们以表 10-3 所示的情境为例，作为确定必要收益率的背景。基本的持有期必要收益率为 16.0%，即在流动性少数股权层级评估企业估值时所采用的折现率。表 10-3 将持有期必要收益率估计为 21%，它是 20%～22% 这一区间的中点。特定股东层级的风险溢价根据估值分析师对具体环境的分析确定。
- 预期持有期的不确定性。假设的事实表明预期持有期的长度存在很大的不确定性。为此，估值分析师增加了 1%～2% 的持有期溢价。
- 信息获取成本溢价。在实务中，投资者对目标股权的了解很难达到本示例的程度，而且获取所需信息的成本可能非常高。因此，除通过预期的溢价补偿这一风险之外，潜在投资者没有其他方法弥补这些成本。针对这一假设需增加 1.0% 的溢价。
- 预期持有期的监控成本。该企业每年仅提供年度报告。尽管如此，投资者仍将尝试与管理层开展对话，并尽可能地了解企业的持续表现。除通过预期的溢价作为补偿之外，没有其他方法可弥补这些成本。针对这一假设需增加 1.0% 的溢价。
- 针对较大规模股权进行的调整。目标股权的绝对金额（规模）相对较大。基于这个事实，潜在收购者的范围仅限于拥有一定资金及整合能力的投资者。这些投资者通常会意识到这个事实，并为此收取溢价。针对这一假设需增加 0.5%～1.0% 的溢价。
- 优先购买权。由于企业设置了优先购买权条款，从而进一步影响了目标股权的流动性。转让限制加大了寻找潜在未来收购者的难度。针对这一假设需增加 0.5%～1.0% 的溢价。

综合上述因素，投资者特定风险要素的最终范围在 4.0%～6.0%，必要收益率的区间为 20%～22%，中点为 21%。回顾第 8 章的讨论，这个必要收益率的区间和预计溢价均位于现有市场证据的合理范围之内。随后，我们将上述具体区间和中点用于 QMDM 分析。

表 11-3 总结了上述示例的持有期必要收益率的计算过程。

表 11-3　持有期必要收益率的计算过程

QMDM			
QMDM 的假设 4			
持有期必要收益率（股东层级折现率）			
（使用修正后的 CAPM）			
	持有期必要收益率的构成要素	区间	
		低	高
1	长期政府债券的到期收益率	3.00%	3.00%
2	Ibbotson 发布的普通股溢价	6.00%	
3	乘：市场贝塔系数	1.00	
4	等于：按贝塔系数调整后的普通股溢价	6.00%	
5	加：小盘股溢价	5.00%	
6	加：企业特定风险	2.00%	
7	等于：总股本溢价	13.00%	13.00%
8	**基本持有期必要收益率**	16.00%	16.00%
	投资者针对投资的特定风险溢价：		
9	加：预期持有期的不确定性	1.00%	2.00%
10	加：信息获取成本溢价	1.00%	1.00%
11	加：预期持有期的监控成本溢价	1.00%	1.00%
12	加：针对较大规模股权进行的调整	0.50%	1.00%
13	加：优先购买权对转让的限制	0.50%	1.00%
14	加：不利退出可能性带来的不确定性	0.00%	0.00%
15	加：不利现金流的可能性	0.00%	0.00%
16	加：更严格的转让限制	0.00%	0.00%
17	加：资产组合缺乏多样性	0.00%	0.00%
18	加：资产组合缺乏吸引力	0.00%	0.00%
19	加：未来投资策略风险带来的不确定性	0.00%	0.00%
20	加：成为合并/出售/收购/IPO 对象的可能性不大	0.00%	0.00%
21	加：成为合并/出售/收购对象的可能性较大	0.00%	0.00%
22	加：买卖协议造成的不确定性	0.00%	0.00%
23	加：成为贷款抵押品带来的限制	0.00%	0.00%
24	加：股东数量较少	0.00%	0.00%
25	加：预期期中现金流不足	0.00%	0.00%
26	加：投资在总体上缺乏流动性	0.00%	0.00%
27	加：其他	0.00%	0.00%
28	**该实体特定投资者的总风险溢价**	4.00%	6.00%
29	**估计持有期必要收益率**	20.00%	22.00%
30	**取整后**	20.00%	22.00%
31	**预期持有期必要收益率区间的中点**		21.0%

QMDM 的分析结果

图 11-1 对 QMDM 的分析结果进行了总结。估值分析师采用的假设位于该图顶部。潜在流动性折价是按照各种可能的持有期计算的。针对折现率和预期持有期假设范围的相应流动性折价区间以黑体字显示，以供参考。估值分析师得到的流动性折价为 35%，同样在图中突出显示。

按 35% 的流动性折价，估值分析师得到的非流动性少数股权估值结论为每股 0.65 美元（1.00 美元 –1.00 美元 × 35%）。将这个结论用于企业层级，得到的非流动性少数股权价值总额为 650 万美元。因此，非流动性少数股权价值相当于 4.9 倍的税前利润和 6.5 倍的净利润。按照 40% 的股息收益率，企业派发的股息总额为 40 万美元（100 万美元 × 40%）。这就意味着，非流动性少数股权投资者取得的股息收益率为 6.2%（40 万美元 /650 万美元）。根据这些事实及与估值报告相关收益指标进行的比较，估值分析师认为，最合理的结论是 35% 的流动性折价，由此得到的股权价值为每股 0.65 美元。

在这个例子中，使用 QMDM 得到的流动性折价为 35%。QMDM 与基准分析之间的差异如下。

▶ 每个假设均以目标企业的特定事实及环境为基础制定，并以此为依据。
▶ 使用 QMDM，估值分析师可以站在（假设或真实的）买卖双方的视角对投资的预期经济机制进行建模。
▶ 如果与目标企业相关的事实与环境在随后需重新评估时发生变化，那么，估值分析师需利用相应的工具，在非流动性少数股权价值层级的估值结论中反映这些变化。

仅需调整一个假设，即可体现利用 QMDM 这样的 DCF 模型估算流动性折价的优势。在这个调整后的案例中，控股股东已经 62 岁，而且预期在 65 岁左右出售企业或创造其他流动性机会。现在，我们假定与目标股权相关的其他方面保持不变，只是把预期持有期从 5 ～ 10 年缩短为 2 ～ 4 年。

重新分析图 11-1，流动性折价的合理区间为 9% ～ 22%。这个区间的平均值为 15%，这在当时环境下或许是一个合理的结论。如果没有 QMDM 这样的分析工具，估值分析师就无法客观或自信地区分第一个示例与第二个示例。

QMDM 分析结论

企业层级DCF模型的假设		股东层级DCF模型（QMDM）的假设		输入变量		
预测期		1-预期持有期			低	5
					高	10
预测期中现金流		2A-预期股息收益率		收益率		4.0%
		2B-预期股息增长率		增长率		6.0%
		2C-收到股息的时间点（年中或年末）		时间点		年中
预期终值		3A-预期持有期价值增长率		溢价/折价		10.0%
		3B-对终值的调整				0.0%
折现率		4-预期持有期必要收益率			低	20.0%
					高	22.0%
				美元/股		1.00

特定持有期的平均流动性折价（中点+/-1%）

平均持有期：2~4年	15%
平均持有期：5~7年	27%
平均持有期：8~10年	37%
平均持有期：10~20年	49%

最终的流动性折价

基准价值（流动性少数股权价值）：

平均持有期：5~10年	32%
平均持有期：10~15年	45%
平均持有期：15~20年	54%

35%

潜在流动性折价

持有期（年）

持有期必要收益率（%）	1	2	3	4	5	6	7	8	9	10	15	20	25	30
17.0%	2%	5%	7%	9%	11%	13%	15%	17%	19%	21%	30%	37%	43%	47%
18.0%	3%	6%	9%	12%	15%	17%	20%	22%	24%	27%	36%	43%	49%	53%
19.0%	4%	8%	11%	15%	18%	21%	24%	26%	29%	31%	42%	49%	54%	58%
20.0%	5%	9%	13%	17%	21%	24%	27%	30%	33%	36%	46%	54%	59%	62%
21.0%	5%	11%	15%	20%	24%	27%	31%	34%	37%	40%	51%	58%	63%	65%
22.0%	6%	12%	17%	22%	26%	31%	34%	38%	41%	44%	55%	61%	66%	68%
23.0%	7%	13%	19%	24%	29%	33%	37%	41%	44%	47%	58%	65%	68%	71%
24.0%	8%	15%	21%	27%	32%	36%	40%	44%	47%	50%	61%	67%	71%	73%
25.0%	8%	16%	23%	29%	34%	39%	43%	47%	50%	53%	64%	70%	73%	74%

PV=100%

图 11-1　QMDM 的分析结果

必须在相关区间内选择最终结论

在持有期必要收益率区间和预期持有期区间确定的范围内选择流动性折价，会让某些估值分析师感到不舒服。在上面的例子中，突出显示的流动性折价区间为 21%～44%。由此可以得到如下的合理观点。

- **估值结论本身应是一个区间性概念**。谈判这个概念本身就意味着不可能得到一个孤立的结果。当一方或其他方提出的报价超出可以考虑的价格区间时，交易就不会达成（除非买方非理性地选择高价买入，或卖方非理性地选择卖出）。
- **指定区间就是待考虑的相关区间**。折现范围是根据现有最佳信息确定的，并充分考虑预期持有期间内归属股东的预期现金流，并按合适的必要收益率对这些现金流进行估值。21%～44% 的区间显然比 0%～100% 的区间更狭窄，因而更适合对潜在的买方及卖方进行讨论。
- **必须在相关区间内选择最终结论**。在指定区间内，我们选择了 35% 的流动性折价。之所以选择 35%，完全基于对估值案例具体事实和环境进行的具体分析。考虑到没有证据表明存在提早实现流动性的机会，因此，最终结论略高于 5～10 年持有期折价区间的中点更为合理。

在这里，我们为初始假设选择了 35% 的流动性折价。在认真分析并拟定 QMDM 所需要的 7 个假设之后，我们才做出这个选择。那么，还有哪些措施能有助于我们评价这个结论的合理性？

回想一下，DCF 模型是以收益率为基础的模型。我们首先需要预测预期现金流，并评估在企业或股东层级实现这个现金流的风险，最后，再以适当的折现率将预期现金流折算到现在，从而得到目标企业或股权的现值。

如果逆转这个模型，也就是说从现值开始分析，在预期现金流已知的情况下，我们就可以利用这些现金流得出收益率。我们把这个分析过程称为 IRR 分析。

我们可以利用 IRR 分析，对流动性折价结论的合理性进行评估。按照最终的流动性折价，可以得到非流动性少数股权的价值。按既定的价格和预期现金流，我们可以分析，在一系列的预期持有期内，投资者按上述既定价格购买相关股权所能取得的收益率。此外,我们还可以看到给定不同流动性折价可实现的预期收益率。

图 11-2 对上述分析的结果进行了总结。

在流动性折价给定的情况下,不同持有期内预期实现的收益率

2.50%	选定的流动性折价增量												
	持有期(年)												
	1	2	3	4	5	6	7	8	9	10	15	20	25	30
25.0%	53%	33%	26%	23%	*21%*	*20%*	*19%*	*19%*	*18%*	*18%*	16%	15%	15%	15%
27.5%	59%	35%	28%	24%	22%	21%	20%	19%	19%	18%	17%	16%	15%	15%
30.0%	64%	38%	30%	26%	23%	22%	21%	20%	19%	19%	17%	16%	15%	15%
32.5%	71%	40%	31%	27%	24%	23%	21%	21%	20%	19%	17%	16%	16%	15%
35.0%	77%	43%	33%	28%	**25%**	**24%**	**22%**	**21%**	**20%**	**20%**	18%	17%	16%	15%
37.5%	85%	46%	35%	30%	27%	25%	23%	22%	21%	20%	18%	17%	16%	16%
40.0%	93%	49%	37%	31%	28%	25%	24%	23%	22%	21%	19%	17%	17%	16%
42.5%	101%	53%	39%	33%	29%	27%	25%	24%	22%	22%	19%	18%	17%	16%
45.0%	111%	56%	41%	34%	*30%*	*28%*	*26%*	*24%*	*23%*	*22%*	20%	18%	17%	17%

(纵轴:流动性折价)

图 11-2　IRR 分析

图 11-2 中的灰框部分表明,在 5～10 年的预期持有期内,投资者按非流动性少数股权估值结论收购目标股权,所能实现的预期收益率。以公允市场价值为基准,这样的预期结果是否合理?

▶ 在 7～10 年的持有期范围内,预期收益率的区间应为 20%～22%。考虑到没有证据表明存在提早实现流动性的机会,这样的区间似乎是合理的。

▶ 如果实际持有期为 5～6 年,则预期收益率为 24%～25%。这个结论高于必要收益率,但是,在预期持有期的前期阶段实现流动性的希望非常有限。

▶ 如果目标股权在 2～3 年内实现流动性,那么,这笔投资将取得非常高的收益率。但几乎没有证据表明会出现这种情况。如果预期在该区间的早期阶段即可实现流动性,那么,潜在卖方必然要求取得高于 35% 的价格(以及较低的流动性折价)。

▶ 如果持有期变化会怎样?如果按 35% 的流动性折价进行定价,那么,即使预期持有期延长到 20 年甚至 30 年,投资者也可以取得 15%～18% 的

收益率。尽管这个收益率区间不及流动性少数股权基础上的必要收益率，但仍可以为潜在收购者提供充分的负面风险保护。
- 我们还需注意到预期收益率对价格变化（即流动性折价）的敏感性。
- 如果我们假设采用较低的流动性折价（如25.0%），那么，5～10年预期持有期内的预期收益率区间仅为18%～21%。潜在投资者取得20%～22%这个预期收益率区间的唯一希望，就是进一步缩短持有期，但估值事实和背景并不支持这个假设。
- 现在，我们再假设采用较高的流动性折价——45.0%，5～10年预期持有期内的预期收益率区间上移至22%～30%。尽管这样的收益率预期有利于感兴趣的潜在买方，但潜在卖方当然也不愿放弃这样的收益率。

QMDM 是一个股东层级的 DCF 模型。在图 11-1 中，计算得到的流动性折价区间其实是一个敏感性分析表，帮助估值分析师理解估值结论对关键假设变化的敏感性。而在图 11-2 中，计算得到的潜在收益率区间同样是一个敏感性分析表，它把最终的流动性折价（及潜在价格）和对应一系列预期持有期的预期收益率联系起来。

归根结底，使用 QMDM，可以让估值分析师依据不同估值对象的事实及背景，对非流动性少数股权投资做出基本性判断。如果假设合理，而且假设的合理性能得到验证，那么，得到的结论也应该合理。

QMDM 的简化示例

在这里，我们通过五个使用 QMDM 的简化示例说明，估值分析师完全能利用该模型解决不同事实背景下的估值问题。在这些示例中，我们无须在设置估值假设时采取特殊手段，因为它们的合理性源于每个示例所依据的事实和背景。这些示例如下。

- 拥有土地资产且未采用杠杆的家族性有限合伙企业。
- 拥有商业性房地产和高收益分配且未采用杠杆的家族性有限合伙企业。
- 拥有商业性房地产且采用杠杆的家族性有限合伙企业。
- 不分配股息并高速成长的 C 类企业。

▶ 近期有可能整体出售的成熟型 C 类企业。

示例 1：拥有土地资产且未采用杠杆的家族性有限合伙企业

示例 1 是关于一家从事房地产开发业务的有限合伙企业，企业拥有未开发的土地，据房地产评估师估计，企业所持土地资产的价值预计每年将增长 6%。预期持有期相当长，为 8～10 年。随着相邻地块陆续进入开发，企业股权的流动性很可能会实现。估值分析师认为，持有期必要收益率设定为 16% 较为合理，部分原因就是有限合伙协议给股份流动带来的限制。企业不分配股息，公寓楼带来的现金流只能用于维持预期的日常费用。针对这个例子，图 11-3 汇总了示例 1 使用 QMDM 得到的结果。

按照图 11-3 所示的假设，在 8～10 年的预期持有期内，流动性折价的中点为 56%。估值分析师认为，适当的流动性折价应设置为 55%。这个流动性折价适合具有上述特征的投资。与限制性股票研究得到的平均值和中位数相比，这显然是一个非常高的流动性折价（尽管它确实处于研究得到的区间内）。

但出于某种非常具体的原因，最终的流动性折价定为 55%。潜在投资者将面临非常漫长的预期持有期（8～10 年），不会得到期中现金流，而且有限合伙协议也会给股份流通带来非常严格的制约。与分配期中现金流，更具吸引力的投资相比，在这个例子中，显然应采用更高的流动性折价。

至于发展前景，我们不妨考虑另一组假设。查看图 11-3，在 2～4 年的持有期内，合理的流动性折价约为 25%。正如这个简单示例所体现的那样，在对资产持有实体的非流动性少数股权进行估值时，估值分析师当然不能忽略基础资产的预期持有期或增长潜力。

示例 2：拥有商业性房地产和高收益分配且未采用杠杆的家族性有限合伙企业

在示例 2 中，我们看到的同样是一家家族性有限合伙企业，企业拥有一栋有吸引力、维护良好且入住率很高的公寓楼。根据房地产评估师的估算，预计这栋房产的价值每年将按 3%～4% 的速度增长。合伙人每年获得的股息相当于流动性少数股权价值的 10%，考虑到租金的上涨，股息也将按每年 3%～4% 的速度增长。企业分配股息已有很长的历史，并且预计还将延续下去。根据目前的家族股权结构和企业的长期规划，股权的预期持有期为 10～15 年。股息分配的

QMDM 分析结论

企业层级DCF模型的假设	股东层级DCF模型（QMDM）的假设	输入变量	低	高
预测期	1-预期持有期		8	10
预期期中现金流	2A-预期股息收益率	收益率	0.0%	0.0%
	2B-预期股息增长率	增长率		
	2C-收到股息的时间点（年中或年末）	时间点	年末	
预期终值	3A-预期持有期价值增长率	溢价/折价	6.0%	
	3B-对终值的调整		0.0%	
折现率	4-预期持有期必要收益率	低	15.0%	
		高	17.0%	
		美元/股	1.00	

最终的流动性折价（中点 +/-1%）

平均持有期：2~4年	23%
平均持有期：5~7年	42%
平均持有期：8~10年	55%
平均持有期：10~20年	72%

基准价值（流动性少数股权价值）：

平均持有期：5~10年	48%
平均持有期：10~15年	67%
平均持有期：15~20年	79%

55%

潜在流动性折价

持有期（年）

持有期必要收益率（%）	1	2	3	4	5	6	7	8	9	10	15	20	25	30
12.0%	5%	10%	15%	20%	24%	28%	32%	36%	39%	42%	56%	67%	75%	81%
13.0%	6%	12%	17%	23%	27%	32%	36%	40%	44%	47%	62%	72%	80%	85%
14.0%	7%	14%	20%	25%	30%	35%	40%	44%	48%	52%	66%	77%	84%	89%
15.0%	8%	15%	22%	28%	33%	39%	43%	48%	52%	56%	71%	80%	87%	91%
16.0%	9%	16%	24%	30%	36%	42%	47%	51%	56%	59%	74%	84%	89%	93%
17.0%	9%	18%	26%	33%	39%	45%	50%	55%	59%	63%	77%	86%	92%	95%
18.0%	10%	19%	28%	35%	42%	47%	53%	58%	62%	66%	80%	88%	93%	96%
19.0%	11%	21%	29%	37%	44%	50%	56%	60%	65%	69%	82%	90%	94%	97%
20.0%	12%	22%	31%	39%	46%	52%	58%	63%	67%	71%	84%	92%	96%	98%

PV=100%

图 11-3 示例 1

较高水平及可预测性降低了持有期必要收益率，设定为 17%。对这个示例采用 QMDM 得到的计算结果如图 11-4 所示。

按照图 11-4 的假设，突出显示的流动性折价区间对应 16.0%～18.0% 的持有期必要收益率和 10～15 年的预期持有期。计算得到的流动性折价区间为 9%～22%。在这个区间内，估值分析师最终选择平均值作为合理的流动性折价，即 15%。相对于示例 1，期中现金流对示例 2 目标股权价值的影响显而易见。

示例 3：拥有商业性房地产且采用杠杆的家族性有限合伙企业

与前面的示例一样，示例 3 涉及的家族性有限合伙企业也拥有一栋有吸引力、维护良好且入住率很高的公寓楼。但是在这个例子中，这栋公寓楼被抵押 10 年，抵押贷款的本金余额相当于公寓楼价值的 50%。在偿还债务之后，可用于向合伙人分配股息的剩余现金流占有限合伙企业流动性少数股权价值的 3.5%。与固定的债务偿付金额相比，公寓楼现金流的预期增长会导致可分配现金流的净额大幅增长，预期股息增长率约为 16.5%。最终的结果将导致预期股息快速增长。目标资产的预期股息收益率为 3.5%，相比之下，贷款让预期持有期价值增长率提高到 10.0%。考虑到财务杠杆会增加风险，预期持有期必要收益率区间为 18.0%～20.0%。图 11-5 显示了对本示例采用 QMDM 得到的计算结果。

按照这些假设，在 0～15 年的持有期内，适当的流动性折价约为 25%。与示例 2 相比，示例 3 向少数股权投资者分配的股息主要来自资本增值，而不是通过期中分配实现的，因而应采用较高的流动性折价。这个结果与第 10 章讨论的市场证据以及 PPI 提供的数据完全吻合。

示例 4：不分配股息并高速成长的 C 类企业

在我们的下一个示例中，目标企业是一家正处于高速成长阶段的 C 类企业，企业的收入为 5000 万美元，净利润率为 10%。企业经营良好，从事一项不断发展的服务行业。随着收入的增长，企业管理层应该能按比例维持现有的利润率。企业将所有收益都重新投资于业务，以期为增长提供充足的资金，在未来 10 年或更长时间内，对价值增长的现实预期是年均增长 15%。管理层打算继续巩固企业

第 11 章 | QMDM 的实践运用

企业层级DCF模型的假设		股东层级DCF模型（QMDM）的假设		输入变量		
					低	高
预测期		1-预期持有期			10	15
预期期中现金流		2A-预期股息收益率		收益率	10.0%	
		2B-预期股息增长率		增长率	3.5%	
		2C-收到股息的时间点（年中或年末）		时间点	年中	
预期终值		3A-预期持有期价值增长率		溢价/折价	3.5%	
		3B-对终值的调整			0.0%	
折现率		4-预期持有期必要收益率			16.0%	18.0%
					1.00 美元/股	

特定持有期的平均流动性折价（中点+/-1%）

平均持有期：2～4年	6%
平均持有期：5～7年	10%
平均持有期：8～10年	13%
平均持有期：10～20年	16%

最终的流动性折价

		平均持有期：5～10年	12%
		平均持有期：10～15年	15%
		平均持有期：15～20年	17%

基准价值（流动性少数股权价值）： 15%

潜在流动性折价

持有期（年）

特定持有期必要收益率(%)	1	2	3	4	5	6	7	8	9	10	15	20	25	30
13.0%	—	—	—	—	—	—	—	—	—	—	—	—	—	—
14.0%	—	—	—	—	—	—	—	—	—	—	—	—	—	—
15.0%	1%	1%	2%	2%	3%	3%	4%	4%	4%	4%	5%	6%	6%	6%
16.0%	1%	3%	4%	5%	6%	7%	8%	8%	9%	9%	11%	12%	13%	13%
17.0%	2%	4%	6%	8%	9%	10%	11%	12%	13%	14%	17%	18%	19%	19%
18.0%	3%	6%	8%	10%	12%	14%	15%	16%	17%	18%	22%	23%	24%	25%
19.0%	4%	7%	10%	13%	15%	17%	18%	20%	21%	22%	26%	28%	29%	29%
20.0%	5%	9%	12%	15%	18%	20%	22%	23%	25%	26%	30%	32%	33%	33%
21.0%	5%	10%	14%	17%	20%	23%	25%	26%	28%	29%	34%	36%	36%	37%

PV=100%

图 11-4 示例 2

企业层级DCF模型的假设		股东层级DCF模型（QMDM）的假设		输入变量	
预测期		1-预期持有期		低	10
				高	15
预期期中现金流		2A-预期股息收益率		收益率	3.5%
		2B-预期股息增长率		增长率	16.5%
		2C-收到股息的时间点（年中或年末）		时间点	年中
预期终值		3A-预期持有期终值增长率		溢价/折价	10.0%
		3B-对终值的调整			0.0%
折现率		4-预期持有期必要收益率		低	18.0%
				高	20.0%
				美元/股	1.00

特定持有期的平均流动性折价（中点+/-1%）

平均持有期：2~4年	11%
平均持有期：5~7年	19%
平均持有期：8~10年	24%
平均持有期：10~20年	26%

最终的流动性折价

平均持有期：5~10年	22%
平均持有期：10~15年	26%
平均持有期：15~20年	27%

基准价值（流动性少数股权价值）：25%

潜在流动性折价

持有期（年）

持有期必要收益率（%）	1	2	3	4	5	6	7	8	9	10	15	20	25	30
15.0%	1%	2%	3%	3%	3%	3%	3%	3%	2%	1%	—	—	—	—
16.0%	2%	4%	5%	6%	7%	8%	8%	8%	8%	8%	5%	—	—	—
17.0%	3%	5%	7%	9%	11%	12%	13%	13%	14%	14%	13%	9%	2%	—
18.0%	4%	7%	9%	12%	14%	16%	17%	18%	19%	20%	21%	18%	13%	7%
19.0%	4%	8%	12%	15%	17%	19%	21%	23%	24%	25%	28%	26%	23%	19%
20.0%	5%	10%	14%	17%	20%	23%	25%	27%	29%	30%	34%	34%	31%	28%
21.0%	6%	11%	16%	20%	23%	26%	29%	31%	33%	34%	39%	40%	38%	36%
22.0%	7%	13%	18%	22%	26%	29%	32%	35%	37%	39%	44%	45%	44%	43%
23.0%	7%	14%	19%	24%	29%	32%	35%	38%	40%	42%	48%	50%	50%	48%

PV=100%

图 11-5 示例 3

现有业务，但如果控股股东有流动性需求的话，在未来 10 年内不排除整体出售企业甚至进行 IPO 的可能性，但近期几乎不存在任何整体出售的可能。持有期必要收益率为 20%，高于按流动性少数股权计算得到的必要收益率，这表明，少数股东面对的不确定性及流动性不足的风险远远高于企业。估值分析师估计的预期持有期为 5~10 年。按 QMDM 计算的结果如图 11-6 所示。

按照示例 4 的假设，估值分析师确定的适当流动性折价为 27%，这是按 5~10 年预期持有期计算得到的。虽然预期目标企业不会派发股息，但少数股东预期会现有大幅资本增值，而且最终实现流动性的前景非常乐观。突出显示的流动性折价率区间相对较大，不过，流动性折价本身毕竟是一个相对性概念。在这个区间内，估值分析师需要估算出适当的流动性折价，就像在现实生活那样，投资者需要根据全部事实和背景确定应该支付的价格。

示例 5：近期有可能整体出售的成熟型 C 类企业

在我们的最后一个示例中，讲述的是一家已进入成熟期的 C 类企业，这家企业从事周期性业务。图 11-7 总结了这个例子的相关参数。企业每年支付的股息相当于流动性少数股权价值的 5.0%，预期价值增长率 7.5%，股息预计按相同速度增长。

行业基本面有可能在未来 2 年左右达到顶峰，大股东已承诺，如果有合适的投资者，而且能给出足够诱人的价格和条件，他们可能在此期间整体出售企业。如果企业未能在未来 2~4 年内整体出售，那么，按照行业趋势判断，交易的时间窗口将很可能关闭，要等待下一个行业高峰。因此，持有期必要收益率增加到 21.0%，体现预期持有期的高度不确定性。

基于这种特殊情况，估值分析师选择采用两个不同的持有期。第一个持有期是估值基准日起算的 2~4 年，并假设企业在近期出售。第二个持有期是估值基准日后的 8~10 年，由于控股股东认为，如错过在当前行业高峰期进行整体销售的机会，就需要等到下个周期再寻找整体出售的机会。

估值分析师认为，两种情况都可能发生，但毕竟还要选择可能性更大的。

根据较短的持有期，可以得到一系列位于 12%~26% 的流动性折价。在这个区间内，估值分析师得出的结论是 15% 为合理的流动性折价。这表明，如果企业真被整体出售，那么，更有可能在持有期的早期阶段发生。按较长持有期

298 | 第三部分 股东现金流的估算

企业层级DCF模型的假设		股东层级DCF模型（QMDM）的假设		输入变量	
预测期		1-预期持有期		低	5
				高	10
预期期中现金流		2A-预期股息收益率		收益率	0.0%
		2B-预期股息增长率		增长率	0.0%
		2C-收到股息的时间点（年中或年末）		时间点	年末
预期终值		3A-预期持有期价值增长率			15.0%
		3B-对终值的调整		溢价折价	0.0%
折现率		4-预期持有期必要收益率		低	19.0%
				高	21.0%
				美元/股	1.00

特定持有期的平均流动性折价（中点+/-1%）

					最终的流动性折价					
平均持有期: 2~4年				12%						
平均持有期: 5~7年				22%						
平均持有期: 8~10年				32%						
平均持有期: 10~20年				46%						

基准价值（流动性少数股权价值）：

平均持有期: 5~10年	27%
平均持有期: 10~15年	41%
平均持有期: 15~20年	52%

27%

持有期（年）

潜在流动性折价

持有期必要收益率(%)	1	2	3	4	5	6	7	8	9	10	15	20	25	30
16.0%	1%	2%	3%	3%	4%	5%	6%	7%	7%	8%	12%	16%	19%	23%
17.0%	2%	3%	5%	7%	8%	10%	11%	13%	14%	16%	23%	29%	35%	40%
18.0%	3%	5%	7%	10%	12%	14%	16%	19%	21%	23%	32%	40%	47%	54%
19.0%	3%	7%	10%	13%	16%	19%	21%	24%	26%	29%	40%	50%	57%	64%
20.0%	4%	8%	12%	16%	19%	23%	26%	29%	32%	35%	47%	57%	65%	72%
21.0%	5%	10%	14%	18%	22%	26%	30%	33%	37%	40%	53%	64%	72%	78%
22.0%	6%	11%	16%	21%	26%	30%	34%	38%	41%	45%	59%	69%	77%	83%
23.0%	7%	13%	18%	24%	29%	33%	38%	42%	45%	49%	64%	74%	81%	87%
24.0%	7%	14%	20%	26%	31%	36%	41%	45%	49%	53%	68%	78%	85%	90%

PV=100%

图 11-6 示例 4

企业层级DCF模型的假设

企业层级DCF模型的假设	股东层级DCF模型（QMDM）的假设	输入变量	
		低	高
预测期	1-预期持有期	8	10
预期期中现金流	2A-预期股息收益率	收益率	5.0%
	2B-预期股息增长率	增长率	7.5%
	2C-收到股息的时间点（年中或年末）	时间点	年末
预期终值	3A-预期持有期价值增长率		7.5%
	3B-对终值的调整	溢价/折价	0.0%
折现率	4-预期持有期必要收益率	低	20.0%
		高	22.0%
		美元/股	1.00

特定持有期的平均流动性折价（中点+/-1%）

平均持有期：2~4年	19%
平均持有期：5~7年	32%
平均持有期：8~10年	41%
平均持有期：10~20年	51%

最终的流动性折价

平均持有期：5~10年	36%
平均持有期：10~15年	48%
平均持有期：15~20年	55%

基准价值（流动性少数股权价值）：25%

潜在流动性折价

持有期（年）

持有期必要收益率(%)	1	2	3	4	5	6	7	8	9	10	15	20	25	30
17.0%	4%	7%	11%	14%	16%	19%	21%	23%	25%	27%	34%	39%	42%	44%
18.0%	5%	9%	13%	16%	20%	22%	25%	28%	30%	32%	39%	44%	47%	49%
19.0%	5%	10%	15%	19%	23%	26%	29%	31%	34%	36%	44%	49%	52%	54%
20.0%	6%	12%	17%	21%	25%	29%	32%	35%	38%	40%	48%	53%	56%	58%
21.0%	7%	13%	19%	24%	28%	32%	35%	39%	41%	44%	52%	57%	60%	61%
22.0%	8%	15%	21%	26%	31%	35%	38%	42%	45%	47%	56%	60%	63%	64%
23.0%	9%	16%	23%	28%	33%	38%	41%	45%	48%	50%	59%	63%	65%	67%
24.0%	9%	17%	24%	30%	36%	40%	44%	47%	50%	53%	62%	66%	68%	69%
25.0%	10%	19%	26%	32%	38%	43%	47%	50%	53%	56%	64%	68%	70%	71%

PV=100%

图11-7 示例5

则会得到35%～47%的流动性折价区间。在这个区间内，估值分析师得出的结论为适当的流动性折价为40%。当然，问题的关键在于，如何协调这截然不同的结论。

因此，在考虑会带来不同结果的两笔投资时，估值分析师必须像投资者那样去认真判断和评价。这就需要权衡两个方面：一方面，大股东希望在短期内整体出售企业，另一方面，他们更希望以合理、有利的条件完成这笔交易。估值分析师认为，较短持有期比较长持有期更有可能，因此，采用25%的流动性折价是合理的。

在这种情况下，估值分析师试图模拟潜在买卖双方进行的（假设）谈判。显然，卖方希望获得更低的流动性折价和更高的出售价格，而买方则希望取得更高的流动性折价和更低的买入价格。在对双方偏好的权衡中，合理的选择标准只能是两种具体方案预期收益率的概率评估。而评价这个讨论的最佳工具，就是图11-8的备考收益分析。

卖方主张按15.0%的流动性折价定价（对应于较高的价格），这与较短持有期一致。但是，买方认为这个价格确实太高。相对于远超过2～4年较长持有期所对应的持有期必要收益率区间（20.0%～22.0%），不存在溢价收益（见图11-7中突出显示的区域，流动性折价为15%）。

买方主张，由于持有期较长带来的风险，应将流动性折价区间提高到35.0%～40.0%。卖方则反驳称，一旦近期完成整体出售，就会出现非常大的溢价收益，并且延长持有期对收益率的影响也非常有限。查看图11-8中突出显示的非阴影部分，按照35.0%的流动性折价，如企业在2～3年内完成整体出售，则会带来26%～40%的收益率。

因此，估值分析师得到的结论是，买卖双方将按25.0%的流动性折价完成交易。如果不使用股东层级的DCF模型，那么，在确定流动性折价时，就很难以持续而可靠的方式解决这类现实问题。

示例总结

这五个示例体现出非上市企业少数股权投资的巨大差异。我们把五个示例的最终流动性折价汇总于表11-4。

在流动性折价给定的情况下，不同持有期内预期实现的收益率

选定的流动性折价增量 2.50%		持有期（年）												
流动性折价		1	2	3	4	5	6	7	8	9	10	15	20	25	30
15.0%		32%	22%	19%	18%	17%	16%	16%	15%	15%	15%	14%	14%	14%	14%
17.5%		36%	24%	20%	18%	17%	17%	16%	16%	15%	15%	15%	14%	14%	14%
20.0%		41%	26%	22%	19%	18%	17%	17%	16%	16%	16%	15%	14%	14%	14%
22.5%		45%	28%	23%	20%	19%	18%	17%	17%	16%	16%	15%	15%	14%	15%
25.0%		50%	30%	24%	22%	20%	19%	18%	17%	17%	17%	16%	15%	15%	15%
27.5%		55%	33%	26%	23%	21%	20%	19%	18%	17%	18%	16%	15%	15%	15%
30.0%		61%	35%	27%	24%	22%	20%	19%	19%	18%	18%	17%	16%	15%	15%
32.5%		67%	38%	29%	25%	23%	21%	20%	19%	19%	18%	17%	16%	16%	15%
35.0%		73%	40%	31%	26%	24%	22%	21%	20%	19%	19%	17%	16%	16%	16%

图 11-8 使用 QMDM 的第五个示例（备考收益分析）

表 11-4　五个示例的最终流动性折价

示例的说明	最终流动性折价
拥有土地资产且未采用杠杆的家族性有限合伙企业	55%
拥有商业性房地产和高收益分配且未采用杠杆的家族性有限合伙企业	15%
拥有商业性房地产且采用杠杆的家族性有限合伙企业	25%
不分配股息并高速成长的 C 类企业	27%
近期有可能整体出售的成熟型 C 类企业	25%
平均流动性折价	29%

虽然五个示例的平均流动性折价为 29%，非常接近估值实务中普遍采用的基准区间，但如果把这个基准用于任何具体示例，就有可能会导致流动性折价显著过高或过低。在这五个示例中，我们看到了多种多样的潜在投资情景，由此，我们应清楚地意识到，在整个收益法的大框架内，股东层级的现金流折现法是一种较为理想的估值方法，而 QMDM 则为这种方法的应用提供了一种基本框架。

USPAP 与 QMDM

评估基金会旗下的评估标准委员会（Appraisal Standards Board of The Appraisal Foundation）每两年更新一次 USPAP。[一]鉴于 USPAP 在业内被广泛认可和接受，估值分析师应基本掌握这些标准，尤其是针对企业的估值标准，并了解 USPAP 的变更会给估值实务带来哪些影响。

进入 21 世纪以来，USPAP 针对企业非流动性少数股权的估值设置了两项规定。

《准则 9-4（c）》指出：

> 在必要的情况下，为取得值得信赖的估值结论，估值分析师应对股权买卖协议、期权协议、约定股份限制的投资书声明、限制性企业章程或合伙协议条款，以及其他类似特征或因素之于价值的影响进行分析。

[一] *Uniform Standards of Professional Appraisal Practice 2020-2021 Edition* (Washington, D.C.: Appraisal Standards Board, The Appraisal Foundation, 2020).

《准则 9-4（d）》指出：

> 在必要的情况下，为取得值得信赖的估值结论，估值分析师应对目标股权所包含的控制权、流通性及流动性水平之于价值的影响进行分析。估值分析师必须对目标股权的持有期、期中收益及入市流通的难易性等因素进行分析。

这些规定表明，要从专业角度判断契约条款或目标股权其他特征对股权流动性和适当估值结论的影响，QMDM 之类的技术手段至关重要。

上述两项规定的开头都是相同的："在必要的情况下，为取得值得信赖的估值结论，估值分析师应对……之于价值的影响进行分析。"就列举的相关要求而言，它们确实会影响到目标股权的价值。因此，如果估值分析师只是笼统地称"我认为对价值没有影响"，那么我们就有理由怀疑他们是否真正满足了这些要求。这些规定要求评估值必须分析相关因素给价值带来的影响。

但问题在于，估值分析师应如何分析股权买卖协议，限制性协议，以及流通性或控制权对价值带来的影响？为此，USPAP 在《准则 9-4（d）》后随即提出了一项建议，该建议构成了《准则 9-4（d）》的一个基本部分：

> 经营性企业的股权价值未必等于企业全部股权价值按持股比例计算的份额。同样，经营性企业的价值也未必等于各部分股权的直接加总。股权所拥有的具体控制权、流通性或流动性程度取决于形形色色的事实和背景，因此，在可能的情况下，估值分析师必须对这些要素进行分析。

现在，我们以 QMDM 为例，对照 USPAP 的这些规定。这是我们从开始就需要明确的问题。评估基金会未要求采用 QMDM 或其他任何量化收益模型来确定流动性折价，USPAP 的相关条款也未对此做任何规定。相反，这些规定的说服力就在于它们的常识性因素，比如，对非流动性企业股权之于价值的影响，这些基本因素与 QMDM 完全吻合。

《准则 9-4（d）》提出了三个需要估值分析师分析的因素：持有期、期中收益及入市流通的难易性。此外，《准则 9-4（c）》要求估值分析师对股权买卖协议、期权协议、约定股份限制的投资书声明、限制性企业章程或合伙协议条款，以及其他类似特征或因素之于价值的影响进行分析（或统称为股权转让限制）。现在，我们在 QMDM 的背景下逐一解读这些因素。

> **持有期**。持有期对应于 QMDM 中的预期持有期假设。对于非流动性股权，投资者当然关心何时能出售其投资，从而收回投资成本并取得收益。显然，投资者必须接受这样的事实：他们无从确切知悉预期持有期的确切长度，因此，他们只能基于现有的事实及背景做出判断，在合理持有期区间的基础上做出投资决策。我们把图 11-1 中的部分内容复制到图 11-9 中，以说明预期持有期"之于价值的影响"。预期持有期变动对价值的影响是显而易见的。按照 21.0% 的持有期必要收益率，图 11-9 的流动性折价从 2 年持有期的 11% 提高到 10 年持有期的 40%。定性比较显然不适合这种类型的分析。

> **期中收益**。期中收益对应 QMDM 中的预期股息收益。在图 11-1 中，股息按 C 类企业等价收益的 4.0% 进行分配，并预计以 6.0% 的增长率增加。预计的收益包括 USPAP 所说的期中收益。那么，我们能否对期中收益"之于价值的影响"进行分析？依据上述假设，即假设采用 8 年的预期持有期和 21.0% 的持有期必要收益率，由此得到的流动性折价为 34%，这和图 11-1 得到的 35% 流动性折价密切相关。

> 如假设除预期股息收益率降至零以外，其他所有假设均保持不变，那么，按照 8 年的预期持有期及 21.0% 的持有期必要收益率，最终计算得到的流动性折价将提高到 53%。这相当于假设分配给非流动性股权的股息将全部用于代理成本。另外，如果没有代理成本，股息收益率会提高到 6.0%，相应的流动性折价为 25%。因此，如果只依赖定性比较，这种分析的可信度会大打折扣。

> **入市流通的难易性**。持有非流动性投资的风险显然要远远高于持有其他具有可比特征的流动性投资。投资者自然会针对增量风险而索取更高的预期收益率。因此，在确定 QMDM 所要求的持有期必要收益率时，必须明确考虑目标股权实现流动性的难度和成本。为此，我们将表 11-3 的相关部分复制到表 11-5 中，以说明这种难度和成本对持有期必要收益率的影响。

持有期资本收益率 (%)	持有期（年）													
	1	2	3	4	5	6	7	8	9	10	15	20	25	30
						潜在流动性折价								
17.0%	2%	5%	7%	9%	11%	13%	15%	17%	19%	21%	30%	37%	43%	47%
18.0%	3%	6%	9%	12%	15%	17%	20%	22%	24%	27%	36%	43%	49%	53%
19.0%	4%	8%	11%	15%	18%	21%	24%	26%	29%	31%	42%	49%	54%	58%
20.0%	5%	9%	13%	17%	21%	24%	27%	30%	33%	36%	46%	54%	59%	62%
21.0%	5%	11%	15%	20%	24%	27%	31%	34%	37%	40%	51%	58%	63%	65%
22.0%	6%	12%	17%	22%	26%	31%	34%	38%	41%	44%	55%	61%	66%	68%
23.0%	7%	13%	19%	24%	29%	33%	37%	41%	44%	47%	58%	65%	68%	71%
24.0%	8%	15%	21%	27%	32%	36%	40%	44%	47%	50%	61%	67%	71%	73%
25.0%	8%	16%	23%	29%	34%	39%	43%	47%	50%	53%	64%	70%	73%	74%

PV=100%

图 11-9 预期持有期影响流动性折价的分析

表 11-5 持有期必要收益率的推导过程

	持有期必要收益率的构成要素		区间	
			低	高
1	长期政府债券的到期收益率		3.00%	3.00%
2	Ibbotson 发布的普通股溢价	6.00%		
3	乘：市场贝塔系数	1.00		
4	等于：按贝塔系数调整后的普通股溢价	6.00%		
5	加：小盘股溢价	5.00%		
6	加：企业特定风险	2.00%		
7	等于：总股本溢价		13.00%	13.00%
8	**基本持有期必要收益率**		16.00%	16.00%
	投资者针对投资的特定风险溢价：			
9	加：预期持有期的不确定性		1.00%	2.00%
10	加：信息获取成本溢价		1.00%	1.00%
11	加：预期持有期的监控成本溢价		1.00%	1.00%
12	加：针对较大规模股权进行的调整		0.50%	1.00%
13	加：优先购买权对转让的限制		0.50%	1.00%
14	加：不利退出可能性带来的不确定性		0.00%	0.00%
15	加：不利现金流的可能性		0.00%	0.00%
16	加：更严格的转让限制		0.00%	0.00%
17	加：资产组合缺乏多样性		0.00%	0.00%
18	加：资产组合缺乏吸引力		0.00%	0.00%
19	加：未来投资策略风险带来的不确定性		0.00%	0.00%
20	加：成为合并/出售/收购/IPO对象的可能性不大		0.00%	0.00%
21	加：成为合并/出售/收购对象的可能性较大		0.00%	0.00%
22	加：买卖协议造成的不确定性		0.00%	0.00%
23	加：成为贷款抵押品带来的限制		0.00%	0.00%
24	加：股东数量较少		0.00%	0.00%
25	加：预期期中现金流不足		0.00%	0.00%
26	加：投资在总体上缺乏流动性		0.00%	0.00%
27	加：其他		0.00%	0.00%
28	**该实体特定投资者的总风险溢价**		4.00%	6.00%
29	**估计持有期必要收益率**		20.00%	22.00%
30	**取整后**		20.00%	22.00%
31	**预期持有期必要收益率区间的中点**			21.0%

在表 11-5 中的第 9 ～ 12 行，我们可以清晰地看到"目标产品入市流通的难易性"，包括预期持有期的不确定性、信息获取成本溢价、预期持有期的监控成本溢价及针对较大规模股权进行的调整（这些构成要素都会影响股权的流动性）。把这些限制性要素汇总起来，将导致持有期必要收益率提高 3.5% ～ 5.0%。如果没有这些风险溢价，持有期必要收益率的区间为 16.5% ～ 17.0%。由特定投资者溢价带来的必要收益率增加，最终会对估值产生明显且可量化的影响。而定性比较显然无法进行这样的分析。

▶ **股权转让限制**（《准则 9-4（c）》）。我们把《准则 9-4（c）》列出的各种限制性特征统一归结为股权转让限制因素。与转让不受限制的非流动性投资相比，股权转让限制因素通常会增加非流动性投资的风险。在表 11-5 的第 13 行中，我们之所以增加 0.5% ～ 1.0% 的溢价，就是因为优先购买权限制了目标股权的可转让性。考虑到优先购买权给价值带来的明显且可量化的影响，我们提高了持有期必要收益率。定性比较显然不能为此类分析提供依据。

QMDM 是一种能帮助估值分析师满足 USPAP 基本要求的理想工具。同样，无论是评估标准委员会还是评估基金会，均未指定必须以 QMDM 或其他模型进行《准则 9-4（c）》及《准则 9-4（d）》所要求的分析。但我们认为，QMDM 或类似工具显然为满足 USPAP 相关规定提供了一种简单且值得信赖的方法。

| 第 12 章 |

基于税收转移实体的综合理论运用

本章简介

针对 S 类企业及其他税收转移实体的估值,如何选择合理的方法始终是估值分析师面对的一个重大挑战。税务监管机构的意见显然无助于我们对这个问题在经济机制上达成共识。在本章中,我们将采用综合理论的基本方法,对 S 类企业及其他税收转移实体进行企业及股东层级的估值。

图 12-1 总结了以综合理论对 S 类企业在各个层级进行估值所得到的结果。

使用综合理论得到的估值结论显示,整体企业层级和股东层级所适用的估值方法是不同的。

- ▶ **企业层级**。在企业层级上,S 类企业的价值与可比的 C 类企业是相同的。换句话说,选择 S 类企业这种组织方式,并不会给企业整体价值带来任何特殊的好处。由于经营现金流相同,没有令人信服的经济理由表明,这两种类型企业的价值不应相同。
- ▶ **股东层级**。在股东层级,S 类企业特定少数股权可能与在其他方面可比的 C 类企业同等股权有不同的价值。我们将会看到,选择 S 类企业带来的税收优惠最终会造福股东，而不是企业。税收优惠体现在股东现金流的差异中。从现金流的风险、时间点和持续时间角度考虑，正是这些股东现金流的差异，创造了潜在的价值差异。

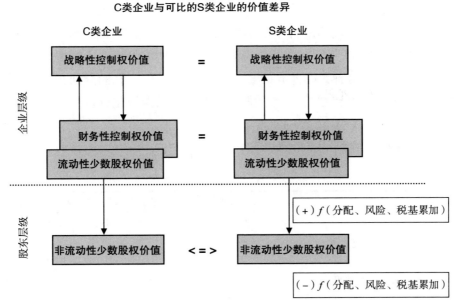

图 12-1　S 类企业与可比 C 类企业的价值差异

S 类企业的优势

S 类企业这种组织形式的优势很容易概括：它消除了 C 类企业股东对收益分配所承担的双重征税。对 C 类企业，首先在企业层级对收益征税，在分配给股东之后，再次对股东进行征税。对 S 类企业，估值的分歧源于第二级征税带来的税收优惠到底应归属于企业本身，还是归属于股东。遗憾的是，税收转移机制加剧了这种认识上的混乱。

在 S 类企业，仅对由企业转移给股东的收益进行征税，因此，对股东的征税完全取代了对企业的征税。企业所得税的消失导致部分人得出错误的结论，即这种组织形式的收益应归属于企业。实际上，S 类企业的收益在股东层级仍需要承担纳税义务。只不过这种义务是从 S 类企业本身转移给股东。但相应的经济义务仍属于企业。S 类企业的真正优势在于，它不再对股东所得征税。因此，S 类企业的税收优惠应归于股东，而不是企业。

我们不妨用一个简单的例子说明这个问题。在这个例子中，我们假设有效的企业和个人的税率是相同的。在 2017 年《减税和就业法案》（TCJA）通过之前，个人和企业的最高边际税率基本可比，分别为 39.6% 和 35%。随着该法案在 2017 年的通过，联邦针对企业所得制定的税率明显低于个人税率。我们将在本章后续部分探讨这种税率差异的影响。在表 12-1 中，我们分别在三种不同分配情景下考虑具有可比性的 C 类企业和 S 类企业。为简化分析，我们假设，有效的企业税率和个人税率均为 37%。

按照表 12-1，我们可以得到如下结论。

表 12-1 C 类企业和 S 类企业

		经济支出的 0%		经济支出的 50%		经济支出的 100%	
		C 类企业	S 类企业	C 类企业	S 类企业	C 类企业	S 类企业
应纳税收入（美元）		100.00	100.00	100.00	100.00	100.00	100.00
企业针对企业收益的纳税税率（美元）	37.0%	−37.00	0.00	−37.00	0.00	−37.00	0.00
股东针对企业收益的纳税税率（美元）	37.0%	0.00	37.00	0.00	37.00	0.00	37.00
可用于经济分配的净收益（美元）		63.00	63.00	63.00	63.00	63.00	63.00
经济分配的支付率（%）		0.0	0.0	50.0	50.0	100.0	100.0
对股东的经济分配（税前）（美元）		0.00	0.00	31.50	31.50	63.00	63.00
股东对经济分配的税率（%）		15.0	0.0	15.0	0.0	15.0	0.0
股东对经济分配的纳税（美元）		0.00	0.00	4.73	0.00	9.45	0.00
对股东的经济分配（税后）（美元）		0.00	0.00	26.78	31.50	53.55	63.00
S 类企业在股东层级带来的收益（美元）			0.00		4.73		9.45
企业的留存收益（美元）		63.00	63.00	31.50	31.50	0.00	0.00
S 类企业在企业层级带来的收益（美元）			0.00		0.00		0.00

- 不管采用何种分配方案，税收均以企业的应税收入为税基。尽管 S 类企业纳税的法律义务由股东承担，但与纳税相关的经济义务仍属于企业，因为企业必须确保以收益分配满足股东的个人纳税义务。分配不足股东纳税的情况非常罕见，对这种情况，最好把分配不足纳税的差额部分视为股东对企业的再投资。
- 尽管在每一种情况下，企业收益均应全额征税，但股东取得的经济分配无须纳税。在这里，我们使用了"经济分配"（economic distribution）一词，具体是指收益分配中超过股东对企业收益所承担税负的超额部分。对 C 类企业股东而言，经济分配仍需要按最高的联邦股息收入税率 23.8% 进行纳税，而 S 类企业股东取得的经济分配无须纳税。
- 在这个例子中，两家企业的应税收入相等这一事实表明，在任何既定的经济分配水平下，C 类企业和 S 类企业可用于再投资的留存收益都是相同的。因此，S 类企业不会给企业本身带来任何好处。
- 基于 S 类企业股东所得经济分配的免税性质，在股东层级体现出 S 类企业的潜在税收优惠。现金流收益的幅度随收益中分配给股东部分的增加而增加。在没有经济分配的情况下，S 类企业的这种现金流收益自然也不存在。税收收益对估值的影响取决于相应的股东风险及股东收益的预计持续期。
- 股东层级现金流收益的大小与通过 S 类企业所规避的股息所得税税率直接相关。股东层级的税收优惠与适用于股息收益的税率正相关。

S 类企业的企业层级价值

在本节中，我们使用综合理论的理论框架对表 12-1 的 S 类企业税收优惠进行分析，结果表明，在整个企业层级，S 类企业与具有可比性的 C 类企业有相同的价值。

如果 S 类企业在企业层级上的价值不同于具有可比性的 C 类企业，那么，按照戈登模型，在现金流、增长率或风险这三个输入变量中，至少应有一个变量存在差异。

- **现金流**。在 S 类企业，针对企业收益纳税的义务从企业本身转移给股东，就会导致某些估值分析师（甚至是目前的美国国家税务局）得出不正确的结论，即 S 类企业的企业现金流明显大于可比的 C 类企业。但正如我们在表 12-1 中所看到的那样，针对 S 类企业收益纳税的经济义务并未转移给股东。换句话说，企业现金流并没有变化，在整体企业层级，并不存在 S 类企业的税收优惠。

- **增长率**。有人认为将对企业收益纳税的法律义务从 S 类企业转移给股东，可以让 S 类企业留存更多收益用于再投资，从而带来现金流的更多增长。显然，正确理解针对企业收益纳税的经济义务，有助于纠正这种误解。如表 12-1 所示，在考虑针对企业收益纳税的经济义务之后，S 类企业可用于再投资的留存收益与可比的 C 类企业是相同的。因此，没有理由认为 S 类企业与可比的 C 类企业在整体企业层级存在增长差异。

- **风险**。整体企业层级的风险与企业本身的业务风险有关。这些业务风险通常源于收入波动和毛利率下降的前景、竞争压力、监管影响、对供应商或主要管理者的依赖，以及对经济和市场状况的敏感性等要素。在确定企业层级的折现率时，无须考虑 S 类企业的组织形式对这些业务风险的影响。

在确定 S 类企业企业层级的折现率时，追求折现率与现金流在税收特征上匹配的愿望，偶尔也会让估值分析师或法院出错。换句话说，有人主张将 S 类企业的折现率转换为税前基础，对税前的企业收益进行折现。尽管这个想法确实有诱惑力，但考虑到针对企业收益纳税的经济义务仍属于 S 类企业，这样就是有误导性的。既然把折现率转换为税前基础是有风险的，还不如就简去繁，直接采用传统方法得到的折现率对税后企业收益进行折现。

在实务中严格遵循综合理论会让我们看到，在企业价值层级，S 类企业与可比的 C 类企业在现金流、风险或增长率方面不存在差异。因此，我们得出的结论是，没有理由认为，选择 S 类企业这种组织形式，不会让企业的价值更高（或是更低）。

针对企业层级价值的其他观点

综合理论的理论框架当然是定量的。在本节中，我们将对其他定性观点加以总结，从而进一步巩固我们的结论：在企业层级，S 类企业的价值与可比的 C 类企业的价值不存在区别。

第一，我们发现，除基本由少数个人持股的小规模企业以外，很多 S 类企业的主要投资者是没有资格持有 S 类企业股份的 C 类企业。换句话说，尽管 S 类企业的税收优惠貌似归属于企业，但是对很多潜在投资者而言，很有可能并不能通过收购 S 类企业而获得这种税收优惠。如果选择 S 企业组织形式能增加整体企业价值的话，那么，人们就可以认为，S 类企业的投资者比 C 类企业的投资者更有相对优势。但这种优势在市场上并不明显。美世投资及其他投行机构的经验市场表明，投资者向 S 类企业支付的价格与收购其他可比的 C 类企业的价格并无差别。○

第二，在把 S 类企业视为"免税"企业时，就是假定赋予 S 类企业股东的税收优惠将无限期存在。我们已经证明，股东取得的税收收益取决于股东得到的经济分配水平，以及通过 S 类企业所规避的股息收入的适用税率。S 类企业税收利益的持续时间与投资者的预期持有期相关，因而是有限的。

第三，如果选择 S 类企业能大幅提高企业价值，那么，估值分析师就必须认识到，大多数 C 类企业都应该选择 S 类企业的组织形式。此外，选择 S 企业组织形式基本上是无成本的。换句话说，如果 S 类企业的企业价值溢价真像某些人说得那么可观，那么，我们就完全有理由预见，人们会大量采用金融工程技术，将大型 C 类企业（甚至上市企业）转型为 S 类企业，以锁定 S 类企业的所谓价值溢价。但这种情况根本就没有发生。

第四，有些人认为，同样是整体企业的出售，S 类企业股东取得的净收益可能大于可比的 C 类企业的净收益。选择 S 类企业可以消除嵌入资本收益问题（embedded capital gain），○从而便于出售资产，而且很多投资者偏爱洁净的资产，而不是股票。此外，在 S 类企业将收益留存时，S 类企业股东的股权价值基数会

○ 拥有收益创造能力的 C 类企业或许有较低的企业价值，但这种差异完全归结于税款本身，而不是现金流、风险或增长率等方面。

○ 在购买股权时，投资者持有的股权会因目标企业本身股权价值变化而取得资本利得，因此，即使投资者没有进行交易，也被视为取得这种嵌入到标的本身的增值收益。——译者注

相应增加，从而最大限度地减少出售股份时实现的资本收益。

但我们还是要告诫估值分析师和法院，不要把企业价值（对预期企业现金流的资本化）与出售企业获得的收入（多方协商后的企业价值，并对企业债务、个人债务及交易相关费用进行调整）混淆起来。

我们已经证明，S 类企业企业现金流的资本化结果不应有别于可比的 C 类企业。但导致价值与出售收入出现差异的交易费用和负债，对 S 类企业和 C 类企业而言可能有所不同。

> 如前所述，S 类企业股东的股权价值基数会因为企业的留存收益而增加，因此，在最终出售股份时，资本收益的减少会相应减轻股东承担的资本利得税负担。另外，与 C 类企业的典型资产出售行为相比，S 类企业或许可以向急于寻求资产交易的投资者收取更高价格，而且较少承担税收成本。此外，按《美国税法》338（h）（10）针对资产并购的规定，基于纳税方面的考虑，有资格出售 S 类企业股份的当事方可将股份出售交易视为资产出售交易，并据此纳税。在任何情况下，出售 S 类企业股份给股东带来的净收益，都有可能超过可比的 C 类企业的净收益。在这里，可比的判断依据是预期现金流、风险和增长率。

> 但永远不存在免费的午餐，尤其是在出售 S 类企业的资产方面。当 S 类企业出售资产时，股东依旧是企业的所有权人，并继续负责企业的剩余负责，或者说"遗留"义务。遗留义务包括交易前因业务经营而产生的未知负债。投资者当然希望不继承这些债务，而企业显然希望把它们转嫁给投资者。于是，通过默许资产出售而寻求更高价格的 S 类企业股东会看到，他们实际得到的净收益因未知遗留负债的存在而减少。即使适用《税法》338（h）（10）的规定，也不能消除遗留债务存在的经济现实。在适用《税法》338（h）（10）购买股份时，投资者会因继承遗留债务相应调减价格。

因此，与针对可比的 C 类企业的交易相比，股东出售 S 类企业股份取得的净收益既可能小于也可能等于或大于前者实现的净收益。但净收益的差异并不影响企业本身的价值。此外，即使 S 类企业出售资产实现的净收益高于可比的 C 类企业的，也不代表两者在其他方面存在差异。出售资产仅仅是因为 S 类企业的负债（嵌入资本利得）少于 C 类企业。而且我们需要重申的是，S 类企业资产（而非股份本身）的卖方仍保留遗留债务：在交易结束时，这种债务可能是未知的，但可能金额很大。通过按《税法》338（h）(10) 进行的股份收购，买方可以对买入资产进行增值处理（视同购买资产，通过增加资产基数，提高折旧，最终达到减少应税收入的目的），但买方也要继承可以通过资产购买规避的未知遗留负债问题。简言之，选用《税法》338（h）(10) 为出售 S 类企业股份提供了更大的结构灵活性，并增加了股东通过控制权变更交易取得更多收益的可能性。是否需要在估值结论中反映这种可能性，取决于目标股权、价值的定义及估值的目的。

S 类企业的股东价值

在本章前面的讨论中，我们已经指出，S 类企业带来的潜在税收收益实际上归属于股东，而非企业本身。因此，企业价值不受 S 类企业组织形式的影响。在本节中，我们将讨论如何在股东价值层级确定潜在 S 类企业税收收益的价值。

我们偶尔会因创建一种评价 S 类企业收益的模型而得到好评。尽管我们喜欢这样的评价，但我们无意去寻求没有意义的好评。相反，我们主张，在对 S 类企业非流动性少数股权估值时，应采用针对 C 类企业可比股权的股权现金流折现法。对此，我们认为，利用 QMDM（如第 9 章所述），可以把 S 类企业的股东税收收益可靠地纳入目标股权的价值中。

根据综合理论提供的概念框架（见图 2-21），我们注意到，S 类企业的目标少数股权与 C 类企业可比股权之间的任何价值差异，只能解释为期中股东现金流（$CF_{股东}$）、预期持有期风险（$R_{持有期}$）或预期持有期价值增长率（G_v）的差异。

针对 S 类企业估值的 QMDM 输入变量

QMDM 输入变量可分为四大类。下面我们将逐一介绍使用 QMDM 对 S 类企业目标股权估值需关注的特殊事项。为便于比较和理解，我们沿用第 11 章采用的示例，设计一个针对 S 类企业流动性折价的例子（见图 12-2）。以 100 万美元的净收益为基础，这家 C 类企业的流动性少数股权价值为 1000 万美元，采用的折现率为 16%，预期年增长率为 6.0%，100 万美元 /（16%–10%）=1000 万美

QMDM
分析结论

企业层级DCF模型的假设	股东层级DCF模型（QMDM）的假设	输入变量	
预测期	1-预期持有期	低	5
		高	10
预期期中现金流	2A-预期股息收益率	收益率	4.0%
	2B-预期股息增长率	增长率	6.0%
	2C-收到股息的时间点（年中或年末）	时间点	年中
预期终值	3A-预期持有期价值增长率	溢价/	10.0%
	3B-对终值的调整	折价	0.0%
折现率	4-预期持有期必要收益率	低	20.0%
		高	22.0%
		基准价值（流动性少数股权价值）：	1.00 美元/股

特定持有期的平均流动性折价（中点+/–1%）

平均持有期：2～4年	15%	平均持有期：5～10年	32%
平均持有期：5～7年	27%	平均持有期：10～15年	45%
平均持有期：8～10年	37%	平均持有期：15～20年	54%
平均持有期：10～20年	49%		
	最终的流动性折价		35%

持有期必要收益率（%）	持有期（年）													
	1	2	3	4	5	6	7	8	9	10	15	20	25	30
	潜在流动性折价													
17.0%	2%	5%	7%	9%	11%	13%	15%	17%	19%	21%	30%	37%	43%	47%
18.0%	3%	6%	9%	12%	15%	17%	20%	22%	24%	27%	36%	43%	49%	53%
19.0%	4%	8%	11%	15%	18%	21%	24%	26%	29%	31%	42%	49%	54%	58%
20.0%	5%	9%	13%	17%	21%	24%	27%	30%	33%	36%	46%	54%	59%	62%
21.0%	5%	11%	15%	20%	24%	27%	31%	34%	37%	40%	51%	58%	63%	65%
22.0%	6%	12%	17%	22%	26%	31%	34%	38%	41%	44%	55%	61%	66%	68%
23.0%	7%	13%	19%	24%	29%	33%	37%	41%	44%	47%	58%	65%	68%	71%
24.0%	8%	15%	21%	27%	32%	36%	40%	44%	47%	50%	61%	67%	71%	73%
25.0%	8%	16%	23%	29%	34%	39%	43%	47%	50%	53%	64%	70%	73%	74%

PV=100%

图 12-2 QMDM 的分析结果

元。企业支付的股息为净收益的 40%，为投资者提供 4.0% 的预期收益，并在第 1 年派发 40 万美元的股息（净收益 100 万美元 ×40%）。假设预期持有期为 5～10 年，持有期必要收益率为 21.0%（相应的区间为 20%～22%）。最终的流动性折价为 35%。

预测期

在股东层级的 DCF 模型中，第一个输入变量为投资者实现收益目标的预期持有期。对于 S 类企业与 C 类企业股权之间的差异，我们预计导致预期持有期间存在差异的情况很少出现。在这个例子中，我们假设，预期持有期为 5～10 年。这与图 12-2 采用的预期持有期是相同的。

持有期假设是决定 S 类企业税收优惠影响目标股权价值的主要因素。我们可以把 S 类企业给股东带来的潜在税款优惠视为股东收益，这种收益仅存在于预期持有期内，而不具有永久性。因此，对于预期持有期有限的投资，采用永续假设计算股东税收优惠是不合理的。QMDM 体现了这一区别。

预期期中现金流

在股东层级的 DCF 模型中，第二个输入变量是预测的期中股东收益分配。如表 12-1 所示，对 S 类企业股东的经济分配无须征税，这一点不同于对 C 类企业股东的收益分配。因此，S 类企业会对期中现金流产生直接而且可量化的影响（体现在 QMDM 中的股息收益率及其增长率中）。

在使用 QMDM 时，我们以 C 类企业的等价收益分配反映 S 类企业经济分配的税收优惠特征。换句话说，从扣除全部税款后的已支付净经济分配倒推出税前收益，得到能带来相同税后收益分配的 C 类企业备考股息。

根据本章前面的讨论，我们假设一家与 S 类企业完全可比的 C 类企业，其流动性少数股权价值为 1000 万美元。S 类企业按税后收益的 40% 向股东派发股息，并在派息后保留 60 万美元的净利润。

为尽可能确保 C 类企业与 S 类企业的等价性，我们假设，S 类企业将税前收益的 37% 分配给股东，用于支付为转移给股东的企业税负债（见表 12-2 中的第 1～5 行）。请注意，在这个例子中，我们继续假设，有效企业税率和个人税率完全相同；但是在本章后续部分讨论《2017 年减税和就业法案》带来的影响时，我们将修改这一假设。

表 12-2　C 类企业的等价股息

			输入 / 计算（美元）
1	税收转移实体的预期税前利润		1.587
2	联邦政府征收的普通所得税税率（%）	37.0	
3	州政府征收的个人普通所得税税率（%）	0.0	
4	乘：综合边际税率（%）		37.0
5	转移税款		0.587
6	预期的总股息分配率（%）	62.2	
7	预期的收益分配总额		0.987
8	减：针对税前利润征收的转移税		−0.587
9	= 税后股息		0.400
10	税后股息		0.400
11	针对 C 类企业股息的综合税率（包括医疗保险附加费）(%)	23.8	76.2
12	= C 类企业的等价股息		0.525
13	C 类企业的等价股息		0.525
14	除：流动性少数股权价值		10.00
15	潜在的长期股息收益率（%）– 基于 C 类企业的等价基础		5.25

如表 12-2 所示，我们假设，总的派息率为 62.2%（包括股东税），按照这个派息率，企业为股东分配的税后股息为每股 0.40 美元（第 5 ~ 9 行）。因此，S 类企业的未分配收益为每股 0.60 美元（1.587 美元 –0.987 美元 =0.60 美元），这个过程等价于 C 类企业按净收益的 40% 支付股息。现在，我们将"税后的 S 类企业"倒推为等价的 C 类企业（第 10 ~ 12 行）。假设针对股息的个人税率为 23.8%，因此，0.40 美元的税后股息将转化为 0.525 美元的 C 类企业等价税前股息，即 0.40 美元 /（1–23.8%）。假设流动性少数股权价值为每股 10.00 美元，且 C 类企业的等价收益率为 5.25%。第 11 章中的 C 类企业拥有 4.0% 的收益率。

S 类企业每股 0.40 美元的经济分配要优于 C 类企业的 0.40 美元股息。在其他条件相同的情况下，不同于可比的 C 类企业的股权，S 类企业经济分配的免税性，会导致既定目标少数股权拥有更高的价值。

预期终值（价值增长率）

在 QMDM 中，将预期价值增长率乘以估值日的目标流动性少数股权价值，即可得到预期持有期末的目标股权终值。我们在前面已经指出，选择 S 类企业这种组织形式不会影响到企业的增长前景。因此，我们预计，价值增长率假设的变化不会导致 S 类企业和 C 类企业的少数股权价值发生变化。

在本章的前一部分中，我们指出，最终出售股权带来的资本利得税降低，是因为出售企业的净收益较低，而不是企业价值发生了变化。这个逻辑同样适用于针对特定少数股权的估值。但如果估值分析师希望考虑未分配收益带来的税收优惠，他们就会单独估计税收收益，并据此下调最终的流动性折价率（见下面的示例）。

在我们的示例中，S 类企业的留存收益与 C 类企业完全相同，因此，第 11 章假设的 6.0% 预期价值增长率同样符合这里的 S 类企业。

折现率

在股东层级的 DCF 模型中，最后一个变量就是计算预期期中现金流与终值现值的折现率。在 QMDM 中，我们把这个折现率称为持有期必要收益率（$R_{持有期}$）。

持有期必要收益率是企业折现率与持有期溢价的总和，它体现的是股东在预期持有期内承担的风险。对 S 类企业少数股权估值的一个突出问题是，S 类企业股东与 C 类企业股东的持有期风险是否不同。我们以为在很多情况下，S 类企业的少数股东要比 C 类企业的少数股东面对更大的风险，因而需要索取更高的持有期溢价。

比如，S 类企业股东可能要面临这样的风险：假定 S 类企业带来的税收优惠贯穿于整个预期持有期，但通过撤销 S 类企业组织形式，或股息所得税税率变化，税收优惠就有可能消失。此外，由 S 企业股息分配推算 C 企业的定价股息的计算公式表明，S 企业的预期期中现金流对企业收益和经济分配支付率的变化更加敏感。最后，尽管股东不太可能接受收益分配不足以支付企业税的情况，但无论股东收到的股息是否足够支付税款，缴纳企业所得税的法律义务都是现实存在的。一旦出现这种情况，股东就会要求企业给予额外的收益溢价。图 12-3 显示了 S 类企业持有期必要收益率的计算过程。

S 类企业持有期必要收益率的加总方法与表 12-3 C 类企业的基本相同，只有一处例外。在第 14 行，我们增加了一个增量（0.50%），用来反映出现不利现金流的可能性，尽管这种现象不太可能出现，但几乎所有税收转移实体都不可避免地要面对这个问题。C 类企业的持有期必要收益率中点为 21.0%，相比之下，S

类企业的持有期必要收益率中点为 21.5%。

	持有期必要收益率的构成要素		区间 低	区间 高
1	长期政府债券的到期收益率		3.00%	3.00%
2	Ibbotson咨询公司发布的普通股溢价	6.00%		
3	乘：市场贝塔系数	1.00		
4	等于：按贝塔系数调整后的普通股溢价	6.00%		
5	加：小盘股溢价	5.00%		
6	加：企业特定风险	2.00%		
7	等于：总股本溢价		13.00%	13.00%
8	**基本持有期必要收益率**		**16.00%**	**16.00%**
	投资者针对投资的特定风险溢价：			
9	加：预期持有期的不确定性		1.00%	2.00%
10	加：信息获取成本溢价		1.00%	1.00%
11	加：预期持有期的监控成本溢价		1.00%	1.00%
12	加：针对较大规模股权进行的调整		0.50%	1.00%
13	加：优先购买权对转让的限制		0.50%	1.00%
14	加：不利现金流的可能性		0.50%	0.50%
15	该实体特定投资者的总风险溢价		4.50%	6.50%
16	估计持有期必要收益率		20.50%	22.50%
17	取整后		20.50%	22.50%
18	预期持有期必要收益率区间的中点			21.5%

图 12-3　持有期必要收益率的计算过程

与其他所有 DCF 模型一样，QMDM 同样对折现率非常敏感。如果适用于 S 类企业股东股权价值的折现率超过适用于可比 C 类企业股东股权价值的折现率，则会导致 S 类企业的股权价值相对较低。

小结

在股东层级，S 类企业的股权与可比的 C 类企业股权之间的价值差，完全可以归因于预期持有期内的经济分配水平（$CF_{股东}$）和股东风险（$R_{持有期}$）。更高的经济分配潜力表明，在其他条件相同的情况下，S 类企业的股权将比可比的 C 类企业股权价值更高。相反，如果其他条件保持不变，持有期风险的加大则意味着，S 类企业股权的价值将小于可比的 C 类企业股权的价值。这两个对立要素的博弈，最终决定了不同情景下的价值差异。

图 12-4 总结了这两个因素对 C 类企业股东价值（$V_{股东(C)}$）和 S 类企业股东价值（$V_{股东(S)}$）的影响。

$$V_{股东(S)} = \frac{CF_{股东(S)}}{R_{持有期+SP} - G_{V(S)}} \lessgtr \frac{CF_{股东(C)}}{R_{持有期} - G_{V(C)}} = V_{股东(C)}$$

图 12-4　S 类企业与 C 类企业的股东价值

在这里，我们需要确定 S 类企业股东价值与相应可比的 C 类企业股东价值的关系。图 12-5 总结了使用 QMDM 分析 S 类企业的结果。

在图 11-1 中，估值分析师得出的结论是，C 类企业的流动性折价为 35%，按照 21.0% 的持有期必要收益率，针对 7 年、8 年和 9 年持有期的流动性折价分别为 31%、34% 和 37%。在图 12-5 中，按照 21.5% 的持有期必要收益率，S 类企业的相应流动性折价分别为 27%、30% 和 33%。潜在流动性折价之间的差异往往不大（约 4%）。相对较高的预期风险降低了 S 类企业股东较高的预期现金流。在这个例子中，如其他条件保持不变，增量风险会导致流动性折价提高 2% 左右。同样，如果不采用股东层级的 DCF 模型，就无法量化 S 类企业股东所承担的风险。

但是，我们尚未考虑 S 企业股东的全部预期现金流。考虑到 S 类企业留存了大量的收益，股东的税基将在预期持有期内同比增加。税基递增（basis build-up）带来的税收收益是可以量化的，⊖ 具体如图 12-6 所示。

图 12-6 对目标 S 类企业的预期各年度未分配利润和税基递增额进行了汇总。在每个期间结束时，根据上个例子中假设的资本利得税税率 23.8%，计算得以规避的潜在资本利得税。然后，使用 21.5% 的持有期必要收益率计算现值因子，再用现值因子对每个潜在持有期的税收优惠折现，得到持有期内税基递增带来的税收优惠现值。

在这种情况下，以流动少数股权价值 1.00 美元的基数计算，每股基础避税额的现值为 0.030 美元，这意味着流动性折价减少约 3%。有些估值分析师会考虑以较低的折现率对税收优惠进行折现。降低折现率会增加税收优惠的现值。比如，如果我们假设折现率为 8%，则当期税基递增的现值区间将提高为

⊖ 目标企业价值的增加会提高投资者的税基，使得投资者可以对未来应税收入计提更多的折旧和摊销，从而减少未来的税负，并增加税后现金流。——译者注

企业层级DCF模型的假设		股东层级DCF模型（QMDM）的假设		
				输入变量
预测期		1-预期持有期	低	5
			高	10
预期期中现金流		2A-预期股息收益率	收益率	5.3%
		2B-预期股息增长率	增长率	6.0%
		2C-收到股息的时间点（年中或年末）	时间点	年中
预期终值		3A-预期持有期价值增长率		10.0%
		3B-对终值的调整	溢价/折价	0.0%
折现率		4-预期持有期必要收益率	低	20.5%
			高	22.5%
			美元/股	1.00

特定持有期的平均流动性折价（中点+/-1%）	
平均持有期：2～4年	13%
平均持有期：5～7年	24%
平均持有期：8～10年	33%
平均持有期：10～20年	44%

最终的流动性折价

平均持有期：5～10年	28%
平均持有期：10～15年	40%
平均持有期：15～20年	48%

基准值（流动性少数股权价值）: 30%

潜在流动性折价

持有期预期收益率(%)	持有期（年）													
	1	2	3	4	5	6	7	8	9	10	15	20	25	30
17.5%	2%	3%	5%	6%	8%	10%	12%	13%	15%	16%	24%	30%	35%	39%
18.5%	2%	5%	7%	9%	12%	14%	16%	18%	20%	22%	30%	37%	42%	45%
19.5%	3%	6%	9%	12%	15%	17%	20%	22%	24%	27%	36%	42%	47%	50%
20.5%	4%	8%	11%	15%	18%	21%	24%	26%	29%	31%	41%	47%	52%	55%
21.5%	5%	9%	13%	17%	21%	24%	27%	30%	33%	35%	45%	51%	56%	58%
22.5%	5%	11%	15%	20%	23%	27%	30%	34%	36%	39%	49%	55%	59%	61%
23.5%	6%	12%	17%	22%	26%	30%	34%	37%	40%	42%	52%	58%	62%	64%
24.5%	7%	13%	19%	24%	29%	33%	37%	40%	43%	46%	56%	61%	64%	66%
25.5%	8%	15%	21%	26%	31%	35%	39%	43%	46%	49%	58%	64%	67%	68%

PV=100%

图 12-5 使用 QMDM 分析 S 类企业的结果

预测年份		1	2	3	4	5	6	7	8	9	10
税前收益增长率	6.0%										
股息分配率	62.2%	0.159	0.168	0.178	0.189	0.200	0.212	0.225	0.239	0.253	0.268
留存收益:美元/股		−0.10	−0.10	−0.11	−0.12	−0.12	−0.13	−0.14	−0.15	−0.16	−0.17
		0.06	0.06	0.07	0.07	0.08	0.08	0.09	0.09	0.10	0.10
累积留存收益(累积税基递增)		0.06	0.12	0.19	0.26	0.34	0.42	0.50	0.59	0.69	0.79
资本利得税率23.8%	23.8%	0.01	0.03	0.05	0.06	0.08	0.10	0.12	0.14	0.16	0.19
现值因子21.5%	21.5%	0.823	0.677	0.558	0.459	0.378	0.311	0.256	0.211	0.173	0.143
每年基础避税额的税基递增现值		0.01	0.02	0.03	0.03	0.03	0.03	0.03	0.03	0.03	0.03
预期持有期内的平均税收优惠		−1.2%	−2.0%	−2.5%	−2.9%	−3.0%	−3.1%	−3.1%	−3.0%	−2.8%	−2.7%
流动性折价的潜在平均调整幅度				0.030		相对于流动性少数股权价值,1.00美元/股					
				−3.0%		相对于可比的流动性折价率					

图 12-6 S 类企业的税基递增分析

0.055～0.087 美元。税收优惠的价值与预期分配水平成反比。如果预期收益分配很大，税基递增就是有限的，但选择 S 类企业组织形式的好处完全体现在当前收益中。

综合理论认为，非流动性股权的价值是把预期现金流按适当折现率折现得到的现值。分析考虑税基递增带来的税盾收益，我们可以考虑可归属于股东的现金流。

在这个例子中，考虑到税盾带来的收益，并结合其他所有因素，估值分析师可以得到如下结论，S 类企业股权的合理流动性折价为 27%（基准折价 30%- 针对税基递增的折价 3%）。回想一下，对可比 C 类企业而言，得到的流动性折价为 35%。在这种情况下，S 类企业的股权比 C 类企业的股权更有价值。前述讨论已明确指出，这个结果并非定论，具体取决于相关例子的事实和背景。

通过这个例子，我们看到了 S 类企业组织形式对少数股权及可比的 C 类企业股权价值的影响。在实务中，估值分析师会根据每个估值项目的事实和背景，对税收转移实体的股权进行估值。在这一方面，QMDM 是一种非常有效的工具，借助这个模型，估值分析师可以从少数股东的视角认识 S 类企业的收益及风险特征，并把这些因素直接纳入估值结论中。

S 类企业与 2017 年《减税和就业法案》

针对 S 类企业组织形式潜在价值的估值收益，我们通过少数股权价值层级的分析，得出如下基本结论。

▶ 在 S 类企业组织形式下，股东个人无须对企业收益分配超过支付转移税部分的收益缴纳个人所得税。因此，S 类企业的经济收益与所规避的个人股息收入税率成反比。在这两种情况下，对超额分配的收益部分，S 类企业股东无须缴纳资本利得税，也就是说，股东有效的个人税率均为 0%。但是，与可比的 C 类企业股东的相对收益则与针对股息收益的法定税率成反比，也就是说，法定税率越高，超过可比的 C 类企业股东的相对收益就越高，比如，当法定税率为 20% 时，目标 S 类企业股东超过可比的 C 类企业股东的相对价值要高于法定税率为 10% 的时候，因为在前一种情况下，股东可以享受更高的避税收益。

▶ 在选择 S 类企业类型后，针对企业应税收入的税率为适用于普通收入的个人税率，而不是相应的企业税率。因此，如果个人税率低于企业税率，则上一段所述经济收益就会增加。另外，如果个人税率高于企业税率，则上述经济收益就会减少。在本章前面的例子中，我们假设，企业税率和个人税率是相同的，抵消了税率差额对 S 类企业价值的影响。

▶ S 类企业以留存收益形式实现了税基递增，从而减少未来出售股份时带来的资本利得，进而减少了未来应承担的资本利得税。资本利得税税率越高，税基递增带来的经济收益就越大；资本利得税税率越低，税基增加带来的经济收益就越小。

我们在图 12-7 中对这些基本观点进行了总结。

2017 年《减税和就业法案》下调针对普通收入的企业税率和个人税率，而针对股息收入和资本利得的个人税率则保持不变。如图 12-8 所示，该法案的最终影响是减少了 S 类企业股东层级的价值。在下面的介绍中，我们将会看到，与可比的 C 类企业股权价值受到的影响相比，该法案对 S 类企业股东股权价值带来的影响是更加负面的。需要提醒的是，这并未指出，在该法案通过之后，S 类企业既定股权的绝对价值到底是增加还是减少。相反，这只是说明，该法案的通过可能会减少（在某些情况下甚至是消除）S 类企业股权与可比的 C 类企业股权之间的相对价值。

《减税和就业法案》实行后的企业估值例子

在本节中，我们的讨论对象是表 12-2 和图 12-3 到图 12-6 中的例子。但是，在这里，我们不再假设企业税率与个人税率（普通收入）相等，而是采用《减税和就业法案》执行的实际税率。在这个例子中，我们假设，作为估值对象的 S 类企业股东，有权享受无须纳税的 QBI（Qualified Business Income[⊖]）；因此，针对转移给股东的普通收入的有效个人税率为 29.6%，即 37.0% × (1–20%)。对不符合 QBI 扣除条件的股东，减税和就业法案的负面影响远比我们的案例更明显。

[⊖] 按新《减税和就业法案》的规定，对于符合这项要求的收入，可将收入的一定比例扣除，扣除部分享受免税待遇。——译者注

	C类企业	S类企业	S类企业股东价值的敏感性
针对企业收益的纳税	企业税率	个人税率（普通收入）	在其他条件相同的情况下，较高的企业税率会增加S类企业的股东价值
			在其他条件相同的情况下，较高的个人税率（普通收入）会增加S类企业的股东价值
针对个人股息收入的纳税	个人税率（股息收入）	无	在其他条件相同的情况下，较高的个人税率（股息收入）会增加S类企业的股东价值
针对未来资本利得的纳税	个人税率（股息收入）	个人税率（股息收入）	C类企业和S类企业股东均对资本收益按相同税率纳税。但由于税基递增，S类企业股东的税前资本利得相对较低。因此，S类企业股东的相对股东价值与资本利得税率呈正相关

图 12-7　S 类企业股东价值对个人税率与企业税率的敏感性

	C类企业	S类企业	S类企业股东价值的敏感性
针对企业收益的纳税	企业税率 35%~21%	个人税率（普通收入）39.6%~37.0%（考虑QBI减免29.6%）	《减税和就业法案》将适用于企业收益的税率负差从4.6%增加到16.0%。"合格经营收入"（QBI）扣除额减轻了税收对很多S类企业股东的负面影响。但是在任何情况下，减税均会减税S类企业股东与C类企业股东的相对价值
针对个人股息收入的纳税	个人税率（股息收入）固定为23.8%	无	由于针对股息收入的个人税率不受减税和就业法案的影响，对S类企业股东与C类企业股东的相对价值没有影响
针对未来资本利得的纳税	个人税率（股息收入）固定为23.8%	个人税率（股息收入）固定为23.8%	由于针对资本利得的个人税率不受减税和就业法案影响，对S类企业股东与C类企业股东的相对价值没有影响

图12-8 S类企业股东价值对个人税率与企业税率的敏感性（调整后）

预测期

我们假设采用与之前例子相同的预测期。假设减税和就业法案的减税措施不会影响非流动性少数股权的预期持有期。

预期期中现金流减税和就业法案没有改变计算 C 类企业等价股息收益率的方法，但输入变量导致股息收益率降低，如表 12-3 所示。

表 12-3　税收转移实体的 C 类企业等价股息收益率计算过程

			输入 / 计算（美元）
1	税收转移实体的预期税前利润		1.266
2	联邦政府征收的普通所得税税率（%）	29.6	
3	州政府征收的个人普通所得税税率（%）	0.0	
4	乘：综合边际税率（%）		29.6
5	转移税		0.375
6	预期的总股息分配率（%）	52.6	
7	预期的收益分配总额		0.666
8	减：针对税前利润征收的转移税		−0.375
9	= 税后股息		0.291
10	税后股息		0.291
11	针对 C 类企业股息的综合税率（包括医疗保险附加费）（%）	23.8	76.2
12	= C 类企业的等价股息		0.382
13	C 类企业的等价股息		0.382
14	除：流动性少数股权价值		10.00
15	潜在的长期股息收益率（基于 C 类企业的等价基础）		3.82
16	备注：留存收益		0.600

考虑到《减税和就业法案》对税率的调整，S 类企业目标股权的 C 类企业等价收益率为 3.82%，而之前示例中的等价收益率则是 5.25%（见表 12-2）。这显然是一个重大变化，我们在表 12-4 中对造成这一变化的原因进行了分析。

通过比较表 12-2 与表 12-3，我们可以得到如下几点结论。

▶ 在《减税和就业法案》执行后的例子中，税前利润的基准水平相对较低，因为下调企业税率意味着，C 类企业要创造 1.00 美元的税后利润，只需要相对更少的税前利润（见第 16 ~ 18 行）。

表 12-4 《减税和就业法案》执行前后的对比

		基准示例 表 12-2		减税和就业法案执行后 表 12-3	
		输入（美元）	计算（美元）	输入（美元）	计算（美元）
1	税收转移实体的预期税前利润		1.587		1.266
2	联邦政府征收的普通所得税税率（%）	37.00		29.6	
3	州政府征收的个人普通所得税税率（%）	0.0		0.0	
4	乘：综合边际税率（%）		37.0		29.6
5	转移税		0.587		0.375
6	预期的总股息分配率（%）	62.2		52.6	
7	预期的收益分配总额		0.987		0.666
8	减：针对税前利润征收的转移税		−0.587		−0.375
9	＝税后股息		0.400		0.291
10	税后股息		0.400		0.291
11	针对 C 类企业股息的综合税率（包括医疗保险附加费）（%）	23.8	76.2	23.8	76.2
12	＝C 类企业的等价股息		0.525		0.382
13	C 类企业的等价股息		0.525		0.382
14	除：流动性少数股权价值		10.00		10.00
15	潜在的长期股息收益率（基于 C 类企业的等价基础）		5.25		3.82
16	可比 C 类企业的税前收益		1.587		1.266
17	减：企业税率（%）		37.0		21.0
18	可比 C 类企业的预期净利润		1.000		1.000
19	减：C 类企业支付的股息		−0.400		−0.400
20	可比 C 类企业的预期留存收益		0.600		0.600
21	C 类企业的股息收益率（%）		4.0		4.0
22	税收转移实体的预期税前利润		1.587		1.266
23	减：转移实体的收益分配总额		−0.987		−0.666
24	税收转移实体的预期留存收益		0.600		0.600

▶ 在《减税和就业法案》执行后的例子中，预期总股息分配率（第 6 行）较低，目的是保证再投资所需要的留存收益保持不变。如第 20 行和第 24 行所示，在基准示例和减税和就业法案执行后的例子中，C 类企业和 S 类企业的年留存收益均为每股 0.60 美元。

▶ 在基本示例中，C 类企业的等价股息收益率为 5.25%，而相应 C 类企业的真实股息收益率则是 4.0%。由于非流动性少数股权价值与股息收益率成正比，在其他条件保持不变的情况下，S 类企业较高的股息收益率将带来较高的非流动性少数股权价值（即流动性折价较低）。

相比之下，在减税和就业法案实施后的例子中，C 类企业的等价股息收益率为 3.82%，实际上反而低于可比 C 类企业的股息收益率（4.0%），后者并未因减税和就业法案而发生变化。这归因于以下事实：S 类企业股东对转移收入承担的税率（29.6%）高于相应 C 类企业股东的应付税率。为保持收入水平不变，在减税和就业法案执行后，S 类企业股东只能取得 0.291 美元的收益分配净额（扣除支付转移税后）。即使基于这个税后金额推算出免征股息个人所得税的税前金额，得到的 C 类企业等价股息仍低于基准 C 类企业的股息收益率（4.0%）。

如果 S 类企业没有资格享受 QBI 的免税扣除待遇，那么，减税和就业法案对股息收益率的负面影响会更明显，由此得到的 C 类企业等价收益率将进一步降至 2.59%。

预期终值（价值增长率）

在《减税和就业法案》执行后的例子中，由于我们假设，目标 S 类企业维持与可比的 C 类企业相同的年度留存收益，预期价值增长率（10%）不受到影响。

折现率

《减税和就业法案》的通过，对适用于目标非流动性少数股权价值的折现率没有明显影响。

预期折现率：在《减税和就业法案》执行后，目标股权的预期流动性折价区间如图 12-9 所示。相应的流动性折价区间扩大为 23%～46%，而在基准示例中，可比的 C 类企业的流动性折价率区间则是 18%～39%（见图 12-5）。唯一受减税和就业法案影响的假设就是股息收益率。股息收益率的下降导致相应的流动性折价增加 5%～7%。

但是和基准示例一样，估值分析师可能也希望能明确 S 类企业税基递增带来的潜在收益。由于每年的留存收益金额不受影响，并且减税和就业法案也没有调整针对资本利得征收的个人税率，由图 12-6 中的分析可见，按照《减税和就业法案》执行后的假设下，税基递增带来的 3.0% 增量收益也没有变化。

QMDM 针对S类企业的分析结论

企业层级DCF模型的假设

预测期	
预期期中现金流	
预期终值	
折现率	

股东层级DCF模型的假设

1-预期持有期		
2A-预期股息收益率		
2B-预期股息增长率		
2C-收到股息的时间点（年中或年末）		
3A-预期持有期价值增长率		
3B-对终值的调整		
4-预期持有期必要收益率		

输入变量

	低	高	
收益率	5	10	
增长率	3.8%	6.0%	
时间点	年中		
溢价/折价	10.0%		
	0.0%		
	低	高	
	20.5%	22.5%	
	1.00		美元/股

基准价值（流动性少数股权价值）：

平均持有期：5～10年	35%	
平均持有期：10～15年	48%	
平均持有期：15～20年	57%	
	30%	

最终的流动性折价

特定持有期的平均流动性折价（中点+/-1%）

	17%
平均持有期：2～4年	30%
平均持有期：5～7年	40%
平均持有期：8～10年	52%
平均持有期：10～20年	

持有期（年） —— 潜在流动性折价

持有期必要收益率（%）

	1	2	3	4	5	6	7	8	9	10	15	20	25	30
17.5%	3%	6%	8%	11%	14%	16%	18%	21%	23%	25%	34%	42%	48%	52%
18.5%	4%	7%	11%	14%	17%	20%	23%	25%	28%	30%	40%	48%	53%	57%
19.5%	4%	9%	13%	16%	20%	23%	26%	29%	32%	35%	45%	53%	58%	62%
20.5%	5%	10%	15%	19%	23%	27%	30%	33%	36%	39%	50%	57%	62%	65%
21.5%	6%	12%	17%	21%	26%	30%	33%	37%	40%	43%	54%	61%	65%	68%
22.5%	7%	13%	19%	24%	28%	33%	37%	40%	43%	46%	57%	64%	68%	71%
23.5%	7%	14%	20%	26%	31%	36%	40%	43%	47%	50%	61%	67%	71%	73%
24.5%	8%	16%	22%	28%	33%	38%	42%	46%	50%	53%	63%	69%	73%	75%
25.5%	9%	17%	24%	30%	36%	41%	45%	49%	52%	55%	66%	72%	75%	76%

PV=100%

图 12-9　使用 QMDM 分析 S 类企业的结果（《减税和就业法案》执行后）

在前述分析的基础上，估值分析师得到的结论是，适用于《减税和就业法案》执行后目标 S 类企业股权的流动性折价为 30%。相比之下，适用于可比的 C 类企业股权的流动性折价为 35%。因此，不出所料，从少数股东角度看，法案的执行减少了 S 类企业的税收收益，但是在这个例子中，税收收益并未完全消失。

上述讨论和示例的目的，并不在于对《减税和就业法案》执行后的 S 类企业流动性折价幅度做出任何具体结论。而是为了说明，不论当期税率如何变化，本章所介绍的经济分析方法始终是可靠而有效的。在对非流动性少数股权估值时，S 类企业所享有的税收收益净额始终取决于目标股权的事实和背景，而这些事实和背景当然包括现行税率。

本章小结

那么，S 类企业的价值是否高于可比的 C 类企业？在综合理论的概念框架下，我们认为估值分析师没有必要在这个问题上纠缠不休。在图 12-1 中，我们已经对 S 类企业在企业和股东价值层级的估值结论进行了总结。

在企业价值层级，认为 S 类企业与 C 类企业之间存在价值差异是没有依据的，因为 S 类企业的潜在税收利益属于个人股东，与企业无关。由于两家企业的可比性主要体现在现金流、风险和增长率方面，既然这三个方面没有差异，企业价值自然也没有差异。

在股东价值层级，三个方面相互作用，共同决定 S 类企业的目标少数股权到底是高于还是低于可比的 C 类企业股权的价值。

▶ S 类企业股东有可能取得更高的经济收益，表明 S 类企业的股权可能有更高的价值。

▶ 相比之下，S 类企业股东承担的增量风险表明，C 类企业的股权可能更有价值。

▶ 考虑留存收益带来的税基递增可以得到这样的结论，S 类企业的股权可能价值更高。

此外，我们还证明，在《减税和就业法案》执行后，与 S 类企业等价的 C 类企业的股息收益率实际上会受到影响，在某些情况下，可能会彻底消除 S 类企业给股东带来的税收收益，甚至会让 S 类企业成为股东的经济负担。

无论相关的事实和背景如何，解决 S 类企业的价值难题都远比很多人想象的简单——关注预期现金流、风险和增长率。要衡量 S 企业组织形式对目标股权估值的影响，最直接、最可靠的方法就是采用股东层级的现金流折现法。不管税收法案将做何变化，综合理论都是最值得信赖的估值指南，因为它为认识 S 类企业股权与可比的 C 类企业股权的相对价值提供了清晰的脉络和思路。

| 作者简介 |

Z. 克里斯托弗·默瑟

注册高级评估师（FASA）、CFA、注册企业估值鉴证师（ABAR），美世投资创始人兼董事长。

美世投资是一家全国性企业评估和金融咨询机构，在田纳西州的孟菲斯和纳什维尔、得克萨斯州的休斯敦和达拉斯均设有办事处。美世投资目前拥有45名员工，业务范围覆盖美国40多个州。

教育、执业经历及评估资质

默瑟先生出生于佛罗里达州的代托纳比奇市。他曾就读于佛罗里达州迪兰市的斯泰森大学，并在1968年以优异成绩取得经济学学士学位。他还是美国预备役军官训练营ROTC的优秀军事毕业生，并曾在美国陆军担任中尉军衔。之后，他进入位于田纳西州纳什维尔的范德比尔特大学，并于1971年获得经济学硕士学位。在离开范德比尔特大学之后，默瑟先生直接进入美国陆军。在美国接受初步训练后，随即进入驻扎在德国纽伦堡郊外的美国第一装甲师，并服役超过3年。1974年底，默瑟先生被免上尉军衔并离开军队。在短暂旅行后，他于1975年初回到美国。

结束军旅生涯后，默瑟先生的第一份工作是在第一田纳西州集团（现在的第一地平线集团），这家地区性银行控股企业的总部位于孟菲斯市。一年之后，他成为这家企业的投资者关系经理，而后被提升为财务主管助理。第一田纳西州集团的这段工作经历为他的财务分析师生涯奠定了坚实的基础。

在经历了在休斯敦皮特－马威克－米切尔会计师事务所（现毕马威会计师事务所）担任银行顾问的那段"艰难时光"之后，默瑟先生重返孟菲斯，成为一名银行股票分析师。1978年末，他进入纽约证券交易所设在孟菲斯当地的摩根－基根证券公司（目前属于雷蒙德詹姆斯金融），负责追踪本地银行股票。

在摩根－基根证券公司，默瑟先生的第一份职务便与企业估值有关，而且在任职一个月时，就"卖出"了他的第一份企业估值报告。但他不得不亲自动手，因为当时还找不到针对这类估值对象的参考资料。直到1982年，香农·普拉特的《企业估值》（第1版）才宣告面世。尽管如此，默瑟先生还是在1979年初完成了自己的第一个企业估值项目。

在这段时间，默瑟先生在银行和企业估值及企业融资等方面积累了丰富的实务经验。他在摩根－基根证券公司的最后一个职务是固定收益研究总监。

1982年6月，默瑟先生创建了美世投资。当时，他只有一个包括两个房间的办公室、一台"Osborne One"便携式计算机（需要使用软盘安装文字处理和电子表格程序）和一台Smith Corona TP-1打印机，这台打印机需要五分钟才能打印出一张文字清晰的页面，还有一台热敏复印机和一部电话。当时，他的目标是成立一家专门从事企业价值评估的企业。但是在1984年初，美世投资意外接到几份银行咨询服务的合同，也是在继续开展估值工作的同时，默瑟先生开始在当地提供银行咨询服务。

1985年中，默瑟先生决定逐步退出银行咨询业务，专攻企业估值业务。1987年，在企业收入未受到影响的情况下，美世投资完全放弃银行咨询业务。自此以后，美世投资始终是一家以提供企业估值和财务咨询为主要服务的咨询机构。

默瑟先生曾在多家非上市企业和一家上市企业的董事会任职。目前，他在一家非上市护理培训企业担任执行委员会主席。

默瑟先生于1984年取得CFA，获得CFA学会颁发的"7714"号注册会员证书。1987年，在美世投资积累了5年的全职企业估值经验之后，他取得ASA注册高级会员资格。2008年，默瑟先生被美国企业评估师协会（现为美国注册价值分析师协会）授予 ABAR。2016 年，默瑟先生当选为美国评估师协会院士团会员，并担任美国评估师协会高级会员（FASA）。

创作及演说

1978 年，默瑟先生与道琼斯·欧文出版社（现麦格劳-希尔公司）合作，为《银行家手册》贡献了一章的内容，这一章的标题为"资本规划和资本充足率"。从此之后，他以个人专著、合著、文章和博文等方式，开启了自己的创作生涯。

20 世纪 80 年代后期，默瑟先生意识到，业内在以 CAPM 估算折现率和估值倍数方面存在极大困惑。当时还没有公认方法告诉企业估值分析师和市场参与者，到底该如何确定估值倍数。1989 年 12 月，他的文章"以修订 CAPM 确定资本化率：基于 CAPM 对传统累加法的扩展"发表于 ASA 出版的《商业评估评论》。这篇文章也就此成为估值分析师和市场参与者公认的基准。

基于默瑟先生之前的工作经历，美世投资逐渐成为一家金融机构估值领域的专业机构。1992 年，他再次与道琼斯·欧文出版社合作，出版《金融机构估值》一书。尽管这本书着眼于金融机构，但它依旧是 20 世纪 90 年代中期仅有的四本估值专著之一。从此之后，估值研究领域发生了巨大变化。

默瑟先生发现，估值分析师试图通过对限制性股票及拟 IPO 研究的平均结论进行比较，找到适用于估值对象的流动性折价。于是，他开始探索建立自己的模型，根据预期现金流、风险和增长率对非上市企业的非流动性少数股权进行估值。这项工作的成果就是本书介绍的 QMDM。对此，他在 1997 年出版了《流动性折价量化》一书，并在书中提供了 Excel 版的 QMDM。

QMDM 的创建也为 2004 年首次面世的本书第 1 版奠定了基础。本书的第 2 版于 2007 年由 John Wiley & Sons 出版社发行。现在，我们看到了本书的第 3 版。

默瑟先生在其创造性的著作中弥合了估值领域理论和实践之间的鸿沟。他在企业估值方面出版了三本有关股权交易的专著。尽管股权交易协议在企业和行业之间千差万别，但其根本是企业和行业之间的可比性。他发表的三本专著如下。

- ▶《股权交易协议：定时炸弹还是理性方案》
- ▶《少数人持股及家族企业的股权交易协议》
- ▶《婴儿潮一代股东的股权交易协议》

他的一本实务著作把企业基本财务原理与非上市企业的资产管理联系起来。在《释放非上市企业的财富源：私人企业财富管理的有效策略》一书中，默瑟先生阐述了将上市企业的财富增长策略直接用于非上市企业的原则。

除专著之外，默瑟先生还在企业估值、会计、法律、财务规划及行业分析等方面发表了大量的文章，对估值与企业理论和实务进行了探讨。

多年来，默瑟先生始终是一位高产博客作家，他在各种博客中发表了数百篇文章，其中的很多文章也成为他后来发表专著和论文的基础。自20世纪80年代后期以来，默瑟先生经常在企业评估师、注册会计师、律师、财务规划师和企业管理领域的专业会议及股东会议上发表演讲。他的演说足迹遍布美国各地，也是加拿大、日本、澳大利亚、德国、意大利、俄罗斯和巴西等海外商业活动的重头戏。迄今为止，他成为美国国家演说学会会员的时间已经超过20年。

执业经历

默瑟先生于1990年加入ASA下辖的企业价值评估准则分会，并在该分会任职至2005年。2007年，他接受邀请再次进入企业价值评估准则分会并担任主席。在他的领导下，目前颁布的《企业价值评估准则》已进行了全面修订和更新，并在2009年重新发布（本书撰写时即为这一版本）。

1991～1994年，默瑟先生担任ASA国际考试委员会（企业估值）副主席，并连续两届当选为ASA企业估值委员会委员。

默瑟先生曾多年负责ASA和国际评估标准委员会（International Valuation Standards Council）之间的联络，并在2011年到2014年期间担任国际评估标准委员会专业委员。

专家鉴证经历

1981年，默瑟先生首次出庭就企业估值事宜提供证词。从那时起，他逐渐成为企业估值领域的顶级司法专家。多年来，他在超过25个州的法院出庭作证或参与审判。

此外，他还曾在多家美国地方法院、美国破产法院和美国税务法院出庭作证，并为大量仲裁案件和监管机构提供证据。

默瑟先生提供司法鉴证的专业领域涉及各类企业估值、经济损失鉴定和估值审核等事项。他的鉴证范围还涉及大量的买卖协议或买卖协议估值流程，并为15个州针对小股东利益受损案件提供法定公允价值鉴证意见或裁定依据。

特拉维斯·W. 哈姆斯

拥有CFA、注册会计师和注册企业价值鉴证师（ABV）资质，目前担任美世投资的高级副总裁。

哈姆斯先生拥有伊利诺伊州昆西大学颁发的金融和会计学学士学位，并在圣路易斯大学取得MBA学位。哈姆斯先生拥有注册会计师资质，并获得了AICPA颁发的"注册企业评估师"证书。自2001年以来，哈姆斯先生一直是CFA。

哈姆斯先生于1999年进入美世投资，并从事企业估值业务。在任职期间，他牵头完成了很多高难度的复杂估值项目，涉及不动产赠与和规划、财务报告、诉讼咨询和交易咨询等业务。自2008年以来，哈姆斯先生还多次出庭进行专业司法鉴定。

早在2004年，哈姆斯先生就参与了本书第1版的编写工作。他是本书第2版的合著者之一。

自2016年以来，哈姆斯先生的业务主要集中于为家族企业提供估值和财务咨询服务。美世投资设立的"家族企业咨询服务部门"，主要业务就是在股利政策、资本结构决策和资本预算政策等方面为企业股东提供教育培训、基准服务和战略咨询服务。哈姆斯先生撰写了《让家族企业负责人彻夜难眠的12个问题》。此外，他每周在mercercapital.com的"价值企业导师"栏目发表估值和财务方面的评论。

在过去的15年里，哈姆斯先生经常出席各类企业估值会议和其他活动，并发表演说。除本书之外，他还是其他几本书的撰稿人，并在众多出版物上发表文章，其中包括《企业估值评论》和《家族企业杂志》等。

在职业生涯中，哈姆斯先生曾在AICPA的多个志愿协会任职，并在美国评估促进会"针对财务报告目的的控制权溢价工作组"任职。该工作组于2017年发表白皮书《市场参与者收购溢价的衡量及应用》。

哈姆斯先生和妻子麦吉有三个让他们引以为荣的孩子：索菲、肯尼斯和贝拉。

关于注册估值分析师（CVA）®认证考试

CVA 考试简介

注册估值分析师（Chartered Valuation Analyst，CVA）®认证考试是由注册估值分析师协会（CNCVA）组织考核并提供资质认证的一门考试，旨在提高投融资和并购估值领域从业人员的实际分析与操作技能。本门考试对专业实务及实际估值建模等专业知识和岗位技能进行考核，主要涉及企业价值评估及项目投资决策（包括 PPP 项目投资）。考试分为实务基础知识和 Excel 案例建模两个科目，内容包括：会计与财务分析、公司金融、企业估值方法、并购分析、项目投资决策、私募股权投资、Excel 估值建模七个部分。考生可通过针对各科重点、难点内容的专题学习，掌握中外机构普遍使用的财务分析和企业估值方法，演练企业财务预测与估值建模、项目投资决策建模、私募股权投资、上市公司估值建模、并购与股权投资估值建模等实际分析操作案例，快速掌握投资估值基础知识和高效规范的建模技巧。

▶ 实务基础知识科目——专业综合知识考试，主要考查投融资及并购估值领域的理论与实践知识及岗位综合能力，考试范围包括会计与财务分析、公司金融与财务管理、企业估值方法、并购分析、项目投资决策、私募股权、信用分析这几部分内容。本科目由 120 道单项选择题组成，考试时长为 3 小时。

▶ Excel 案例建模科目——财务估值建模与分析考试，要求考生根据实际案例中企业历史财务数据和假设条件，运用 Excel 搭建出标准、可靠、实用、高效的财务模型，完成企业未来财务报表预测、企业估值和相应的敏感性分析。本科目为 Excel 财务建模形式，考试时长为 3 小时。

职业发展方向

注册估值分析师（CVA）资格获得者具备企业并购、项目投资决策等投资岗位实务知识、技能和高效规范的建模技巧，能够掌握中外机构普遍使用的财务分析和企业估值方法，并可以熟练进行企业财务预测与估值建模、项目投资决策建模、上市公司估值建模、并购与股权投资估值建模等实际分析操作。

注册估值分析师（CVA）的持证人可胜任企业集团投资发展部、并购基金、产业投资基金、私募股权投资、财务顾问、券商投行部门、银行信贷审批等金融投资相关机构的核心岗位工作。

证书优势

岗位实操分析能力优势——CVA 考试内容紧密联系实际案例，侧重于提高从业人员的实务技能并迅速应用到实际工作中，使 CVA 持证人达到高效、系统和专业的职业水平。

标准规范化的职业素质优势——CVA 资格认证旨在推动投融资估值行业的标准化与规范化，提高执业人员的从业水平。CVA 持证人在工作流程与方法中能够遵循标准化体系，提高效率与正确率。

国际同步知识体系优势——CVA 考试采用的教材均为注册估值分析师协会精选出版的国外及国内最实用的优秀教材。CVA 持证人将国际先进的知识体系与国内实践应用相结合，推行高效标准的建模方法。

配套专业实务型课程——注册估值分析师协会联合国内一流金融教育机构开展注册估值分析师的培训课程，邀请行业内资深专家进行现场或视频授课。课程内容侧重行业实务和技能实操，结合当前典型案例，选用注册估值分析师协会引进的国外优秀教材，帮助学员快速实现职业化、专业化和国际化，满足中国企业"走出去"进行海外并购的人才急需。

企业人才招聘及内训

注册估值分析师协会致力于协助企业系统培养国际型投资专业人才，掌握实用、系统、有效的专业知识。CVA 企业内训及考试内容紧密联系实际案例，侧重于提高从业人员的实务技能并迅速应用到实际工作中，使企业人才具备高效专业的职业素养和优秀系统的分析能力，具体表现为

- ▶ 协助投资企业筛选一流投资估值人才；
- ▶ 以客户为导向的人性化培训体验，独一无二的特别定制课程体系；
- ▶ 专业化投融资及并购估值方法相关的优质教学内容，行业经验丰富的超强师资；
- ▶ 课程采用国内外优秀教材，具备完善科学的培训测评与运作体系。

考试安排

CVA 考试每年于 4 月、11 月的第三个周日举行，具体考试时间安排及考前报名，请访问 CVA 协会官方网站 www.cncva.cn。

注册估值分析师协会简介

注册估值分析师协会（CNCVA）是全球性的非营利性专业机构，总部设在中国香港，致力于建立全球金融投资及并购估值的行业标准，负责在亚太地区主理 CVA 考试资格认证、企业人才内训、第三方估值服务、出版发行投融资专业书籍以及进行 CVA 协会事务运营和会员管理。

注册估值分析师协会于 2021 年起正式成为国际评估准则理事会（International Valuation Standards Council，以下简称 IVSC）的专业评估机构会员。注册估值分析师协会将依靠 IVSC 的权威影响力与专业支持实现自身更快更好的发展，同时遵照国际标准和专业精神，与其他成员开展广泛的交流与协作，共同推进全球估值行业的进步。

联系方式

官方网站：www.cncva.cn   电话：4006-777-630   E-mail：contactus@cncva.cn
新浪微博：注册估值分析师协会

协会官网二维码

微信平台二维码

资本的游戏

书号	书名	定价	作者
978-7-111-62403-5	货币变局：洞悉国际强势货币交替	69.00	（美）巴里.艾肯格林
978-7-111-39155-5	这次不一样：八百年金融危机史（珍藏版）	59.90	（美）卡门M.莱茵哈特 肯尼斯S.罗格夫
978-7-111-62630-5	布雷顿森林货币战：美元如何统治世界（典藏版）	69.00	（美）本·斯泰尔
978-7-111-51779-5	金融危机简史：2000年来的投机、狂热与崩溃	49.00	（英）鲍勃·斯瓦卢普
978-7-111-53472-3	货币政治：汇率政策的政治经济学	49.00	（美）杰弗里 A. 弗里登
978-7-111-52984-2	货币放水的尽头：还有什么能拯救停滞的经济	39.00	（英）简世勋
978-7-111-57923-6	欧元危机:共同货币阴影下的欧洲	59.00	（美）约瑟夫 E.斯蒂格利茨
978-7-111-47393-0	巴塞尔之塔:揭秘国际清算银行主导的世界	69.00	（美）亚当·拉伯
978-7-111-53101-2	货币围城	59.00	（美）约翰·莫尔丁 乔纳森·泰珀
978-7-111-49837-7	日美金融战的真相	45.00	（日）久保田勇夫